"十四五"职业教育国家规划教材

U0648941

物流运输管理
——理论、实务、案例、实训
（第五版）

江建达　颜文华　刘欲晓　主编
季永青　主审

东北财经大学出版社
Dongbei University of Finance & Economics Press
大连

图书在版编目（CIP）数据

物流运输管理：理论、实务、案例、实训 / 江建达，颜文华，刘欲晓主编 . —5 版 . —大连：东北财经大学出版社，2024.2（2025.7重印）

（高等职业教育物流管理专业精品课程教材新系）

ISBN 978-7-5654-5126-3

Ⅰ.物… Ⅱ.①江… ②颜… ③刘… Ⅲ.物流管理–交通运输管理–高等职业教育–教材 Ⅳ.F252.14

中国国家版本馆 CIP 数据核字（2024）第 015277 号

东北财经大学出版社出版

（大连市黑石礁尖山街 217 号 邮政编码 116025）

网 址：http://www.dufep.cn

读者信箱：dufep@dufe.edu.cn

大连金华光彩色印刷有限公司印刷 东北财经大学出版社发行

幅面尺寸：185mm×260mm 字数：319千字 印张：14.75

2024年2月第5版 2025年7月第5次印刷

责任编辑：许景行 石建华 责任校对：何 群

封面设计：张智波 版式设计：原 皓

定价：53.00元

第五版前言

本书自2012年出版以来，11年间4次再版，17次印刷，相继入选"十二五""十三五""十四五"职业教育国家规划教材，被越来越多的高职院校采用。值此第五版出版之际，向广大师生和读者表示最诚挚的谢意，大家的认可，是我们与时俱进、精益求精、努力进取的动力。

党的二十大为做好新时代教育工作指明了方向、提供了根本遵循。认真学习宣传贯彻党的二十大精神，推进党的二十大精神进教材、进课堂、进头脑，是广大教育工作者义不容辞的责任。

本书第五版以党的二十大精神为指引，以教育部《职业院校教材管理办法》中的"总则"为原则，以贯彻落实"一个坚持"、"六个体现"、"四个自信"和"第十二条"各项要求为基点，以《中国教育现代化2035》及其实施方案中提出的"指导思想"、"八大基本理念"、"总体目标"和"十大战略任务"为全面指导，在前四版的基础上，对教材进行了调整、优化和升级，具体如下：

1.对标国家专业教学标准，反映"知识经济""数字经济""服务经济""体验经济""共享经济"叠加背景下的物流运输管理技术发展新趋势、新政策、新法规，局部更新了教学内容；增补的内容旨在反映本行业、本领域在全球经济发展中特别是中国经济社会高质量发展中的情况。

2.加强思政建设。全面推进职业素养建设，是落实习近平总书记关于立德树人、全面提高人才培养质量要求的首要任务。本次修订在"思政建设"上进行了充实提升：第一，结合教学内容需要，添加了党的二十大内容；第二，将"职业道德与伦理"升级为"职业素养"，促进"立德树人"根本任务的落实，并扩充了案例中的思政元素内涵；第三，在课程考核评价上，加入了"职业素养标准"。

3.全面更新了二维码资源：一是从课程性质、课程目标、结构体系、教学方法、实践教学、考核方法六个方面进行阐述，为提升学生从事现代物流运输管理工作的动手能力创造条件；二是每章增加了"延伸阅读"二维码资源，进一步扩大了阅读范围，包括学习宣传党的二十大精神、最新出台的物流运输法律法规、物流服务业转型升级、数字化建设和新技术标准等，旨在开阔学生视野。

4.部分章节增加了"深度思考"和"深度剖析"功能性专栏，旨在通过深度追问"为什么"，提升学生深入思考和解决问题的能力。

5.优化了训练中的"实训题"：对标高职高专教育侧重"技术"、培养"技术技能人才"的教学内容，本次修订将各章"基本训练"中的原"实训题"优化为关于本章"技能应用"的实训项目，旨在训练学生在"物流运输管理技能建构"中的"技术技能"。

6.更新了相关概念：对标2021年12月1日起实施的中华人民共和国国家标准《物流术语》（GB/T 18354—2021），对教材中使用的相关概念进行了同步更新。

本次修订对原网络教学资源进行了升级和扩充，将原来的3种扩充为8种，即课程概要、教学大纲、教学日历、电子教案、PPT教学课件、参考答案与提示、学习指南、学生考核手册。使用本教材的教师可登录东北财经大学出版社网站（www.dufep.cn）下载和使用这些教学资源。

本书第五版教材由浙江交通职业技术学院江建达、颜文华、刘欲晓主编，季永青主审。具体修订分工如下：江建达修订第1、2、3、5、6章，颜文华修订第4章；刘欲晓修订第7、8章。中国邮政集团有限公司浙江省分公司刘娅、中铁快运股份有限公司上海分公司浙江中心营业部翁文俊在第五版修订中付出良多，谨向他们表示诚挚的谢意！

教材改革与创新是一项系统、复杂和艰巨的工程，不可能一蹴而就。与前几版相比，本次修订虽然向前迈出了一大步，但与改革的更高目标相比，仍需继续努力。第五版书中的缺陷和不足仍在所难免，敬请专家、同行和广大读者朋友不吝赐教。

编　者
2023年12月
2024年11月修订

目 录

第1章　运输管理概论 / 1

学习目标 / 1
引例　中国货运行业首个司机碳账户上线 / 2
1.1　运输与物流 / 2
1.2　运输系统的构成 / 6
1.3　运输方式与运输合理化 / 8
1.4　运输市场与运价 / 12
本章概要 / 17
基本训练 / 19
单元考核 / 21

第2章　公路货物运输管理 / 22

学习目标 / 22
引例　浙江上线大件运输智能辅助选线功能 / 23
2.1　公路货物运输概述 / 23
2.2　整批货物运输组织 / 29
2.3　零担货物运输组织 / 35
2.4　特种货物运输组织 / 43
2.5　公路货物运费计算 / 49
本章概要 / 52
基本训练 / 54
单元考核 / 57

第3章　水路货物运输管理 / 58

学习目标 / 58
引例　明远货代公司的经营策略 / 59
3.1　水路货物运输概述 / 59
3.2　船舶营运方式 / 64
3.3　海运进出口货运组织 / 70
3.4　海运进出口单证 / 73
3.5　水路货物运费计算 / 81

本章概要 / 84
基本训练 / 86
单元考核 / 89

第4章　铁路货物运输管理 / 90

学习目标 / 90
引例　积极推动铁路货运向现代物流转型发展 / 91
4.1　铁路货物运输概述 / 91
4.2　铁路货物运输方式 / 94
4.3　铁路货物运输组织 / 96
4.4　铁路货物运费计算 / 104
本章概要 / 110
基本训练 / 112
单元考核 / 115

第5章　航空货物运输管理 / 116

学习目标 / 116
引例　亚洲首个专业货运机场国际货运量突破万吨 / 117
5.1　航空货物运输概述 / 117
5.2　航空货物运输方式 / 120
5.3　国际航空货物运输组织 / 123
5.4　航空货物运费计算 / 131
本章概要 / 137
基本训练 / 139
单元考核 / 141

第6章　管道运输管理 / 142

学习目标 / 142
引例　西气"再添"东输通道 / 143
6.1　管道运输概述 / 143
6.2　管道运输工艺及生产管理 / 148
6.3　管道运输安全管理 / 152
本章概要 / 156
基本训练 / 158
单元考核 / 160

第7章　多式联运管理 / 161

学习目标 / 161

引例　民营企业面临的外贸运输问题／162

7.1　多式联运概述／162

7.2　多式联运的组织与运作／167

7.3　多式联运的责任划分／173

本章概要／180

基本训练／181

单元考核／183

第8章　货物运输保险与合同／184

学习目标／184

引例　船舶发生火灾　以星航运宣布共同海损／185

8.1　货物运输保险／185

8.2　货物运输合同／198

本章概要／205

基本训练／206

单元考核／208

课业范例／209

主要参考文献／224

第1章
运输管理概论

● 学习目标
引例　中国货运行业首个司机碳账户上线
1.1　运输与物流
1.2　运输系统的构成
1.3　运输方式与运输合理化
1.4　运输市场与运价
● 本章概要
● 基本训练
● 单元考核

学习目标

知识目标：

- 掌握物流、运输、运输合理化的概念；
- 熟悉运输的功能、运输系统的构成；
- 掌握不同运输方式的技术经济特征；
- 熟悉影响运输合理化的因素，以及组织合理化运输的措施；
- 熟悉运输市场及运输价格的影响因素。

能力目标：

- 能辨析运输与现代物流的关系；
- 会判断不合理运输的情况；
- 能根据运输对象及要求进行合理化运输组织；
- 会在运输市场进行运输资源的挖掘。

素质目标：

- 培养良好的物流运输职业理想和职业情感；
- 养成爱岗敬业、社会责任、运输安全等职业操守；
- 培养运输合理化的职业素养。

引例　中国货运行业首个司机碳账户上线

背景与情境：2023年6月5日"世界环境日"当天，中国货运行业首个司机碳账户体系正式上线。该体系由中国数字货运平台满帮集团联合南京邮电大学共同打造，首批碳账户将率先开放给全国3 000名货车司机。

满帮平台通过大数据、云计算和人工智能等实现了供需两端的高效匹配和路线优化，显著减少了公路运输的"三空"（空置、空载、空驶）现象，因而降低了车辆单位运输周转量的碳排放因子，从而帮助公路物流实现温室气体减排。

据测算，2022年，近千万名货车司机在满帮平台上完成了上千亿吨千米的运输周转量，累计碳减排1 200万吨，相当于为司机节约柴油超过46亿升。

随着碳账户上线，货车司机有了节能减排的新动力。通过碳账户，司机可以查看自己从事运货获得的碳资产，中国公路物流绿色化发展进程有望进一步加速。

资料来源　刘文文. 中国货运行业首个司机碳账户上线［EB/OL］.［2023-06-05］. http: // finance.people.com.cn/n1/2023/0606/c1004-40007452.html .

从引例可见，大数据、云计算和人工智能的运用能显著增加物流运输的合理化，从而减少碳排放；而司机碳账户的设立，则进一步提升了司机在物流合理化运输中的主观能动性，进而促进物流运输的绿色化、可持续化发展。

1.1　运输与物流

1.1.1　运输与物流的概念及功能

1）运输的概念

根据中华人民共和国国家标准《物流术语》（GB/T 18354—2021）给出的定义，**运输**是指利用载运工具、设施设备及人力等运力资源，使货物在较大空间上产生位置移动的活动。运输虽然是一项范围非常广泛的经济活动，但并不是说国民经济与社会生活中所有人员与物品的空间位移都属于运输。

2）运输的功能

（1）产品转移。运输的主要功能是使产品在价值链中移动，即通过改变产品的地点与位置，消除产品的生产与消费在空间位置上的背离，创造出产品的"空间效用"。另外，由于运输的主要目的是以最少的时间完成产品从原产地到规定地点的转移，因此运输能使产品在需要的时间内到达目的地，创造出产品的"时间效用"。

（2）产品储存。如果转移过程中的产品需要储存，且又将在短时间内重新转移，而卸货和装货的费用也许会超过储存在运输工具中的费用，这时可将运输工具作为暂时的储存场所。这样，运输也具有临时储存功能。通常，以下几种情况需要将运输工具作为临时储存场所：一是货物处于转移过程中；二是起始地或目的地的仓库储存能力有限，将货物装在运输工具内临时储存起来，可以实现运输的"时间效用"。

3）物流的概念

《物流术语》（GB/T 18354—2021）给出的**物流**定义是：物品从供应地向接管地的实体活动进程。依据实际需要，将运输、贮存、装卸、包装、流通加工、配送、信息处理等基本功能实施有机结合。

4）物流的功能

（1）组织"实物"进行物理性流动。这个物理性流动的动力来自五个方面：一是生产活动和工作活动的要求；二是生活活动和消费活动的要求；三是流通活动的要求；四是军事活动的要求；五是社会活动和公益活动的要求。

（2）实现对用户的服务。某些物流活动有"利润中心""成本中心"等作用，但是所有物流活动都具有"服务"这个共同的功能。

1.1.2　运输与现代物流的关系

运输在现代物流的各个环节中均处于首要地位。一般来说，现代物流过程包括运输、仓储、包装、流通加工、配送，以及装卸、搬运等活动。根据相关统计资料，运输成本占物流总成本的比例在35%~50%。虽然运输的作用重大，但其作用的发挥还要依赖物流活动中其他相关环节的配合。因此，只有理解和掌握运输与其他相关物流活动之间的关系，把运输任务合理分配到各个环节中去，使各种物流活动相互支持，才能充分发挥运输的作用。

1）运输是物流系统中的功能要素

运输是物流系统中重要的功能要素，或者说是物流系统的子系统之一。物流系统中的运输功能主要是实现对物资进行较长距离的空间移动。运输与物流系统的其他功能要素，如贮存、装卸、搬运、包装、流通加工、配送、信息处理等，存在着十分密切的联系，它们共同构成了物流系统的整体。

2）运输是实现物流目的的手段

现代物流对服务的要求可以用7R（7个"适当"）来表示，即将适当的产品（Right Product）以适当的数量（Right Quantity）、适当的质量（Right Quality）、适当的价格（Right Price），在适当的时间（Right Time）送到适当的地点（Right Place），并交给适当的客户（Right Customer）。7R强调物流服务的本质是将产品送达客户手中，使产品处于一种可以被利用的状态。物流服务率等于存货服务率与配送服务率的乘积，如果存货能够随时满足订货要求，并且所订货物能够在规定的时间内准确送达客户手中，则对客户的物流服务率为100%。显然，要实现物流目的，离不开高效率的运输活动，但运输本身不是物流的目的，而是实现物流目的的手段。

3）运输与物流活动中其他环节的关系

（1）运输与仓储的关系。运输与仓储是物流活动中相互补充的两个重要环节。运输对仓储活动有重要影响，仓储只是货物的暂时停止状态，运输的最终目的是将货物分拨到合适的地点，高效的运输分拨系统可以降低库存量，提高库存周转率。仓储活动是运输过程的调节手段，如巨型集装箱货轮停靠在港口时，由于货物不可能及时地分拨到需求地点，因此需要仓储活动对运输进行调节，以使巨型货轮能够及时离开港口。在所有物流活动中，运输和仓储的关联性最强。

（2）运输与包装的关系。运输与包装之间是一种相互影响的关系。货物的包装程度、包装的规格和尺寸都会影响运输方式以及同一种运输方式对运输工具的选择。同样，货物的包装程度、包装的规格和尺寸应该与所选择的运输工具相吻合。

（3）运输与装卸搬运的关系。在完成运输活动的过程中，必然伴随着装卸搬运活动。一般情况下，完成一次运输活动，必然伴随着两次或两次以上的装卸搬运活动。装卸搬运活动的质量直接影响运输活动的质量，装卸搬运是否合理直接影响运输过程的顺利与否。同样，装卸搬运活动是实现各种运输方式有效衔接的重要环节，特别是在多式联运的情况下，装卸搬运活动起着重要作用，装卸搬运活动的效率直接影响着整个运输过程的效率。

（4）运输与配送的关系。"运输"和"配送"这两个词语经常放在一起使用，其原因在于：要完成整个物流活动，必须通过运输以及配送方能将货物送到最终消费者手中。而要理解这一点，就应了解运输与配送的关系。简单地说，运输是两点之间货物的输送，而配送是一点对多点的货物运输过程。也可以说，所有物品的移动都是运输，而配送专指短距离、小批量的运输。

综上所述，现代物流是指对产品的生产时间、生产地点、库存量、库存时间、存储方式、运输时间、运输地点、运输方式进行合理规划和管理，旨在实现在准确的时间，以准确的价格和准确的交货条件在准确的地点向货主交付准确的货物，从而以最低的成本实现用户满意的过程。在这个过程中，运输可以克服产品的生产与需求之间存在的时间和空间上的差异，因此它具有十分重要的作用。要使物流系统的总体效益最大，不仅要意识到运输的作用，而且要关心运输与物流活动中其他环节之间的关系。

同步思考1-1

背景资料：中国邮政集团有限公司陕西省分公司聚焦关键点，以"明标准、优计划、强管控"为主线，"邮路一条一条捋、环节一环一环辦"，逐车次制订邮路优化调整方案，狠抓落实。通过"明标准、优计划、强管控"，截至2023年5月，陕西邮政一干车辆日均行驶里程达到715千米，二干车辆日均行驶里程达到306千米，市趟日均行驶里程达到130千米；"单改双""小改大"，一干邮路往返发班占比提升至58.7%，一干大车发车占比提升至41.2%，干线邮路邮车载运率提升至51.2%；一干汽车运行准点率达到98.7%，二干汽车运行准点率达到98.5%，运输改革重点指标完成情况较好，运行成本得到不断压降。5月，陆运吨/千米成本为0.76元，位列全国邮政系统第1名。

资料来源 张秦南．陕西省分公司：明标准、优计划、强管控 加强运输环节规范化管理 [N]．中国邮政报，2023-07-12.

问题：陕西邮政分公司通过"明标准、优计划、强管控"进行规范管理为何能取得很好的成效？

理解要点：企业成本控制离不开规范化管理，而"明标准、优计划、强管控"正是运输管理规范化的重要方面。

1.1.3 现代物流对运输提出的要求

现代物流的实质可以用"降低成本、提高效率、改良服务"来概括，其对经营运作与管理的核心环节——运输提出了更高的要求。这主要体现在以下七个方面：

1）运输成本

运输成本要低，要具有竞争性，并且可以调节和操纵。

2）运输时间

准确控制物流全过程的时间，对任何构造的物流系统来说都是非常重要的。为了保持物流系统的稳定性以及充分发挥物流系统的作用，物流对运输时间的准确性、可调节性、稳定性等方面提出了新的要求。

业务链接 1-1

货物迟交，责任谁负？

某年7月2日，江西某陶瓷制品公司与广州一家进出口公司签订了货物买卖合同，出售一批价值60万元的瓷器。为了方便运输和交货，该陶瓷制品公司与江西某物流公司签订了运输合同。合同中规定，物流公司必须在8月6日前将货物运抵广州。然而，运输途中发生了交通事故，货物8月8日才到达目的地，并且广州进出口公司在开箱验货时发现部分瓷器损毁，便拒付货款。

现代物流对货物的运输时间、运输效率、运输质量等方面都提出了更高的要求，及时、保质、保量地完成任务是物流企业的责任。

3）运输效率

运输效率的高低除了取决于运输技术和装备外，还会受到运输组织的合理性及运输衔接的快捷性两个方面因素的制约。

（1）运输组织的合理性。运输企业的服务组织、运输过程的指挥与调度等要科学，以适应或符合物流系统对运输组织高效率的要求。

（2）运输衔接的快捷性。在运输过程中，不同运输方式之间、运输与节点作业之间的衔接应尽可能节省时间，以保证运输效率。

同步思考 1-2

背景资料：2023年1—6月，中欧班列累计开行8 641列，发送货物93.6万标箱，同比分别增长16%、30%。其中去程4 620列、49.9万标箱，同比分别增长16%、29%；回程4 021列、43.7万标箱，同比分别增长16%、31%。截至2023年6月，中欧班列历年累计开行超过7.3万列，运输货物达690万标箱，通达欧洲25个国家的216个城市。

为畅通国内国际双循环、促进沿线国家经济社会发展、高质量共建"一带一路"，国铁集团充分发挥中欧班列战略通道作用，与沿线国家铁路部门加强合作，提升运输能力和服务品质，积极推动中欧班列高质量发展，有力保障了国际产业链供应链稳定畅通。

问题：中欧班列在运营过程中为什么要与沿线国家铁路部门加强合作，提升运输能力和服务品质？

理解要点：平衡回程货源、提升中欧班列运输能力和品质是中欧班列在运营过程中需要解决的核心问题，因此，通过加强与沿线国家铁路部门合作，提升运输能力和服务品质，有助于提升中欧班列的运行效率和品质，增强中欧班列在国际货物运输中的竞争力。

4）运输能力

运输能力是构建物流系统的基本保障，物流系统要求运输基础设施和设备的供给必须充足。

5）运输安全

运输安全体现在两个方面，即运输车辆的安全和运输货物的安全。运输车辆的安全既是技术指标，也是管理指标，只有选择技术可靠、能够满足物流服务要求的车辆，同时在管理上保证车辆的安全，才可能达到运输安全的目的。运输货物的安全主要包括运输装卸过程中的作业安全，驾驶员按照安全规程进行操作，并且积极采取防盗窃、防变质、防损毁等措施。

6）运输服务系统

从系统角度分析，一是要有适应物流网络化运作的运输网络系统，二是运输企业的服务组织要适应运输网络系统发展的需要，三是要建立具有信息化特色的运输服务系统。

1.2　运输系统的构成

1.2.1　运输系统的概念

运输系统是指由与运输活动相关的各种要素组成的一个整体。运输系统包括生产领域的运输系统和流通领域的运输系统两大类。

1.2.2　运输系统的构成要素

1）运输节点

运输节点是指以连接不同的运输方式为主要职能，处于运输线路上的承担货物集散、运输业务办理、运输工具保养和维修的基地与场所。运输节点是一种转运性质的节点。公路运输线路上的停车场（库）、货运站，铁路运输线路上的中间站、编组站、区段站、货运站，水运线路上的港口、码头，空运线路上的空港，管道运输线路上的管道站等，都属于运输节点的范畴。

2）运输线路

运输线路是指供运输工具定向移动的通道，是运输赖以运行的基础设施之一，也是构成运输系统最重要的要素。

3）运输工具

运输工具是指在运输线路上用于承载货物并使其发生位移的各种设备和装置，是运输能够进行的基础设备。运输工具根据其从事运送活动的独立程度可以分为三类：

（1）仅提供原动力，而不具有装载货物容器的运输工具，如铁路机车、牵引车、拖船等。

（2）没有原动力，但具有装载货物容器的从动运输工具，如车皮、挂车、驳船、集装箱等。

（3）既提供原动力，又具有装载货物容器的独立运输工具，如轮船、汽车、飞机等。

管道运输是一种独特的运输方式，它的动力设备与载货容器的组合较为特殊，载货容器为干管，动力设备为泵（热）站，动力设备固定在特定的空间内，不像其他运输工具那样可以凭借自身的移动带动货物移动。可以将泵（热）站视为运输工具，甚至可以将泵（热）站连同干管都视为运输工具。

4）运输参与者

运输活动的主体是运输参与者，运输活动作用的对象（运输活动的客体）是货物，货物的所有者是物主或货主。物主和运输参与者必须共同参与，运输才能进行。

（1）物主。物主包括托运人（或称委托人）和收货人，有时托运人与收货人是同一单位或个人，有时则不是同一单位或个人。不管是托运人托运货物，还是收货人收取货物，他们都希望在规定的时间内，以最低的成本、最小的损耗和最方便的业务操作，将货物从起始地转移到指定地点。

（2）承运人。承运人是运输活动的承担者，包括铁路货运公司、航运公司、民航货运公司、储运公司、物流公司或个体运输业者等。承运人受托运人或收货人的委托，按委托人的意愿完成运输任务，同时获得运输收入。承运人应根据委托人的要求或在不影响委托人要求的前提下合理组织运输和配送，包括选择运输方式、确定运输线路、进行货物配载等。

> **业务链接1-2**
>
> #### 2023年《财富》世界500强中国邮政位列第86位
>
> 2023年《财富》世界500强排行榜新鲜出炉，中国邮政排名第86位，在上榜的世界邮政企业中，中国邮政排名第1位。自2020年首次跃居百强以来，中国邮政已经连续4年跻身百强。
>
> 作为物流运输的主力军，中国邮政着力打造协同优势、数智化优势、农村市场优势三大核心竞争优势，依照党的经济发展方针，注重高质量发展。经过多年发展，中国邮政从一个主要经营函件、包裹、汇兑、报刊发行、集邮等业务的传统邮政企业，发展成为既提供邮政普遍服务和特殊服务，又经营现代金融、现代快递物流和现代电子商务，集商流、物流、资金流、信息流"四流合一"的大型企业集团。

（3）政府。政府总是期望有一个稳定而有效的运输环境，使经济能够持续增长。

因此，政府常采用多种方式来干预和影响运输市场。

（4）货运代理人。货运代理人是根据用户的指示，为获得代理费用而招揽货物、组织运输的人员。

（5）运输经纪人。运输经纪人是替托运人、收货人和承运人协调运输安排的中间商，其协调的内容包括货物装载、费率谈判、结账和货物跟踪管理等。运输经纪人属于非作业中间商。

（6）公众。公众也是运输系统的直接参与者，也关注运输的可行性、费用和效果、环境和安全问题。随着公众环保意识的增强，公众不仅要求最大限度地降低运输成本，而且密切关注与环境和安全标准有关的运输问题。

各方的参与使运输关系和运输决策变得很复杂，因此运输管理者必须全面考虑各种要素，顾及各方面的利益。

学习微平台

延伸阅读1-1

1.3　运输方式与运输合理化

1.3.1　运输方式

1）公路运输

公路运输是一种主要使用各种运输车辆，包括汽车、人力车、畜力车等运输工具，在公路上运送客货的运输方式。它主要承担近距离（经济半径一般在200千米以内）、小批量的货运，以及水路和铁路运输难以到达地区的长途、大批量货运。由于公路运输具有很强的灵活性，因此在有铁路、水路的地区，有时大批量货物也使用公路运输。

公路运输的主要优点是运输速度较快、灵活性强，公路建设的投资较少、周期较短，易于因地制宜，对运输设施的要求不高。公路运输能提供"门到门"的运输服务，因此也可作为其他运输方式的衔接手段。

2）铁路运输

铁路运输是使用铁路列车运送客货的运输方式。它主要承担长距离（经济半径一般在200千米以上）、大批量的货运，在干线运输中起着主力军的作用。传统的理解是，在没有水路运输条件的地区，几乎所有大批量货物都依靠铁路运输。

铁路运输的优点是速度快，基本不受自然条件的限制，载运量大，运输成本较低。其缺点是灵活性差，只能在固定线路上实现运输，需要与其他运输方式配合和衔接。

3）水路运输

水路运输是一种使用船舶在通航水道运送客货的运输方式。它主要承担长距离、大批量的货运。水路运输又可分为远洋运输、近洋运输、沿海运输、内河运输四种，其中远洋运输是国际货运的主要形式。

水路运输的主要优点是成本低、载运量大。其缺点是只能在有水道的地方和沿海加以利用，运输速度慢，受港口、水位、季节、气候的影响较大。

业务链接1-3

2023年6月29日，辽宁港口集团上海客户服务中心在上海浦东新区挂牌成立，宣布7条集装箱内外贸航线集中开通，并与9家重要合作伙伴签署战略合作协议或备忘录。这7条集装箱内外贸航线包括地中海航运"大连至地西"航线、地中海航运"大连至印马"航线、韩新海运"大连至越泰"航线、万海航运"大连至越南"航线、长锦商船"大连至远东"航线、上海泛亚"营口至海口"航线、中创物流"大连至芜湖"航线等。至此，辽宁港口集团集装箱航线运营总数达178条。

资料来源 中国交通新闻网.辽宁港口集中开通7条集装箱航线［EB/OL］.［2023-07-06］. https：//www.mot.gov.cn/jiaotongyaowen/202307/t20230706_3859909.html.

4）航空运输

航空运输是使用飞机等航空器运送客货的运输方式。航空运输的单位成本很高，适合运载的货物主要有两类：一类是价值高、运费承担能力强的货物，如贵重设备的零部件、高档产品等；另一类是紧急需要的物资，如救灾抢险物资等。

航空运输的主要优点是速度快，不受地形限制，运载货物破损率小，节省包装、保险和储存费等。在火车、汽车都无法到达的地区也可依靠航空运输，因此航空运输具有重要意义。

业务链接1-4

《旅客和机组携带危险品的航空运输规范》（MH/T 1030—2018）中指出，托运的酒精饮料的数量应符合以下规定：酒精的体积百分含量小于或等于24%的，不受限制；酒精的体积百分含量在24%～70%（含70%）范围内的，每人交运净数量不超过5L；酒精的体积百分含量大于70%的，旅客和机组不应作为行李携带。

5）管道运输

管道运输是利用管道输送气体、液体和粉状固体的运输方式。运输物品在管道内顺着压力方向循环流动，从而实现输送目的。管道运输同其他运输方式的主要区别在于，管道设备是静止不动的。

管道运输的主要优点是：第一，由于采用密封设备，因此在运输过程中可以避免货物出现散失、丢失等问题，也不存在其他运输设备本身在运输过程中消耗动力所形成的无效运输问题；第二，运输速度快、流量大、环节少、运费低。

同步案例1-1

贵州以通道为载体构建大开放格局

背景与情境：高铁穿境而过，水运通江达海，飞机翱翔蓝天，在一条条通道的支撑下，贵州从闭塞到开放，实现了从"西南地理枢纽"到"西南陆路交通枢纽"的历史性跨越，为打造内陆开放型经济新高地提供重要保障。

2021年春节前夕，习近平总书记考察贵州时强调，要积极参与西部陆海新通道建设，主动融入粤港澳大湾区发展，加快沿着"一带一路"走出去，以开放促改革、促发展。

经过多年发展，不沿海、不沿边、不沿江的贵州，实现了从"千沟万壑"到"高速平原"的重大跨越，"水陆空"立体化交通运输体系全面形成，出海出境大通道不断拓展。

以通道为载体，贵州赋能内陆开放，实现中欧班列每月固定开行，线路覆盖俄罗斯莫斯科、德国汉堡和匈牙利布达佩斯等地；"中老铁路+中欧班列"过境模式在贵阳落地，来自东盟国家的货物可经中老铁路运输至贵阳中转，再由中欧班列运输出境。

贵州在水运、航空方面也实招频出，乌江水运配备500吨级货船已达到130艘，运力达6.5万吨；6月12日，贵阳龙洞堡国际机场国际货运中心通过海关验收，标志着"一局四中心"（国际邮件互换局、国际快件中心、贵州双龙保税物流中心、国际货运中心、海关监管中心）建设取得阶段性成果。

如何在通道高水平开放中协同推进经济高质量发展，提升开放通道带动力，是摆在贵州面前的一道必答题。

2023年5月，贵州采用贵广铁海联运"一港通"快速通关模式的首发测试班列顺利开行，实现了货物在贵阳完成申报、查验、放行，经广州港南沙港区后走出国门，整体物流时间缩短3~5天，为贵州外贸企业出口提供一条新的快速通道。

资料来源　中国交通新闻网. 贵州以通道为载体构建大开放格局 班列牵手 陆海联动［EB/OL］.［2023-07-17］. https://www.mot.gov.cn/jiaotongyaowen/202307/t20230717_3866961.html.

问题：贵州省为什么要以通道为载体构建开放大格局？

分析提示：社会经济交往离不开运输通道的建设发展，越密切的经济交往越需要立体的运输通道，随着"一带一路"的持续发展，我国经济的开放格局也发生变化，内陆地区也可以通过运输通道积极参与国际经济交流。贵州作为一个内陆省份，通过立体运输通道的构建，将极大提升开放空间和格局。

1.3.2　运输合理化

1）运输合理化的含义

运输合理化是指以最少的运力、最快的速度、最短的线路、最优的服务、最少的费用，满足国民经济对货物运输的需要。从运输企业来看，在完成相同货物运输量的情况下，投入运力最少、服务质量最好、运输费用最低的运输，就是合理运输。

2）影响运输合理化的因素

（1）运输距离。运输时间、货损、运费、车辆周转等技术经济指标，都与运输距离有一定的比例关系。运输距离长短是衡量运输是否合理的一个最基本的因素，缩短运输距离有利于改善经济指标。

（2）运输环节。每增加一次运输，不但会增加运费，而且必然会增加运输的附属活动，如装卸、包装等，各项技术经济指标也会因此下降。所以，减少运输环节能够促进运输合理化。

（3）运输车辆。对运输车辆进行优化选择，按运输车辆的特点进行装卸运输作业，发挥所用运输车辆的最大作用，是运输合理化的重要一环。

（4）运输时间。运输时间的缩短有利于运输车辆的快速周转，能够充分发挥运力的作用，同时有利于资金的周转。

（5）运输费用。运输费用也是考核运输合理化的一个重要指标。在同等条件下，运输费用越低，运达速度越快，越有利于赢得市场竞争。

3）不合理运输的表现形式

凡是增加运输量或运输费用，对国民经济无益甚至有害的货物运输，均属于不合理运输。不合理运输的主要表现形式包括对流运输、迂回运输、过远运输、重复运输、无效运输、交通工具选用不合理的运输等。

4）组织合理运输的措施

（1）合理选择运输方式。不同的运输方式有不同的适用范围和技术经济特征，选择时应进行比较和综合分析，不仅要考虑运输成本的高低和运行速度的快慢，而且要考虑货物的性质、数量的多少、运距的长短、货主需要的缓急以及风险程度。

业务链接1-5

制衣厂生产基地和运输方式的选择

江苏无锡有一家男式衬衣制造商，其产品主要供应上海市场。根据预测，未来上海市场的销售量每年将增加10万件，衬衣在上海的定价（即批发价）为15元/件。为此，该制造商决定增加一个生产基地，目前有以下两种方案：

方案Ⅰ：在无锡就地建厂，衬衣的生产成本（包括原材料成本）为8元/件，从无锡到上海的公路运输与仓储费用为每个运输包装单位15元（假定100件衬衣为一个运输包装单位）。

方案Ⅱ：在西部某省建厂，衬衣的生产成本（包括原材料成本）为6元/件，从该省到上海的铁路运输与仓储费用为每个运输包装单位75元（假定100件衬衣为一个运输包装单位）。由于产地不同，分销商要求在该省生产的衬衣定价（即批发价）为14元/件。

上海和无锡之间距离近，交通相对便利，公路运输经济实惠、速度快，所以方案Ⅰ选择了公路运输方式；西部某省到上海的距离远，远距离铁路运输的成本比公路运输的成本低，所以方案Ⅱ选择了铁路运输方式。

（2）合理选择运输工具。根据货物的性质、数量选择运输工具。

（3）正确选择运输路线。对于运输路线的选择，应尽量安排直达、快速运输，尽可能缩短运输时间，否则应安排沿路或循环运输，以提高车辆的容积利用率和里程利用率，从而达到节省运输费用、节约运力的目的。

（4）提高货物包装质量并改进包装方法。货物运输线路的长短、装卸操作次数的多少都会影响货物的完好程度，所以应合理选择包装物料，以提高包装质量。另外，有些货物的运输线路较短，并且要求采取特殊放置方法（如熨烫好的衣服应垂挂），此时应改变包装方法。货物包装方法的改进，对于减少货物损耗、降低运费支出、降低商品成本具有明显效果。

（5）提高技术装载量。提高技术装载量可以最大限度地利用车船承载吨位，充分利用车船装载容积，具体做法包括组织轻重配装、实行解体运输、运用堆码技术等。

1.4　运输市场与运价

1.4.1　运输市场

1）运输市场的含义

运输市场是指运输服务供给者和运输服务需求者之间进行运输交易的场所和领域，是运输活动的客观反映。狭义的运输市场是指运输承运人提供运输工具和运输服务，以满足旅客或货主对运输的需求的交易活动场所及进行运输能力买卖的场所。广义的运输市场是指一定地区对运输需求和供给的协调与组织，包括一定的交易场所、较大范围的营业区域和各种直观或隐蔽的业务活动。

（1）运输市场是运输服务交换的场所，也就是买卖双方发生联系和作用的地点。这个意义上的运输市场是一个地理概念，通常理解为运输产品交易的场所。

（2）运输市场是运输服务的流通领域。运输活动本身就是社会生产在流通领域的继续，并且运输服务本身也需要在市场上进行交换。这个意义上的运输市场反映的是运输市场中的交换关系和经济联系的总和。它强调运输服务的交换，以及伴随着这种交换所产生的信息流、货币流等，从而突出运输市场对社会再生产以及运输生产的调节功能。

（3）运输市场是运输服务供求关系的总和。从这个角度认识和分析，运输市场是由劳务、资金、设备、技术、信息等供给和需求所构成的。这个意义上的运输市场强调的是买方、卖方力量的对比与结合，"买方市场"和"卖方市场"就反映了这一概念下供求力量的对比结果。根据买卖双方在市场中的地位和供求态势来分析运输市场，是掌握市场变化的一个十分重要的方法。企业应根据市场供求规律来调节其生产和经营，了解市场的供求与变化态势显然是一项基础工作。

（4）运输市场是在一定的时空条件下对运输服务的需求总和。对运输服务的需求（包括现实需求和潜在需求）总和是通过运输需求者表现出来的。当人们说"中国的运输市场很大"时，并不是说运输服务交易场所很大，而是说中国对运输服务的需求很大。我们在论及运输市场问题时，主要是指这一层面上的运输市场。

2）运输市场的构成

运输市场是一个多层次、多因素的集合体，它由多项要素构成，主要包括运输需求者、运输供给者、运输中介和政府。

1.4.2　运输供给与需求

1）运输供给

（1）运输供给的特征。**运输供给**是指在运输市场上，运力的供给者在不同的运输条件下能够提供的运力数量。运输供给具有如下特征：

① 必须合理储存运输能力。由于运输服务不能储存，因此运输企业一般通过储存运输能力的方式来适应市场变化。然而，运输活动在流向上存在着不平衡性，因此

会形成较多的回程浪费。

② 必须保持合理的运力规模。在需求旺季，运价呈上升趋势，运输企业会大量购买和建造运输工具，以使运力不断增加，这时市场可能会达到饱和甚至超饱和状态；在需求淡季，运力过剩，运价呈下降趋势，这必然使运输业处于不景气的状态。因此，保持合理的运力规模是提高运输工具利用率和满足市场需求的必要条件。

（2）影响运输供给的主要因素。这具体包括以下几个方面：

① 国家经济发展状况。一个国家的经济发展状况必然会影响到该国对运输工具的建设要求。工农业发展迅速，经济建设高速发展，国家对运输的需求就会增加，相应的运输供给量也会增加。

② 政策倾斜方向。如果国家政策向能源、交通行业倾斜，则对运输业的发展有利。例如，我国在铁路、公路和航空运输建设方面的投资很大，因此运输能力迅速增加，这也是国民经济发展的客观要求。

③ 运输工具造价。随着铁路机车车辆制造业、造船业、汽车制造业以及航空工业的发展，运输工具的制造成本降低、质量更好，这必然会吸引大量订单，促进运输业的发展。如果运输工具的制造成本高，则势必会导致订购量减少，因此这也是影响运输供给的主要因素。

④ 军事需要。包括铁路车辆、商船和民航飞机在内的各种运输工具，都是一个国家战时军事力量的补充。

2）运输需求

（1）运输需求的特征。运输需求一般具有派生性、异质性和规律性。

① 运输需求的派生性。运输活动与产品的调配和交易活动密切相关，因此运输需求是从工农业生产活动中派生出来的需求。

② 个别需求的异质性。就整个市场而言，总体运输需求是由性质不同、要求各异的个别需求构成的。在运输过程中，只有采取相应的措施，才能满足这些个别需求。

③ 总体需求的规律性。运输企业不但要掌握和研究个别需求的异质性，而且要研究总体需求的规律性。不同货物的运输要求虽然千差万别，但总体来说，还是有一定规律性的，如货流的规律性、市场需求变化的规律性等。

（2）影响运输需求的主要因素。工农业生产的发展水平、国际贸易、国家经济政策、季节变化、地理区位等都是影响运输需求的主要因素。

① 工农业生产的发展水平。一个国家的主要任务是发展国民经济，而国民经济的主要内容是工农业生产。工农业生产得到发展，人们对运输的需求就会增加，运输业也将随之得到发展。

② 国际贸易。随着国家对外开放程度的加深，国际贸易量迅速增加，人们对运输的需求也会相应增加。

③ 国家经济政策。国家经济政策对运输的影响主要表现在政府对经济的扶持与干预上。

④ 季节变化。这主要是指农产品及其他季节性产品对运输的需求，这些产品在不同的季节对运输的需求不同。

⑤ 地理区位。例如，我国的资源主要分布在北部和西部，地理分布极不平衡，为了满足生产和消费的需要，必然产生相应的运输需求。

1.4.3 运输市场的运行

1）运输市场的垄断与竞争

竞争是商品经济发展的客观规律，是不以人们的主观意志为转移的。竞争方式是指竞争的途径、竞争所采取的手段和形式等。具体的竞争方式不仅反映了商品经济的一般要求，而且集中反映了商品经济的特殊要求。

运输市场的竞争主要表现在以下几个方面：

（1）运输价格竞争。在同一时间里、同一市场上，面对同一运输需求，运输价格较低的一方能吸引运输需求者，占领并扩大市场。以降低价格为基本特征的价格竞争是运输市场竞争的普遍形式。

（2）质量竞争。在运输价格等因素不变或运输质量的提高足以抵消运输价格上升给运输需求者带来的影响的情况下，某种运输方式的质量越高、越稳定，越能提高人们对运输的满意程度，这样不仅能长久地占领市场，而且能在市场竞争中处于优势地位。因此，在运输市场中以提高运输质量为特征的质量竞争愈加激烈。但是对于企业来说，运输质量的提高过程就是企业新的费用的发生过程，质量的提高不是一朝一夕就能够完成的。

（3）"新产品"竞争。在运输市场上，"新产品"竞争主要是指通过开设新的运输服务项目参与竞争。使运输服务多样化，推出新的运输服务项目，不断满足人们对运输的需求，既是保证企业在市场竞争中立于不败之地的重要因素，也是整个运输业不断发展的外在动力。

2）运输协作

每种运输方式都有自己的特点，在整个运输过程中，各种运输方式应相互配合和协作。科学技术的进步，新技术装备的日益增加，都将直接影响各种运输方式的分工。

教学互动1-1

背景资料：根据《广西壮族自治区推进铁水联运高质量发展2023年工作要点》，广西将推进港口集疏运铁路设施、港口后方铁路通道与内陆场站建设，加快建设沙河至铁山港东岸铁路支线项目，开工建设钦州东至钦州港增建二线工程、防城港铁路第三调车场一期工程、钦州港石化专线物流基地。探索建立跨区域跨方式集装箱使用循环系统，实现"一箱到底、循环共享"的突破；加强超重内贸集装箱信息共享与管理，推动港口、航运、铁路企业间联动，促进铁水联运安全发展；推动港口、航运、铁路、第三方物流等企业组建联运专业化经营主体或联盟，合力提升运输、物流、金融等一体化服务能力。

互动问题：

1）根据你对铁水联运的了解，你认为实现铁水联运的高质量发展需要哪些条件？

2）建立跨区域跨方式集装箱使用循环系统是否能实现集装箱信息共享与管理以及提升运输服务能力？

要求：

1）教师不直接提供上述问题的答案，应引导学生结合本节教学内容就这些问题进行独立思考、自由发表见解，并组织课堂讨论。

2）教师应把握好讨论节奏，对学生提出的典型见解进行点评。

1.4.4 运输价格

1）运输价格的概念和特征

运输价格是指运输企业对特定货物或旅客所提供的运输劳务的价格，简称运价。运输价格能在一定程度上调节人们对各种运输方式的需求，即在总体运输能力基本不变的情况下，运输需求会因运输价格的变动而改变。运输价格具有以下特点：

（1）运价与距离有密切的关系。运价的制定是以运输成本为主要依据的，单位产品的运价会随着运输距离的延长而降低。当然，这种降低不是无限制的，当超过一定距离以后，降低程度就很小了。因此，运输企业一般都会规定运价递远递减的终止里程。

（2）运价种类繁多，结构复杂。运输业是公用事业，面向千家万户，联系各地区、各行业，运输对象众多，客户对运输服务、运输质量有不同的要求。这就决定了运输业必须实行满足多种运输需要的多种运价制度。

（3）运价只有销售价格一种形式。由于运输的生产过程与消费过程是合一的，因此表现在运价上只有单一的销售价格形式，而不像工业产品那样有出厂价、批发价、零售价之分。

2）影响运输价格的因素

影响运输价格的因素主要有运输成本、运输供求关系、运输市场的结构模式、国家有关经济政策以及各种运输方式之间的竞争等。

（1）运输成本。运输成本是指运输企业在运输过程中发生的各种耗费的总和。运输企业为了能够抵偿运输成本并能扩大再生产，通常要求运输价格不低于运输成本。

（2）运输供求关系。运输供给和需求对运输市场价格的调节通常是由于供求数量不同程度的增加或减少而引起的。

（3）运输市场的结构模式。根据市场竞争程度，运输市场大体可以分为四种类型，即完全竞争运输市场、完全垄断运输市场、垄断竞争运输市场和寡头垄断运输市场。不同类型的市场有不同的运行机制和特点，对运输价格的形成会产生重大影响。

（4）国家有关经济政策。国家对运输业实行的税收政策、信贷政策、投资政策等均会直接或间接地影响运输价格水平。长期以来，我国为扶植运输业，在以上方面均实行优惠政策。

（5）各种运输方式之间的竞争。影响运输价格水平的竞争因素有运输速度、货物完好程度以及是否能实现"门到门"运输等。以运输速度为例，若相同起止地的货物运输可采用两种不同的运输方式进行，此时运输速度较慢的那种运输方式只能实行较低的运价。对货主来说，与速度较快的运输方式相比，速度较慢的运输方式的理论降价幅度为流动资金占用成本和因货物逾期、丧失市场机会而造成的市场销售损失两项费用之和。

3）运输企业定价

运输企业在进行定价时，必须考虑多方面的因素，并坚持以下定价原则：

（1）必须以运输价值为基础。由于运价是运输价值的货币反映，因此运输价值是运价的基础。

（2）要充分考虑顾客对运输服务的感觉价值与接受程度。如果顾客对运输企业所提供的运输服务不太满意，或者感觉运输服务的价格过高，或者感觉运输服务的价格过低而怀疑运输质量，那么顾客将不能接受该运输企业所提供的运输服务。因此，运输企业在对某项运输服务进行定价时，不仅应对市场上的同类运输服务进行调查，还应对顾客的偏好进行了解，这样才能制定出一个让顾客满意并且对企业自身有益的价格。

（3）反映供求关系的变化。要使运价能够反映供求关系的变化，必须给运输企业一定的定价权限。单纯的行政定价不能灵敏地反映供求关系的变化情况。如果有了一定的定价权限，运输企业就可以根据供求关系的变化，对运价进行自主调整。

（4）要考虑自身的运输服务经验与能力。运输企业应根据自身所能提供的服务水平定价，如果所定价格与所提供的物流服务的质量存在较大差距，就会给客户带来损失，同样也会给运输企业带来损失。例如，某运输企业从事运输服务的时间不长、经验不多，也不具备配送海鲜食品的能力，从而导致某超市所需的海鲜食品在配送途中变质，结果该超市因为没有及时得到海鲜食品而失去了很好的销售机会，该运输企业也因为没有保证海鲜食品的质量且配送延时而失去了信誉，同时还必须赔偿超市的相关损失。

 职业素养1-1

暴雨中，邮政配送安全有序

背景与情境：2023年7月底，京津冀出现极端强降雨，北京邮政第一时间启动防汛预案，市分公司及区分公司均设立防汛指挥部，并建立以支局科队为单位的应急抢险小组，把任务措施分解细化到各个岗位、环节与人员，确保工作组织到位，工作落实到位。安排专人密切关注气象、交通、水务等部门发布的预警信息，及时做好应急调度和风险处置工作，确保邮政网络安全运行。各基层网点通过小视频、班前会等方式，组织紧急避险培训，将避险要求传达到位。同时，各单位主要负责人24小时值班值守，发现险情第一时间妥善处理，抓好特殊时段、地区的服务工作，确保安全有序运行。基层网点全力确保邮件安全，保证邮件不积压延误，不雨淋水湿。因汛情造成的邮件积压，主动跟客户做好沟通解释，请客户放心邮件安全。

在雨天，邮政车辆减速慢行，投递员们在积水路段采取绕行措施，做好防雨、防雷电、防大风等措施。加强基层网点挡水板、沙袋、遮雨布等防汛物资的配备，确保保障到位。对于存在安全隐患的场地，及时安排人员和邮件转移。根据房山区、门头沟暴雨情况，门头沟雁翅镇、斋堂镇、妙峰山镇，房山区十渡镇、蒲洼乡、霞云岭等网点邮件全部稳妥存放。投递员们及时掌握降雨造成的积水路段、塌方等灾害信息，调整作业流程和运输路线，确保生产安全平稳运行。已收寄的邮件根据安排赶班出口，不能出口的邮件做好保管，确保邮件安全。低洼网点摆放沙袋等防汛物资，避免网点进水产生不必要的损失。

资料来源　代丽丽. 暴雨中，邮政配送安全有序［EB/OL］.［2023-08-03］. http：//www.chinapost.com.cn/html1/report/2308/2129-1.htm.

问题：如何评价北京邮政及其员工的表现？

研判提示：中国邮政承担邮政普遍服务义务，受政府委托提供邮政特殊服务，因此加强邮政配送安全有序非常重要。同时，秉承"人民邮政为人民"的初心使命，同时肩负"国家有需要，邮政有担当"的央企使命，越是在危难时刻，越体现中国邮政的责任担当。

━ 本章概要 ➡

□ 内容提要与结构

▲ 内容提要

● 运输是指利用载运工具、设施设备及人力等运力资源，使货物在较大空间上产生位置移动的活动。运输是一项范围非常广泛的经济活动，具有产品转移和产品储存的功能。物流是指物品从供应地向接管地的实体活动进程，依据实际需要，将运输、贮存、装卸、包装、流通加工、配送、信息处理等基本功能实施有机结合。现代物流对运输的要求是在准确的时间，以准确的价格和准确的交货条件在准确的地点向货主交付准确的货物，从而以最低的成本实现用户满意。

● 运输系统是指由与运输活动相关的各种要素组成的一个整体，由运输节点、运输线路、运输工具和运输参与者组成。运输节点是指以连接不同的运输方式为主要职能，处于运输线路上的承担货物集散、运输业务办理、运输工具保养和维修的基地与场所。运输线路是指供运输工具定向移动的通道。运输工具是指在运输线路上用于承载货物并使其发生位移的各种设备和装置，是运输能够进行的基础设备。运输活动的主体是运输参与者，运输活动作用的对象（运输活动的客体）是货物，货物的所有者是物主或货主。物主和运输参与者必须共同参与，运输才能进行。

● 不同的运输方式具有不同的特点。公路运输速度较快、灵活性强，公路建设的投资较少、周期较短，易于因地制宜，能提供"门到门"的运输服务；铁路运输速度快，基本不受自然条件的限制，载运量大，运输成本较低，但灵活性差；水路运输的成本低、载运量大，但只能在有水道的地方和沿海加以利用，运输速度慢，受港口、水位、季节、气候的影响较大；航空运输速度快，不受地形限制，但运费高；管道运输采用密封设备，在运输过程中可以避免货物出现散失、丢失等问题，不存在无效运输问题，运输速度快、流量大、环节少、运费低。运输企业在完成相同货物运输量的情况下，要力争投入运力最少、服务质量最好、运输费用最低，做到运输合理化，这样才能为企业赢得利润。合理运输的组织，即要合理选择运输方式和运输工具，正确选择运输路线，提高货物包装质量并改进包装方法，提高技术装载量。

● 运输市场是指运输供给者和运输需求者之间进行运输交易的场所和领域，是运输活动的客观反映，它是一个多层次、多因素的集合体，由多项要素构成，包括运输需求者、运输供给者、运输中介和政府。国家经济发展状况、政策倾斜方向、运输工具造价、军事需要等因素会直接影响运输供给，运输需求则受工农业生产的发展水平、国际贸易、国家经济政策、季节变化、地理区位等因素的影响。因此，运输市场既存在垄断与竞争，也需要运输协作。

▲ 内容结构

本章内容结构如图1-1所示。

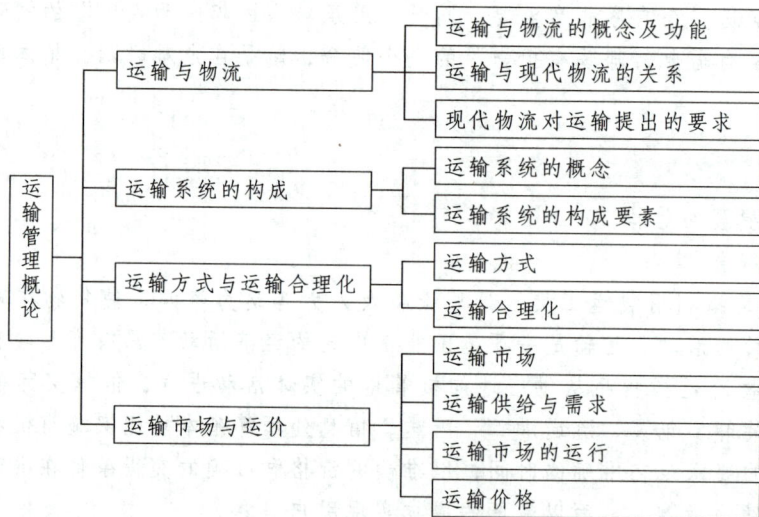

图1-1　本章内容结构

□ 主要概念和观念

▲ 主要概念

运输　物流　运输系统　运输节点　运输线路　运输工具　公路运输　铁路运输　水路运输　航空运输　管道运输　运输合理化　运输市场　运输供给　运输价格

▲ 主要观念

运输系统构成　运输方式与运输合理化　运输市场与运价

□ 重点实务和操作

▲ 重点实务

运输方式选择　运输合理化安排　运输企业定价原则

▲ 重点操作

运输合理化方案设计　运输价格制定

━ 基本训练 ➡

□ 理论题

▲ 简答题

1）运输与物流的区别体现在哪些方面？

2）简述运输的功能。

3）简述各种运输方式的主要特征。

▲ 讨论题

1）如何理解现代物流对运输提出的新要求？

2）如何理解运输组织合理化的意义？

3）如何理解运输与物流其他环节的关系？

□ 实务题

▲ 规则复习

1）根据运输合理化的原则思考，如何实现货物运输的合理化？

2）在实际业务操作中，如何规避不合理运输？

3）结合企业实际，进行货物运价的制定。

▲ 业务解析

运输供求关系会直接影响运输市场的运行，请结合实际对运输供求关系进行相应的阐述。

□ 案例题

▲ 案例分析

【相关案例】

物流数字化转型加速

背景与情境： 京雄高速（北京段）全线覆盖移动5G专网、广州港南沙港区四期全自动码头项目加快实施……2023年以来，我国继续加大交通强国建设力度，交通科技创新步伐明显加快，绿色低碳转型深入推进。特别是邮政快递业在数字化、绿色化上下功夫，提升运转效率。

天津海关联合天津港集团构建口岸"智慧管控"系统，为推动口岸港区内外贸一体化发展注入科技力量。现今，东疆港区已有内外贸集装箱航线17条，累计作业内贸船舶超过1 200艘次，箱量超过160万标箱。

"快递包裹对时效性要求很高，加快流转速度、降低物流成本，提高企业的竞争力。得益于相关部门的不断创新，今年一季度，顺丰跨境电商进出口量同比增长近50%。"

练好企业内功，深化"提质、增效、降本"，推动物流企业转变发展模式。通过与客户共同成长、与产业深度融合，更深层次、更宽领域推动降低全社会物流成本。

推动融合发展，在汽车、家电、电子、医药、服装等产业链条长、配套环节多的产业领域，引导企业加大投资力度，提升互联网、大数据等现代信息技术应用水平，确保产业链供应链循环畅通。

便捷畅通的交通物流条件，能够有效降低运输成本，促进人才、资金、技术等各类生产要素流动、聚集，激发市场活力，为经济社会发展提供有力支撑。抓住机遇，砥砺奋进，物流运行将继续保持稳中有进、提质增效，为畅通国内经济循环、促进高质量发展做出更大贡献。

资料来源　人民网．我国物流运行加快恢复增长 数字化转型加速［EB/OL］．［2023-06-09］．http://www.chinawuliu.com.cn/zixun/202306/09/608588.shtml.

问题：

1）物流数字化转型包含哪些方面？

2）物流数字化转型发展对物流业的发展的作用有哪些？

3）谈谈你对物流数字化在促进合理化运输方面的看法。

【训练要求】

1）形成性要求

学生分析案例提出的问题，拟定《案例分析提纲》；小组讨论，形成《案例分析报告》；班级交流、相互点评和修改各小组的《案例分析报告》，教师对经过交流和修改的各小组的《案例分析报告》进行点评；在校园网的本课程平台上展出经过修改并附有教师点评的各小组的《案例分析报告》，并将其纳入本校该课程的教学资源库。

2）成果性要求

（1）课业要求：以经班级交流和教师点评的《案例分析报告》为最终成果。

（2）课业结构、格式与体例要求：参照本教材"课业范例"的范例-1。

▲ 职业素养训练

【相关案例】

分析提示1

司机偷盗运输货物被抓

背景与情境：2023年4月16日，乌兰察布市某公司安环部部长报警称2023年2月22日至2023年3月1日公司发往青山控股集团有限公司的V2批次高碳铬铁3 800吨，其中的30包（大约30吨）高碳铬铁被掉包掺杂石头砖块等物，造成公司损失10万元左右。

接警后，民警通过分析研判，发现某运输车辆在运输中途停留时间异常、形迹可疑，随即锁定该车辆司机王某有重大作案嫌疑。经过对王某的交易流水进行调查梳理，确认其盗窃高碳铬铁的犯罪事实。

5月14日，在运输公司的配合下，民警在犯罪嫌疑人王某再次到达公司运输货物时将其抓获。

资料来源　化德公安．一司机运输途中偷盗运输货物！造成被盗公司损失10万元左右［EB/OL］．［2023-06-20］．https://www.163.com/dy/article/I7N7I9860521CC5N.html.

价值引导1

问题：

1）结合乌兰察布市某公司安环部部长报警，谈谈你对物流法治建设中物流企业安环部门责任与作用的理解。

2）你对杜绝偷盗客户物品、改善物流运输企业服务水平有何建议？

【训练要求】

学生研判案例提出的问题，拟出《职业素养训练提纲》；小组讨论，形成小组《职业素养训练报告》；班级交流，教师对各小组的《职业素养训练报告》进行点评；在校园网的本课程平台上展出经过修订并附有教师点评的各组《职业素养训练报告》，供学生相互借鉴。

□ 实训题

【实训目的】

认知物流运输及物流运输市场。

【情境设计】

将学生分成若干实训团队，利用运满满、货拉拉等货运平台进行运输市场和运输价格的调研，或者选定一个区域对该区域物流运输市场的要素进行调研，撰写《×××区域物流运输市场现状调研报告》。

【组织形式】

1）以小组为单位组成运输管理团队。

2）各运输管理团队结合实训任务进行恰当的角色分工，确保组织合理和每位成员的积极参与。

【训练要求】

1）实训前，学生要了解并熟记本实训的"训练目的"、"训练任务"与"训练要求"，了解并熟记本教材网络教学资源包的《学生考核手册》中表考 2-6、2-7 所列"考核指标"与"考核标准"的内涵，将其作为本实训的操练点和考核点来准备。

2）实训后，学生要对本次实训活动进行总结，在此基础上撰写相关《训练报告》。

【成果形式】

训练课业：《×××区域物流运输市场现状调研报告》。

课业要求：

1）"实训课业"的结构与体例参照本教材"课业范例"中的范例-3。

2）将《×××区域物流运输市场现状调研报告》。以"附件"形式附于《训练报告》之后。

3）在校园网平台上展示经过教师点评的班级优秀《训练报告》，并将其纳入本课程的教学资源库。

━ 单元考核 ➡

考核评价要求："考核模式"、"考核目的"、"考核种类"、"考核方式、内容与成绩核定"、"评价主体"及"考核表"等规范要求，见本教材网络教学资源包中的《学生考核手册》。

第2章
公路货物运输管理

● 学习目标
引例　浙江上线大件运输智能辅助选线功能
2.1　公路货物运输概述
2.2　整批货物运输组织
2.3　零担货物运输组织
2.4　特种货物运输组织
2.5　公路货物运费计算
● 本章概要
● 基本训练
● 单元考核

学习目标

知识目标：

- 掌握公路货物运输的概念及特点；
- 熟悉公路整批货物、零担货物运输组织；
- 掌握公路货物运输运费计算方法；
- 熟悉公路特种货物运输。

能力目标：

- 能根据具体货物选择合适的运输组织方式；
- 能进行整批货物、零担货物运输组织；
- 会计算公路货物运输的费用；
- 会进行公路货物运输安全管理；
- 会辨析公路特种货物运输。

素质目标：

- 培养良好的公路货物运输职业理想和职业情感；
- 养成严谨的工作态度、社会责任、公路货物运输安全等职业操守；
- 树立遵纪守法、遵守各种公路货物运输法律法规的正确态度。

引例 浙江上线大件运输智能辅助选线功能

背景与情境： 2023年8月，浙江省超限运输车辆通行证申请界面上线了"智能辅助选线"新功能。该功能不仅可以帮助大件运输承运人合理规划路线，还方便交通运输主管部门快速查看大件运输承运人所申请的路线，实现精益管理、高效服务，提升大件运输数字化、可视化、智能化管理水平。应用该功能后，超限运输车辆通行证在线申报效率可提升约50%。

据悉，大件货物在公路运输之前，要向交通运输主管部门申请一张超限运输车辆通行证，承运人凭借通行证按照指定路线行驶，将大件货物运送到目的地。目前，浙江超限运输车辆通行证已全部实现在线申请，但在填报过程中，需要申请人手动填写计划途经的道路，高度依赖申请人或司机对路线的掌握情况。

此次上线的"智能辅助选线"功能妥善解决了行驶路线申报与审核问题，填报人只需在路线填报页面点击"辅助选线"按钮，就能根据起终点和车货信息完成智能化路线填写，审核人员也可在后台更直观地审批运输路线。如遇特殊情况，申请人和审核人员可以手动修改推荐路线，真正实现智能化、可视化审批。

目前该功能汇集了浙江省主要交通要道及其桥涵、隧道、互通和高速公路收费站出入口等设施的承重、长宽高限制等通行数据，以甄别出大件运输车辆的通行管控信息，形成大件运输车辆通行规则。

据统计，2022年浙江共办理省内超限运输车辆通行证10万余件，2023年"智能辅助选线"功能将服务70%以上的通行证办理。未来，这一功能将根据使用情况不断优化迭代，覆盖更多大件运输使用场景，实现"申请+审批"效率双提升。

资料来源 中国交通新闻网. 浙江上线大件运输智能辅助选线功能［EB/OL］.［2023-09-07］. https://jtyst.zj.gov.cn/art/2023/9/11/art_1229318207_59034149.html.

学习微平台

同步链接2-1

从引例可知，数字化应用不但可以帮助大件运输承运人合理规划路线，还方便交通运输主管部门快速查看大件运输承运人所申请的路线，实现精益管理、高效服务，提升大件运输数字化、可视化、智能化管理水平，提升超限运输车辆通行证"申请+审批"效率双提升，进而提升运输效率。随着交通运输领域的数智化转型不断深入，我国交通运输效率将进一步提升，物流运输成本将持续降低。

2.1 公路货物运输概述

2.1.1 公路货物运输的概念与特点

1）公路货物运输的概念

公路货物运输是利用载货汽车、机动三轮货运车、人力货运车等在公路上运送货物的运输活动。在通常情况下，公路货物运输是指汽车货物运输。

公路货物运输是一种机动灵活、简单方便的运输方式，在短途货物运输集散转运方面，它比铁路、航空等运输方式具有更大的优越性，在实现"门到门"的货物运输中，它的重要性更为显著。铁路车站、水运港口、航空机场货物的集、疏、运，往往都离不开公路运输方式。

2）公路货物运输的特点

（1）机动灵活，适应性强。公路运输网的密度比铁路、水路运输网的密度大得多，并且分布面广，一般不受高原山区、严寒酷暑等地理和气候条件变化的影响。因此，公路货物运输受自然条件限制较小，且适应性强。同时，汽车的载重吨位有小有大，既可以单个车辆独立运输，也可以由若干车辆组成车队同时运输；既可以完成小批量的运输任务，又能承担大批量的运输任务，车辆的调度、装运等环节的衔接时间短，机动性强。

（2）可以实现"门到门"直达运输。公路货物运输可以把货物从始发地门口直接运送到目的地门口，实现"门到门"的直达运输，这是其他运输方式很难实现的。

（3）运送速度较快。在中、短途运输中，公路货物运输与其他货物运输方式相比，货物在途时间较短，运送速度较快，因此能够保证货物质量，提高货物的周转效率，为制造企业和流通企业实现"零库存"提供保障。

（4）原始投资少，资金回收快。公路货物运输与铁路、水路、航空货物运输方式相比，所需固定设施简单，车辆购置费用较低，投资回收期短。

（5）掌握车辆驾驶技术较容易。与驾驶火车和飞机相比，汽车驾驶技术比较容易掌握，对驾驶员各方面素质的要求也比较低。

（6）单位运量较小，运输成本较高。汽车的单位运量要比火车、轮船少得多。由于汽车的单位载重量小，行驶阻力比较大，所消耗的燃料又是价格较高的液体汽油或柴油，因此汽车的运输成本较高，仅次于航空运输的成本。

（7）运行的持续性较差。相关统计资料表明，受到经济运距的影响，公路货物运输的平均运距是所有运输方式中最短的，运行的持续性较差。

（8）安全性较低，环境污染较大。汽车自诞生以来，大大改变了人类的生活，但是也吞噬了众多人的生命，特别是20世纪90年代以来，每年因道路交通事故死亡的人数急剧增加。此外，汽车排出的尾气和产生的噪声也严重威胁着人类的健康，是城市环境的主要污染源之一。

教学互动2-1

背景资料：杭州长宏物流有限公司是娃哈哈、利群等知名企业的物流服务商。对于日常消费品的远距离运输，该物流公司采取公铁联运的方式；对于发往新疆的香烟，该物流公司则完全使用自有卡车进行长途运输。

互动问题：

1）为什么该物流公司在远距离运输香烟时采用公路运输方式？

2）谈谈公路运输在综合运输体系中的作用。

要求：同"教学互动1-1"的"要求"。

2.1.2 公路货物运输的技术设施

1）公路

道路是指供各种无轨车辆和行人等通行的工程设施，**公路**是连接城市、乡村和工矿基地，主要供汽车行驶并具备一定技术标准和设施的道路。根据我国现行的《公路工程技术标准》（JTG B01—2014），公路可分为高速公路、一级公路、二级公路、三级公路、四级公路五个技术等级。

业务链接2-1

我国公路等级的划分见表2-1。

表2-1　　　　　　　　　　　　我国公路等级的划分

等级	高速公路	一级公路	二级公路	三级公路	四级公路
年平均日设计交通量	25 000辆小客车以上	15 000辆小客车以上	7 500～15 000辆小客车	2 000～6 000辆小客车	双车道：2 000辆小客车以下　单车道：400辆小客车以下
对出入口的控制	全部控制	根据需要控制	无控制	无控制	无控制

2）载货汽车

载货汽车也叫载重汽车，是专门用于运送货物的汽车。载货汽车根据用途可分为普通载货汽车、专用载货汽车、牵引车和挂车。

（1）普通载货汽车。它是指专门运送货物的通用车辆。根据载货重量的不同，普通载货汽车可分为微型载货汽车、轻型载货汽车、中型载货汽车、重型载货汽车四种。

（2）专用载货汽车。它是指专门运送特定种类货物的车辆，如冷藏车、罐车等。

（3）牵引车和挂车。牵引车是一种有动力而无装载空间的车辆，是专门用来牵引挂车的运输工具；挂车是无动力而有装载空间的车辆，分为全挂车和半挂车两种。牵引车和挂车结合在一起组成汽车列车，进行货物运输。

载货汽车的使用性能可参考以下几个指标：

（1）容量。容量是指汽车能同时装载货物的数量，主要评定指标有容积、载重量等。

（2）动力性。动力性是指汽车在良好路面上直线行驶时所能达到的平均行驶速度，主要评定指标有最高车速、最大爬坡度、加速能力等。

（3）通过性。通过性是指汽车通过恶劣路面和跨越障碍的能力，主要评定指标有转弯半径、接近角、离去角等。

（4）安全性。安全性是指汽车保证运行安全的能力，主要评定指标有汽车的稳定性和制动性等。

（5）经济性。经济性是指汽车消耗费用方面的特性，主要评定指标有单位里程耗油量等。

3）公路站场

公路站场是指以场地设施为依托，为社会提供有偿服务的具有仓储、保管、配

学习微平台

延伸阅读2-1

载、信息服务、装卸、理货等功能的综合货运站（场）、零担货运站、集装箱中转站、物流中心等经营场所。一般包括货运站、停车场（库）等设施。

（1）货运站。货运站的主要功能包括货源的组织与承运，中转货物的储存，货物的交付、装卸等。

公路货运站可分为零担货运站和集装箱货运站。零担货运站一般按照年零担货物吞吐量划分等级，年零担货物吞吐量在6万吨以上的为一级站，2万~6万吨的为二级站，2万吨以下的为三级站。零担货运站应配备站房、仓库、货棚、装卸场等生产辅助设施。集装箱货运站应配备拆装库、高站台、拆装箱作业区、业务室、装卸机械与集装箱车辆等。

（2）停车场（库）。停车场（库）的主要功能是停放和保管车辆。现代化的大型停车场还具有车辆维修、加油等功能。停车场可以分为暖式车库、冷式车库、车棚和露天停车场等。停车场的平面布置要方便运输车辆的进出和进行各类维护作业，多层车库或地下车库还应设有坡道或升降机，以方便车辆出入。

2.1.3　运输包装与标志

1）运输包装

根据《物流术语》（GB/T 18354—2021），**运输包装**是指以满足运输、仓储要求为主要目的的包装，又称外包装。运输包装的主要作用在于保护货物安全，尽可能避免运输途中各种外界条件对货物产生的影响，方便检验、计数和分拨。

运输包装可以分为单件运输包装和集合运输包装两大类。

（1）单件运输包装。这是指货物在运输过程中作为一个计件单位的包装。根据包装造型的不同，单件运输包装可以分为以下几种形式：

① 箱状包装。这是一种六面体形状的包装，由天然木板、胶合板、瓦楞纸板等材料制成。箱状包装是一种常用的包装形式。其中，木板箱较结实，适用于各种较重货物的包装；纸板箱的结实程度较差，适用于较轻货物的包装。

② 捆包状包装。这是一种直接贴附在货物外表的包装，通常使用棉、麻等织物作为包装材料，需要加以捆扎。它适用于纤维及其织品的包装，可以防止包装内的货物松散或沾染污物。

③ 袋状包装。这种包装可由多层牛皮纸、麻织料、塑料、化纤织料等材料制成。袋状包装的适用范围很广泛，可用于盛装粉状、颗粒状的货物。不同材料的包装袋均应满足防止货物漏出的要求，同时要具有一定的防湿能力和坚韧程度。

④ 桶状包装。这是一种圆柱形密封式包装，有铁桶、胶合板桶、纸板桶、塑料桶和木桶等，适用于装载块状固体、粉状固体、糊状固体、液体以及浸泡于液体中的固体物质。

⑤ 其他形式的包装。这是指上述基本包装形式以外的其他形式的包装，如卷筒包装、编筐包装、坛瓮罐瓶包装等。

（2）集合运输包装。这是指将若干单件运输包装组合成一件的包装。集合运输包装的形式主要有集装包、集装袋、托盘和集装箱等。

业务链接2-2

不同类别货物适合的运输包装形式见表2-2。

表2-2　　　　　　　**不同类别货物适合的运输包装形式**

货物类别	运输包装形式	
日用百货等	纸箱	
日用杂货、茶叶等	胶合板箱	箱状包装
机械设备、大理石、瓷砖等	板条箱	
纺织品、羊毛等	包、捆	捆包状包装
小袋装粉粒状货物	袋	
糖、化肥等	麻袋	
水泥等	纸袋	袋状包装
面粉、淀粉等	布袋	
油料、染料等	金属桶	
液体类货物	塑料桶	
松脂、肠衣等	鼓形木桶	桶状包装
烟叶、农副土产等	大木桶	
小五金等	小木桶	
电缆、铅丝、绳索、卷纸等	卷筒	
水果、蔬菜等	篓筐	
腐蚀性液体、酒、榨菜等	坛、瓮	
油漆等	罐	其他形式的包装
酒、化学品等	瓶	
各种压缩液化气体等	钢瓶	

2）运输标志

运输标志是指贴在货物或运输包装表面，具有一定含义的图形、文字和数字。运输标志的主要作用是在储运过程中识别和区分货物，说明装运作业要求、合理操作方法，以保护货物的完整和人身及运输工具的安全。运输标志按照其所起作用的不同可分为识别标志、重量体积标志、指示标志、警告标志和原产地标记。

（1）识别标志。它包括主标志、副标志、件号标志和目的地标志，用于在运输过程中辨认同批货物。

（2）重量体积标志。它是指记载货物的外部尺寸、毛重、净重、计量单位等内容的标志。它是承运人确定货物计费的依据之一，也是区分货件是否超重、超大以及考虑装载安排的重要依据。

（3）指示标志。它又称保护标志，是一种指示操作要求的标志，用图形和文字表达，如小心轻放、由此起吊、禁止翻滚等。

（4）警告标志。它又称危险品标志，用以说明商品系易燃、易爆、有毒、有腐蚀性或放射性等危险性货物，用图形及文字表达。对于危险品的包装储运，政府制定了专门的法规，运输参与者应严格遵照执行。

（5）原产地标记。原产地是海关统计和征税的重要依据，用原产地证书加以说明，但一般在内外包装上均注明产地，作为商品说明的一个重要内容。

2.1.4　公路货物运输的分类

1）按照货物性质进行分类

（1）普通货物运输。这是指货物在运输、配送、保管及装卸作业的过程中，没有特殊要求，不需要采用特殊措施和方法的货物运输。

（2）特种货物运输。**特种货物运输**是指货物在运输、装卸、保管作业的过程中，需要采用特殊措施和方法的货物运输。特种货物运输又可分为危险货物运输、大型特型笨重物件运输、鲜活易腐货物运输和贵重货物运输四种。

2）按照运输经营方式进行分类

（1）公共运输。这是指以整个社会为服务对象，专业经营汽车货物运输业务的方式，具体有以下三种模式：

① 定期定线。不论装载多少货物，都在固定线路上按时间表行驶。

② 定线不定期。在固定线路上，视货载情况派车行驶。

③ 定区不定期。在固定的区域内，视货载情况派车行驶。

（2）契约运输。这是指汽车运输企业按照承托双方签订的运输契约运送货物的方式。契约期限短的有半年或一年，长的可达数年。按照契约规定，托运人保证提供一定的货运量，承运人保证提供所需的运力。

（3）自用运输。这是指企业、机关自置车辆运送自己的物资的方式，一般不对外营业。

（4）汽车货运代理。这类企业既不拥有货源也不拥有车辆，其以中间人的身份一面从货主处揽货，一面委托运输企业运送，借此收取手续费和佣金。

3）按照营运表现方式进行分类

（1）整批货物运输。一批属于同一发（收）货人的货物且其重量、体积、形状或性质需要以一辆（或多辆）货车单独装运，并据此办理承托运手续、组织运送和计费的运输活动。

（2）零担货物运输。一批货物的重量、体积、形状或性质不需要以一辆货车装运，并据此办理承托运手续、组织运送和计费的运输活动。

（3）汽车集装箱运输。以集装箱为容器，使用汽车运输的，为汽车集装箱运输。

（4）出租汽车货物运输。采用装有出租营业标志的小型货运汽车，供货主临时雇用，并按时间、里程和规定费率收取运输费用的，为出租汽车货物运输。

（5）搬家货物运输。为个人或单位搬迁提供运输和搬运装卸服务，并按规定收取费用的，为搬家货物运输。

4）按照运送速度进行分类

（1）一般货物运输。这是指普通速度的货物运输，普通速度的货物运输期限自起运日起，按200千米为1日运距，用运输里程除以每日运距进行计算。

（2）快件货物运输。在规定的距离和时间内将货物运达目的地的，为快件货物运输。快件货物运输的具体要求是从货物受理日15时起算，300千米运距内，24小时以内运达；1 000千米运距内，48小时以内运达；2 000千米运距内，72小时以内运达。

（3）特快件货物运输。应托运人的要求，采取即托即运的，为特快件货物运输。货物送达时间从托运人将货物交付给承运人起运的具体时刻开始计算，不得延误。

2.2 整批货物运输组织

2.2.1 整批货物运输的概念

公路货物运输管理中，**整批货物运输**也称整车货物运输，是指托运人一次托运货物计费重量在3吨以上，或虽不足3吨，但其性质、体积、形状需要一辆汽车运输的货物运输方式。

以下货物必须整批运输：

（1）鲜活、冷冻货物，如活鱼、猪、羊、牛、蜜蜂以及鲜肉、冷冻鱼等货物。

（2）需用专车运输的货物，如液氯、硝酸等危险品，水泥、粮食等散装货物。

（3）不能与其他货物拼装运输的危险品。

（4）容易污染其他货物的不洁货物，如动物毛皮、垃圾等。

（5）不计件数的散装货物，如矿石、煤炭等。

2.2.2 整批载重的计重方法

为了明确运输责任，整批货物运输通常是一车一张货票、一个发货人。当一个托运人托运整批货物的重量（含货物包装、衬垫及运输需要的附属物品）低于车辆的核定载重量时，为合理使用车辆的载重能力，可以拼装其他托运人的货物，即一车两票或多票，但货物总重量不得超过车辆的核定载重量，拼装分卸的货物按最重装载量计算。

整批货物由托运人自理装车的，未装足车辆的核定载质量时，按车辆的核定载质量核收运费。

散装货物无过磅条件的，按体积和各省、自治区、直辖市统一规定的重量折算标准计算。接运其他运输方式的货物，无过磅条件的，按前程运输方式运单上记载的重量计算。

🔑 **职业素养2-1**

车队管理人因交通肇事罪获刑

背景与情境：究竟是谁对超载处罚无动于衷？是谁在助推货车超载？为找准检察监督切入点，检察官在浙江省检察院大数据法律监督平台上制作数字监督模型，用近3年交通肇事案的车辆信息与因超限运输被行政处罚的车牌及车辆所有人进行数据碰撞比对，得到了既发生交通肇事又被行政处罚的车辆所有人信息5件。在排除超载状态与造成交通肇事因果关系不强的线索后，对车辆所有人党某进行立案监督。

党某管理的运输车队因超载多次被行政处罚，其中一辆货车不仅在2年内因超载或超限被行政处罚4次，甚至在2020年一次被行政处罚20天后就因超载侧翻造成2人死亡的交通事故，涉案驾驶员因交通肇事罪被法院判处有期徒刑2年。

"那事不是2年前就处理好了吗？为什么还要抓我？"2023年4月，党某涉嫌交通肇事罪一案被移送至乐清市检察院审查起诉。面对检察官的讯问，党某很是不服，但他也承认他的车队都是超载运输，且驾驶员工资为固定日结，超载所赚取的利润归他本人所有，"让驾驶员开货车运石子就是要超载的，不然我就没利润"。结合其他证据，检察机关认定党某作为机动车辆所有人，存在指使他人违法驾驶造成重大交通事故的行为，于同年5月11日依法以涉嫌交通肇事罪对党某提起公诉。在检察官的释法说理下，党某认罪认罚，法院以交通肇事罪判处党某有期徒刑3年，缓刑4年。

资料来源　检察日报. 指使货车司机超载行驶引发恶性交通事故［EB/OL］.［2023-09-08］. http://www.legaldaily.com.cn/legal_case/content/2023-09/08/content_8898661.html.

问题： 如何看待超限超载运输？

研判提示： 汽车超限运输是指超过法律、法规和国家标准规定的或者交通标志标明的限高、限长、限宽、限载标准的运输车辆在公路上行驶的行为。汽车超载运输是指机动车载物超过核定载重量或者载人超过核定人数在公路上行驶的行为。超限超载会导致车辆操作失控，造成严重交通事故，因此，超限超载运输既是有违职业道德的行为，也是违法行为。治理超限超载运输在加强从业人员的职业道德教育和安全意识教育之外，也要加强对超限超载运输利益相关人的监督管理和规范约束，同时加强法治宣传，提升公路运输行业发展质量。

2.2.3　整批货物运输的组织工作

整批货物运输过程是指货物从受理托运开始，到交付收货人为止的生产活动，一般包括货物装运前的准备工作、装车、运送、卸车、保管和交付等环节。只有在完成上述各项作业以后，才能实现货物的空间位移。

整批货物运输一般不需要中间环节或中间环节很少。所以，整批货物运输的工作主要集中在发送、途中和到达三个阶段。其内容包括：货物的托运与承运，货物装卸、办理单据、发车，货物运送与到达交付，运杂费结算，商务事故处理等。

1）发送阶段的工作

货物在发运站发生的各项货运作业，统称为发送阶段的工作。

（1）受理托运。受理托运的程序一般包括办理单据、检查核对、确定重量三个步骤。

①办理单据。发货人托运整批货物时，应向起运地车站办理托运手续，并填写货物托运单，作为书面申请。

②检查核对。承运人受理整批货物的运输时，应根据运单记载的货物名称、数量、包装方式等进行核对，核对无误后方可办理交接手续。如果发现与运单填写不符或可能危及运输安全的情况，则不得办理交接手续。

③ 确定重量。货物有实重货物与轻泡货物之分。平均每立方米重量不足 333 千克的货物为轻泡货物，否则为实重货物。公路货物运输经营者承运有标准重量的整批实重货物时，一般由发货人提出重量或件数，经车站认可后承运；承运没有标准重量的实重货物时，一般过磅确定重量；整批轻泡货物，按车辆的核定载质量计算重量。

（2）组织装车。承运人应当根据受理货物的情况，合理安排运输车辆。货物装车前必须对车辆进行技术检查和货运检查，以确保运输安全和货物完好；装车时要注意货物的码放方法，努力改进装载技术，在严格执行货物装载规定的前提下，充分利用车辆的载重量和容量；货物装载重量以车辆的核定载质量为限，轻泡货物以折算重量装载，不得超过车辆的核定载质量和有关长、宽、高的装载规定；驾驶员要负责清点交接，填写物品清单，保证货物完好无损和计量准确；货物装车后，应严格检查货物的装载情况是否符合规定的技术要求。

（3）核算制票。发货人办理货物托运时，应按规定向车站缴纳运杂费，并领取承运凭证，即货票。货票是一种财务性质的票据，它是根据货物托运单填制的，在始发站是向发货人核收运费的依据，在到达站是与收货人办理货物交付的凭证之一。

从承运人在货物托运单和货票上加盖承运日期之时起即算承运，承运标志着企业对发货人托运的货物开始承担运送义务和责任。

同步思考 2-1

背景资料：张志成是杭州某物流公司的一名调度员。20××年 8 月 20 日早 8 时，他收到杭州某饮品有限公司销售部主管发来的运输计划单（见表 2-3），单中的货物必须于当日送达湖州某超市。

表 2-3　　　　　　　　　　　　　运输计划单

日期	订单号	客户名称	商品名称	数量	单位	重量（t）	体积（m³）
20××-08-20	Y2020058	杭州某饮品有限公司	红豆汁	400	箱	4	0.6×0.4×0.3
20××-08-20	Y2020058	杭州某饮品有限公司	玉米汁	300	箱	3	0.6×0.4×0.3
收货单位		湖州某超市					
收货地址		浙江省湖州市吴兴区龙溪北路××号					
联系人	王丽丽	联系电话		0572-1234××××			

问题：张志成应该如何安排此单货物的发运出站业务呢？

理解要点：张志成的工作重点是调派合适的车辆，做好装车计划，下达运输任务。

2）途中站务工作

货物在途中发生的各项货运作业，统称为途中站务工作。

（1）途中货物交接。为了保证货物运输的安全，便于划清企业内部的运输责任，货物在运输途中如果发生装卸、换装、保管等作业，驾驶员之间、驾驶员与站务人员之间应认真办理交接检查手续。一般情况下，交接双方可按货车现状及货物装载状态进行交接，必要时可按货物件数和重量进行交接。如果接收方发现货物有异状，则应由交付方记录备案。

（2）途中货物整理或换装。在运输途中如果发现货物装载偏重、超重、洒漏，车辆技术状况不良，加固材料折断或损坏，货车篷布遮盖不严或捆绑不牢等情况，且有可能危及行车安全和货物完好时，应及时采取措施，对货物加以整理或换装，必要时可调整车辆，同时登记备案。

为了方便货主，整批货物还可进行中途拼装或分卸作业。考虑到车辆周转的及时性，整车拼装或分卸工作应加以严密组织。

3）到达阶段的工作

货物在到达站发生的各项货运作业，统称为到达阶段的工作。

（1）卸车交接。车辆装运货物抵达卸车地点后，收货人或车站货运员应组织卸车。卸车时，应对卸下货物的品名、件数、包装和货物状态等进行必要的检查。

（2）签收交付。整批货物一般直接卸在收货人仓库或货场内，并由收货人自理。收货人确认卸下货物无误并在货票上签收后，货物交付即完毕。货物在到达地办完交付手续后，该批货物的全部运输过程才宣告完成。如果货物交付时发现货损、货差，则应由承运人与收货人共同编制货运事故记录，交接双方在货运事故记录上签字确认。

2.2.4 整批货物运输的单证

1）托运单

托运单（或称运单）是托运人与运输企业之间的契约，是发货人托运货物的原始依据，也是承运人承运货物的凭证，它明确了承托双方在货物运输过程中的权利、义务和责任。公路汽车整批货物托运单样式见表2-4。

表2-4   **公路汽车整批货物托运单**

年   月   日   星期   第   号

托运人：		地址：		电话：			装货地点：	
收货人：		地址：		电话：			卸货地点：	
货物名称	货物性质	包装或规格	件数	实际重量	计费重量	计费里程	运费结算方式	货物核实记录
约定事项：			运输记录	日期	装运车号	待运吨数	附记	

托运人：   经办人：   承运人：

（1）托运单的填写。整批货物托运单由托运人在办理托运手续时填写，一般为一式四份，一份交托运人作为托运凭证，三份交承运人。在承运人的三份托运单中，一份由受理部门存查，一份交财务部门据以收款和结算运费，一份交调度部门作为派车依据。填写托运单必须注意以下几点：

① 填写必须详细、清楚和真实。如果托运人填写的各栏信息不实，造成错运或其他事故，则应由托运人承担后果。

② 托运两种或两种以上货物时，应在托运单内按货物种类分别填写。

③ 托运特种货物时，应将货物性质登记在"货物性质"栏内。

④ 托运人如果有特约事宜，经双方商定后填入"约定事项"栏内。

⑤ 托运人应做好交运前的准备工作，使货物包装完整、运输标志清楚，并按托运单商定的日期交运。

（2）托运单的审查。承运人接到托运人提交的书面托运单后，应认真进行审查，并确定运输里程和运价费率，约定运杂费的结算方法。货运员还应根据托运单中记载的内容，认真查验货物，检查货物的品名、质量、件数、包装和运输标志是否正确齐全；检查按照规定应附的证明文件和单据是否齐全等。

2）货票

货票由承运人根据托运人提交的托运单填写，一式四联。第一联由起票站存查，第二联即运费收据交托运人作为报销凭证，第三联送车属单位，第四联随货同行。货物到站后，随货同行的货票经收货人签收，由承运人收回，作为业务结算的依据。整批货物运输货票样式见表2-5。

货票的使用规定及填制要求如下：

（1）凡属于整批货物运输，无论长途运输、短途运输，还是计时包车运输，均属于本票使用范围。

（2）货票采用一车填一票原则。一般情况下，运输一车次填一次票，但对于托运人和收货人相同的多次短途运输或计时包车，可以根据运输任务记录单，采用一车多次汇总后填制在同一张货票上的方法。

（3）不属于同一个托运人的货物拼装在一辆车上运输时，应当分别填票，并且应注明相关票号。

（4）代办不属于本企业的其他车辆，货票应当专本使用，货票上应注明车属单位全称、地址、开户银行、账号，以便运费结算。

（5）货票必须顺号使用，不得跳号、漏号和缺号。货票票面各栏目要填写齐全，不可以任意简写或者略写。字迹应当清晰易辨认，并且应按照相关规定正确计算运杂费。运杂费金额的大小写都不得涂改，凡涂改过的货票都视为无效票。其他与金额无关之处的涂改，必须在涂改处加盖填票人的业务专用印章，以明确责任。

（6）货票开好后，应当逐项逐栏复核，以防错漏。

（7）填票人一律使用各自的专用业务印章，不得用签字代替，也不得将专用业务印章转借他人使用。

表2-5 整批货物运输货票

××省汽车运输货票　　　　No.:

自编号:

托运人:　　　　　　　车属单位:　　　　　　牌照号:

装货地点				发货人		地址			电话	
卸货地点				收货人		地址			电话	
运单或货签号码		计费里程		付款人		地址			电话	

货物名称	包装形式	件数	实际重量	计费运输量		吨千米运价		运价率	运费金额	其他收费		运费小计
				吨	吨千米	货物等级	道路等级			计费项目	金额	

运杂费合计金额（大写）:　　　　　　　　　　　　　　　　¥

备注	收货人签收盖章	

开票单位（盖章）:　　　　开票人:　　　　　承运驾驶员:　　　年　月　日

说明:

1. 本货票适用于所有从事营业性运输的单位和个人的货物运输费结算。

2. 本货票共四联: 第一联（黑色）存根; 第二联（红色）运费收据; 第三联（浅蓝色）报单; 第四联（绿色）收货回单, 经收货人盖章后送车队统计。

3. 票面尺寸为220mm×130mm。

4. 货票第四联右下端设"收货人签收盖章"栏, 其他联中不设。

3) 行车路单

行车路单是调度部门代表承运人签发的行车命令, 是记录车辆运行情况的原始凭证。行车路单所记载的内容及随附的单证是统计运量、考核单车完成任务情况及各项效率指标的原始依据, 也是整批货物运输生产中的一项重要记录。行车路单样式见表2-6。

表2-6 行车路单

车属单位:　　　　车牌号:　　　　驾驶员:　　　车型:　　　No.:

起点	发车时间		终点	到达时间		货物名称	包装	件数	运量(t)	行驶里程（km）		
	日	时		日	时					总行程	重驶行程	空驶行程
合计	重驶行程（km）			运量（t）		周转量（t·km）				备注:		

路单签发人:　　　　　　　　　　　　　　　　　　　　　路单回收人:

行车路单的签发和记录内容如下：

（1）行车路单由车队调度员签发，车辆完成任务后由车队调度员审核，经审核无误的行车路单交车队统计员录入统计台账，用于计算运输工作量和运行消耗等各项经济指标。

（2）行车路单需要记录的主要内容有：车牌号、驾驶员姓名、运输起止地点、货物名称、包装、件数、运量、行驶里程等。

业务链接2-3

港珠澳大桥港澳跨境货车安排正式实施

港珠澳大桥澳门口岸跨境货物转运站于2023年8月8日起投入运行，届时香港货车可由香港经港珠澳大桥到澳门口岸转运站交收货物，并可同时将澳门输港的货物运送回港；而澳门货车经港珠澳大桥来港后可前往位于香港国际机场的物流中心交收货物，并可同时将香港输澳的货物运送回澳门。每日香港货车赴澳上限初期定为约400辆次。

同步思考2-2

问题：为什么要实施港澳跨境货车？

理解要点：因为交通规则不同，以前货车往返香港需要申领两地牌照并进行相关登记，这不但增加了运输成本，而且拉低了运输效率。港澳跨境货车的实施，可更便捷地将货物在港澳之间运送，除了有助于香港各行业的发展，亦可惠及香港市民。另外，澳门货车将使用香港国际机场的物流设施，从而扩大了相关物流设施的客户网络。

2.3　零担货物运输组织

2.3.1　零担货物运输的概念

在公路货物运输管理中，**零担货物运输**是指汽车运输企业承办的托运人一次托运货物计费重量在3吨及以下的货物运输方式。

各类危险货物、易破损货物、易污染货物和鲜活易腐货物等，一般不能作为零担货物办理托运。这类货物需要按特种货物办理托运，使用特种车辆承运。

深度思考2-1

疑点：零担运输与快递没有区别。

释疑提示：快递是零担运输服务的延伸，是社会经济发展到一定阶段，为满足个人或单位组织小件运输需求而诞生的，并形成一个持续增长的行业。一般来讲零担运输与快递存在货物标的、服务范围、时效要求、运输价格等方面的区别，从运输组织上来讲零担运输是线和点的概念，而快递则是网和面的概念，在实际操作中两者往往相互融合，即在干线上采用零担运输组织方式，在末端采用快递组织方式。

2.3.2 零担货源的组织

1) 实行合同运输

合同运输是公路运输企业行之有效的货源组织方法，是承运人与托运人针对运输货物的数量、运输服务等内容签订合同并进行运输的一种方式。合同运输有利于逐步稳定一定数量的货源；有利于合理安排运输；有利于简化运输手续，减少费用支出；有利于增强运输企业的责任感，提高运输服务水平；有利于改进产供销关系，优化资源配置。

2) 建立零担货运站

零担货物有零星、分散、品种多、批量小、流向广等特点。零担货物运输企业可以自行设立货运站，也可以与其他社会部门或企业联合设立零担货运站，这样既可以增加零担货运站点的密度，又可以有效利用社会资源，降低企业成本，弥补企业在发展中资金、人力的不足。

3) 委托代理零担货运业务

零担货运企业可以委托货运代理企业、零售企业、联运企业等代理零担货运业务，利用这些企业的既有设施和关系网络，取得相对稳定的货源。这些企业在代理零担货运业务时，一般会向托运人收取一定的业务手续费，或向零担货运企业收取劳务费。

4) 利用车货匹配平台对接零担业务

互联网正在改变物流运输的组织方式，其中，车货匹配平台通过提供透明的信息，进行智能匹配，实现了车货的对接。零担运输企业可以自建车货匹配平台，也可以利用第三方的车货匹配平台获取零担货源。比如，在干线运输领域，"运满满""货车帮"已实现了司机端和货主端领跑行业的局面。车货匹配平台已成为零担货运企业组织社会零担货源最便捷、最高效的途径。

2.3.3 零担货物运输车辆的组织

零担货物运输需要集零为整，站点、线路较为复杂，业务烦琐，因此开展零担货运业务必须采用合理的货运组织形式。

1) 固定式

固定式零担货运也称零担货运班车，即所谓的"四定运输"，是指车辆运行采取定线路、定班期、定车辆、定时间的一种货运组织形式。这种货运组织形式要求根据营运区内零担货物的流量、流向等调查资料，结合历史统计资料和实际需要，在适宜的线路上开行定期零担货运班车。固定式零担货运为广大零担货主提供了许多方便，有利于其合理安排生产和生活；对汽车运输企业来讲，固定式零担货运也有利于实行计划运输。零担货运班车主要有以下几种运行方式：

（1）直达式。直达式零担货运是指在起运站将各发货人托运的到同一到达站的、性质适宜配装的各种零担货物采用同车装运直接送至到达站，途中不发生装卸作业的一种货运组织形式（如图2-1所示）。

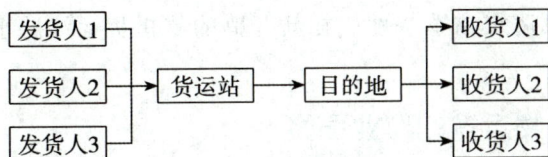

图2-1 直达式零担货运

采用直达式零担货运的货物在中途不需要倒装，因此具有较好的经济性。首先，有利于减少货损货差，节约了中转装卸作业设备及劳动，节省了中转费用；其次，有利于提高运送速度，减少货物的在途时间；最后，有利于降低运输成本和提高运输服务质量。

（2）中转式。中转式零担货运是指在起运站将各托运人发往同一去向的、到不同到达站的、性质适宜配装的各种零担货物同车装运到规定的中转站，卸货后另行配装，组成新的零担货运班车运往各到达站的一种货运组织形式（如图2-2所示）。

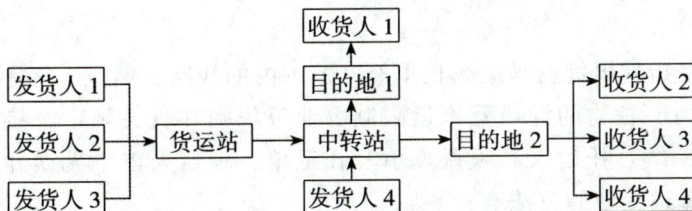

图2-2 中转式零担货运

以上只是最简单的中转形式，如果运行线路很长，还要发生多次中转。

中转式零担货运和直达式零担货运是互为补充的两种不同的货运组织形式。直达式零担货运的效果较好，但它会受到货源数量、货流及行政区域的限制；中转式零担货运可使那些运量较小、流向分散的货物通过中转及时运送，所以它是一种不可缺少的组织形式，但中转式零担货运耗费的人力、物力较多，作业环节也比较复杂。

（3）沿途式。沿途式零担货运是指在起运站将各个托运人发往同一线路的、到不同到达站的、性质适宜配装的各种零担货物同车装运，按计划在沿途站点卸下或装上其他零担货物再继续前进，运往各到达站的一种货运组织形式（如图2-3所示）。沿途式零担货运的组织工作较为复杂，车辆在途中运行的时间也较长，但它能更好地满足沿途各站点的需要，充分利用车辆的载重和容积。

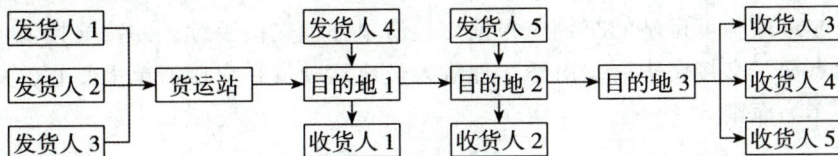

图2-3 沿途式零担货运

2）非固定式

非固定式零担货运是指按照零担货物的具体情况，根据实际需要，随时开行零担货车的一种组织形式。这种组织形式由于缺少计划性，会给运输企业和客户带来一定的不便，因此只适宜在季节性或在新开辟的零担货运线路上作为一项临时性的措施。

2.3.4　零担货物运输的作业程序

零担货物运输的作业程序是根据零担货运工作的特点，按流水作业形式构成的一种作业程序，可用图2-4简单表示。

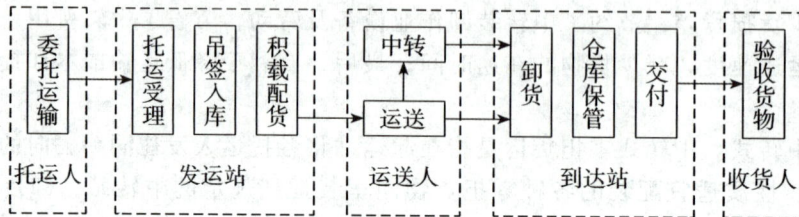

图2-4　零担货物运输的作业程序

1）托运受理

托运受理是指零担货物承运人根据经营范围内的线路、站点、运距、中转站及各车站的装卸能力、货物的性质及承运限制等业务规则和有关规定，接收托运零担货物、办理托运手续。托运人必须认真填写托运单，承运人审单无误并签章后方可承运。零担货物托运受理的方法有：

（1）站点受理，即由货主送货到站办理托运手续。

（2）上门受理，即由车站指派业务人员到托运人所在地办理托运手续。

（3）预约受理，即与货主约定日期送货到站或上门提取货物。

2）零担货物的配运装车

零担货物在配运装车时，要做好以下工作：

（1）整理各种随货同行的单据，包括托运单、零担货票等。

（2）根据运输车辆的核定载质量、容积，以及货物的理化性质、形状、包装等进行合理配装，并编制货物交接清单。

（3）货物装车前，货物保管人员就接收的货物按货位、批量向承运车辆的随车人员或驾驶员和装车人员交代货物的品名、件数、性能，以及具体装车要求。

（4）中途装卸零担货物应先卸后装，无论卸货进仓还是装货上车，均应按起点站的装卸作业程序办理。

（5）起运站与承运站的车辆应根据交接清单办理交接手续，并按交接清单的有关栏目逐批点交。交接完毕后，由随车理货人员或驾驶员在交接清单上签收，交接清单以一站一车为原则。

业务链接2-4

怎样办理汽车货物运输的变更或取消手续

陈凡创办了一家小型儿童服装厂，生产的服装要发送给全国各地的客户，但每单生意的订货量都不大，所以她与山鹰物流建立了较稳定的零担货运关系。由于各种原因，陈凡时常遇到货已委托运输，而客户提出变更货物或退货的要求，为此陈凡需要变更或取消运输合同。

那么，什么情况下可以办理变更或取消运输合同手续？怎样办理呢？

《中华人民共和国民法典》规定：在承运人将货物交付收货人之前，托运人可以要求承运人中止运输、返还货物、变更到达地或者将货物交给其他收货人，但是应当赔偿承运人因此受到的损失。《汽车货物运输规则》规定：由于合同当事人一方的原因，在合同约定的期限内确实无法履行运输合同的，允许变更和解除运输合同。

变更、取消运输的要求应以书面形式（包括公函、变更计划表等）提出或答复，托运人电话申请变更时，需要详细说明运单编号和变更事项，双方复述无误，做好电话记录，事后补全变更手续。货物起运前，可办理取消托运。货物起运后，则不能办理取消托运，但在货物未交给收货人之前，可以变更到达地址或收货人。因变更、取消运输而发生的费用，分别由变更方、取消方负担。如果变更运输的要求是在合同规定的期限外提出，还必须承担给对方造成的实际损失。

3）零担货物的卸车交付

零担货运班车到站后，对普通到货零担及中转联运零担应分别整理卸车。根据仓库情况，将普通到货零担按流向卸入货位后，应为中转联运零担办理中转手续。

零担货物的卸车交付应当注意以下几点：

（1）班车到站时，车站货运人员应向随车理货员或驾驶员索阅货物交接单，以及随附的有关单据，并与实际货载情况核对；若有不符之处，应在交接清单上注明。

（2）卸车时，应向卸车人员说明有关要求和注意事项，然后根据随货同行的托运单、货票等逐批、逐件验收。卸车完毕后，车站货运人员与随车理货员或驾驶员办理交接手续，并在交接清单上签字。

（3）卸车完毕后，应填写"零担货物到达登记表"，并迅速以到货公告或到货通知单的形式通知收货人前来提货。

（4）交货完毕，公路运输的责任即告终止。交货时应注意：

第一，不能以白条、信用交付货物。

第二，凭货票交付货物时，应由收货人在货票提货联上加盖与收货人名称相同的印章，并出示有效身份证件，方可交货。

第三，凭到货通知单交付货物时，应由收货人在到货通知单上加盖与收货人名称相同的印章，交货时必须验看提货经办人的有效身份证件，并由提货经办人在货票提货联上签字，方可交货。

第四，凭电话通知交付货物时，凭收货人提货介绍信，并经车站认可后，由提货经办人在货票提货联上签字，方可交货。

同步案例2-1

"零担回归"，德邦要杀回来了？

背景与情境： 在德邦全面转型大件快递的关键时期，为了最大限度地减少投入、保障利润，其在快运业务上的投入和资源配置偏保守，导致其失去了"零担老大"的位置。但随着转型初见成效，德邦的利润承压期已经过去，可以将资源更多地投入到快运业务的服务提升上。

早在2020年，德邦就确定了"一手抓快递，一手抓快运"的发展策略。当时，德邦大件快递业务开始逐渐成熟，进入规模效应的正向循环。而快运业务是德邦的成熟业务，拥有行业领先的网络布局、市场渠道、服务体验、精益管理模式和运营模式，收入及毛利率水平一直都非常稳定，为德邦贡献了主要利润。

另外，因为快运业务与大件快递业务在客群上本就有一定的继承性，双方的网络融合度较高，大件快递规模效应出现后，反而可以反哺快运业务的发展。借助大件快递末端的不断延伸，快运业务网络覆盖率也得到进一步提升，全链路时长稳步下降，产品和服务品质持续改善。

自2022年起，德邦对零担产品进行了全面升级，主要分为两个方面的内容：第一，提升快运产品的服务能力，主要体现为全链路时长缩短与包裹破损率降低。第二，在保证服务的基础上，扩展零担快运产品的覆盖范围。如今德邦零担货物单件重量最高可至2吨，货物单边最长可达6米；并且，取消了零担超派费，单票150千克以上免费缠膜、免费送托盘。

另外，德邦与京东物流的融合，也将成为其零担快运业务快速发展的一大助力。双方货量相加日均货量接近5万吨，规模效应会进一步提升，这有利于德邦网络升级，裁撤冗余资源，提升效率及干线装载率。这一方面会反馈到成本端的持续优化；另一方面，随着更多运输线路的拉直、中转次数的减少，运输效率将会有明显提升，破损率也将进一步改善。

此外，德邦与京东物流在数字化赋能、业务、网络、客户等方面也有很大的协同空间。

2023年上半年，德邦快运业务的营业收入为51.22亿元，同比增长11.09%。德邦"零担回归"的策略取得了初步成效。

资料来源 杨宏远．"零担回归"，德邦要杀回来了？[EB/OL]．[2023-09-04]. https://wetuc. com/article/64f2ffddd48cc534efe8d28.

问题：德邦为何将资源更多地投入到快运业务的服务提升上？

分析提示：我国零担市场规模巨大，是万亿级市场，从德邦自身积累的快运优势、产品创新等方面进行分析。

2.3.5 零担货物运输的单证

1）托运单

零担货物托运单一式两份，一份由起运站的仓库存查，另一份开票后随货同行（托运单样式见表2-7）。托运单原则上由发货人填写，承运人不予代填，但承运人对托运人填写的托运单必须认真审核。

填写托运单时应注意：

（1）填写的内容应齐全、完整、准确，并注明提货方式。

表2-7　　　　　　　　　　　　　公路汽车零担货物托运单

托运日期：　　　年　　月　　日

起运站：_____　到达站：_____

托运人：_____　详细地址：_____　电话：_____

收货人：_____　详细地址：_____　电话：_____

货物名称	包装	件数	实际重量	计费重量	托运人注意事项
					①托运单的填写应一式两份；
					②托运货物必须包装完好、捆扎牢固；
					③不得谎报货物名称，否则在运输过程中发生的一切损失均由托运人负责赔偿；
合计					④托运货物不得夹带易燃危险品

收货人记载事项：	起运站记载事项：

进货仓位：　　仓库理货验收员：　　发运日期：　　到站交付日：　　托运人（签章）：

（2）填写的货物名称应通俗易懂，不可用代号、字母代替。

（3）特殊事项除了应在托运单中记载外，还必须向受理人员进行书面说明。

零担货物托运单审核的要求是：

（1）检查核对托运单的各栏有无涂改，字迹涂改不清的托运单应重新填写。

（2）审核到站与收货人地址是否相符，以免误运。

（3）鉴别货物的品名和属性，注意区别普通和笨重零担货物（注意它们的长、宽、高能否适应零担货车的装卸及起运站、中转站、到达站的装卸能力等）、普通物品与危险品（危险品应按相关规定办理运输手续）。

（4）如果一批货物有多种包装，则应认真核对、详细记载，以免错提、错交。

2）货票

零担货物运输货票与整批货物运输货票的作用是相同的，在此不再赘述。零担货物运输货票的填制是在零担货物托运收货后，根据司磅人员和仓库保管人员签字的零担货物托运单进行的。零担货物运输货票样式见表2-8。货票开具过程中涉及的公路零担货物运费和杂费的计算，将在2.5节中讲述。

表2-8 　　　　　　　　　　　　零担货物运输货票

起运站		中转站		到达站		里程		备注
托运人			详细地址					
收货人			详细地址					

货名	包装	件数	体积（m³）			实际重量	计费重量	每百千克运价	合计	
			长	宽	高					
										托运人签章
合计										

货运站：　　　　　填票人：　　　　　复核人：　　　　　经办人：

3）零担货物交接及运费结算清单

公路零担货物来源广、品种多、批量小，在组织运输时，需要根据车辆容积、装载量和货物的形状、性质进行合理配载，填制配装单和货物交接清单。公路汽车零担货物交接及运费结算清单样式见表2-9。

表2-9　　　　　　　　　公路汽车零担货物交接及运费结算清单

车属单位：　　　　　　　　　　　　　　　　　　编号：　字第　号
车号：
吨位：　　　　　　　　　　　　　　　　　　　　　年　月　日

原票记录			中转记录		票号	收货单位或收货人	品名	包装	承运路段				备注
原票起站	到达站	里程	中转站	到达站					件数	里程	计费重量	运费	
合计													
附件	零担货票					发票			证明				

上述货物已于　月　日经点件验收，随带附件收讫无误

中转站：　　　　　　　　到达站：　　　　　　　　　　　　　　年　月　日

填发站：　　　　　　　　　填单人：　　　　　　　　驾驶员：

填单时，应按照货物先远后近、先重后轻、先大后小、先方后圆的顺序进行，以便按单顺次装车。不同目的站和中转站的货物应分单填制，并且需要附相关随货单证，如货票、证明文件等。

职业素养 2-2

从运输管理的角度谈如何遏制毒品运输

背景与情境：云南省普洱市边境管理支队在 2009 年查获各类毒品 250 多千克，办理涉毒刑事案件 210 余起，其中主要是汽车运输毒品案件，100 余起为未破获的"人货分离"运输毒品案件。"人货分离"运输毒品案件很难发现犯罪嫌疑人，因为经常无法破案，所以口头上被称为"无主"运输毒品案。例如，办案单位曾查获一起利用邮包藏毒的运输毒品案件，但后来查明该案件中手续完备的邮包并不是通过专用邮车运输的，而是当地邮政业务部门为减少营业成本擅自委托第三方运输的。再如，有些犯罪分子利用相关部门对货物交运前审查不严的"机会"，通过物流行业正常办理手续夹带运输毒品，由于没有实行邮递实名制或犯罪分子用假证件登记，因此无法破案。

问题：道路货运经营者应如何通过加强管理，遏制毒品运输事件的发生？

研判提示：《汽车货物运输规则》规定：托运的货物中，不得夹带危险货物、贵重货物、鲜活货物和其他易腐货物、易污染货物、货币、有价证券以及政府禁止或限制运输的货物等。毒品属于违禁品，毒品运输不仅有违职业道德，而且触犯法律，货运经营企业应建立严格的内部管理制度和货物检查制度，杜绝毒品运输事件的发生。

2.4　特种货物运输组织

汽车运输的货物中，有一部分货物由于性质特殊，因此其对装卸、运送和保管等环节有特殊要求，这类货物统称为特种货物。特种货物分为四大类，即危险货物、大型特型笨重物件、鲜活易腐货物和贵重货物。

2.4.1　危险货物运输

1）危险货物的概念

危险货物指具有爆炸、易燃、毒害、感染、腐蚀等危险特性，在生产、经营、运输、储存、使用和处置中，容易造成人身伤亡、财产损毁或者环境污染而需要特别防护的物质和物品。

危险货物可分为九类，其分类名称和序列依次为：爆炸品（第 1 类）；气体（第 2 类）；易燃液体（第 3 类）；易燃固体、易于自燃的物质、遇水放出易燃气体的物质（第 4 类）；氧化性物质和有机过氧化物（第 5 类）；毒性物质和感染性物质（第 6 类）；放射性物质（第 7 类）；腐蚀性物质（第 8 类）；杂项危险物质和物品（第 9 类）。

2）危险货物的包装和运输标志

（1）危险货物包装的基本要求。危险货物的包装必须注意以下几点：

① 包装的材质应与所装危险货物的性质相适应，即包装及容器与所装危险货物

直接接触部分不应受其化学反应的影响。

②包装及容器应具有一定的强度，能经受运输过程中正常的冲击、震动、挤压和摩擦。

③包装的封口必须严密、牢靠，并与所装危险货物的性质相适应。

④内、外包装之间应加适当的衬垫，以防止运输过程中内、外包装之间，包装和包装之间，包装与车辆、装卸机具之间发生冲撞、摩擦、震动，使内容器破损；同时，要能防止液体货物挥发和渗漏，即使洒漏，也可起到吸附作用。

⑤包装应能经受一定范围内温度、湿度的变化，以适应各地气温、相对湿度的差异。

⑥包装的质量、规格和形式应适应运输、装卸和搬运条件，如包装的质量和体积不能过重，包装规格应便于各种装卸作业方式，外形尺寸应与有关运输工具，包括托盘、集装箱的容积、装载质量相匹配。

⑦应附有规定的包装标志和储运指示标志，以利于运输、装卸、搬运等安全作业。

（2）危险货物的运输标志。普通货物的运输标志包括识别标志、重量体积标志、指示标志和原产地标记。危险货物的运输标志除了包括前述标志外，还必须包括危险品标志。危险品标志以危险货物的分类为基础，针对不同类别、项别的危险货物，设计相应的标志图案、颜色和形状等，使危险货物及其特性一目了然，并为装卸搬运、储存提供指南。

深度剖析2-1

浙江首次举办危货道路运输应急技能竞赛

2023年8月21日至22日，浙江省交通运输厅联合省总工会在宁波市举办2023年浙江省危险货物道路运输从业人员安全应急能力竞赛。本次竞赛设置危险货物道路运输驾驶员、动态监控人员和安全管理与应急处置人员3个职业赛项，分实操考试和理论考试，共97名选手参加比赛。这是浙江省首次举办危险货物道路运输从业人员技能竞赛，旨在全面提升危险货物道路运输从业人员的安全意识和业务水平，本次竞赛对提升危险货物道路运输从业人员的整体技能起到良好示范作用，聚焦以赛促教、以赛促学、以赛促训、以赛促改，为全国危险货物道路运输从业人员能力建设和行业发展贡献"浙江力量"。

问题： 交通运输主管部门为何要举办危险货物运输应急技能竞赛？

解析与讨论： 根据统计资料，造成道路危险货物运输事故的主因是人为因素，而事故损失大小直接与应急措施得当与否相关。因此，加强道路危险品运输管理，既要对道路危险品运输承运人的资质及管理制度进行审核和指导，更要提升司机和押运员的业务能力和职业操守。通过举办危险品货物运输应急技能竞赛，既可以提升司机和押运员的业务能力和职业操守，又能对道路危险品运输从业人员起到示范指导作用。

3）危险货物的运输组织

（1）托运。托运人必须向已取得道路危险货物运输经营资质的运输企业办理托运，托运单上要填写危险货物的品名、规格、件重、件数、包装方法、起运日期，以及收发货人详细地址、运输过程中的注意事项。对于货物性质或灭火方法相抵触的危险货物，必须分别托运。对于有特殊要求或凭证运输的危险货物，必须附有相关单证并在托运单备注栏内注明。危险货物托运单必须是红色的或带有红色标志，以引人注意。凡未按以上规定办理危险货物运输的，由此发生的运输事故由托运人承担全部责任。

（2）承运。从事道路危险货物运输的单位，必须自有专用车辆（挂车除外）5辆以上，运输剧毒化学品、爆炸品的，自有专用车辆（挂车除外）10辆以上，有符合安全规定并与经营范围、规模相适应的停车场地，配有获得相应上岗资格的从业人员，并有健全的安全生产管理制度和监督保障体系。

承运人受理托运时应根据托运人填写的托运单和提供的有关资料，予以查对核实，必要时应组织承托双方到货物现场和运输线路上进行实地勘查。道路危险货物运输企业或者单位应当要求驾驶人员和押运人员在运输危险货物时，严格遵守有关部门关于危险货物运输线路、时间、速度方面的有关规定，并遵守有关部门关于剧毒、爆炸危险品道路运输车辆在重大节假日通行高速公路的相关规定。法律、行政法规规定托运人必须办理有关手续后方可运输的危险货物，道路危险货物运输企业应当查验有关手续，手续齐全有效方可承运。营业性危险货物的运输必须使用交通运输部统一规定的运输单证和票据，并加盖危险货物运输专用章。

（3）装卸和运输。危险货物在装卸和运输过程中应着重注意以下几点：

① 车辆。车厢、底板必须平坦完好，周围栏板必须牢固。铁质底板装运易燃、易爆货物时应采取衬垫防护措施，如铺垫木板、胶合板、橡胶板等，但不得使用谷草、草片等松软易燃材料；机动车辆排气管必须装有有效的隔热和熄灭火星的装置，电路系统应有切断总电源和隔离电火花的装置；凡装运危险货物的车辆，必须按照相关规定悬挂标志灯和标志牌；根据所装危险货物的性质，配备相应的消防器材和捆扎、防水、防散失等用具。

② 装卸。危险货物的装卸作业必须严格遵守操作规程，轻装、轻卸，严禁摔碰、撞击、重压、倒置；使用的工具不得损伤货物，不准粘有与所装货物性质相抵触的污染物。货物必须堆放整齐、捆扎牢固、防止散落。在操作过程中，有关人员不得擅离岗位。危险货物装卸现场的道路、灯光、标志、消防设施等必须符合安全装卸的要求。罐（槽）车装卸地点的储槽口应标有明显的货物名牌，储槽注入（排放）口的高度、储槽容量和路面坡度应符合运输车辆装卸的要求。

③ 运输。运输危险货物时必须严格遵守交通、消防、治安等法规。车辆运行应控制车速，保持与前车的距离，严禁违章超车，以确保行车安全。对于在夏季高温期间限运的危险货物，应按各地公安部门的规定进行运输。装载危险货物的车辆不得在居民聚居点、行人稠密地段、政府机关、名胜古迹、风景游览区停车。如果必须在上述地区进行装卸作业或临时停车，则应采取安全措施并征得当地公安部门的同意。运输爆炸品、放射性物品及有毒压缩气体、液化气体，禁止通过大中城市的市区和风景游览区，如果必须进入上述地区，则应事先报经当地公安部门批准，按照指定的路

线、时间行驶。三轮机动车、全挂汽车列车、人力三轮车、自行车和摩托车不得装运爆炸品、一级氧化剂、有机过氧化物等危险货物；拖拉机不得装运爆炸品、一级氧化剂、有机过氧化物、一级易燃物品等危险货物；自卸车不得装运除二级固体危险货物外的危险货物。运输爆炸品和需要特殊防护的烈性危险货物，托运人必须派熟悉货物性质的人员指导操作、交接和随车押运。危险货物如有丢失、被盗，应立即报告当地交通运输主管部门，由交通运输主管部门会同公安部门查处。

（4）交接。货物运达后，要做到交付无误。货物交接双方必须点收点交，签收手续要完备。收货人在收货时如果发现差错、破损，应协助承运人采取有效的安全措施及时处理，并在运输单证上注明。

同步案例2-2

浙江温岭槽罐车爆炸事故敲响安全警钟

背景与情境： 2020年6月13日16时46分，G15沈海高速浙江省台州市温岭市大溪镇良山村附近高速公路上发生槽罐车爆炸事故。爆炸车辆为一辆液化气槽罐车，事发时运输液化气由宁波到温州瑞安，从高速公路出来行驶至104国道时，在匝道发生爆炸。事故共造成20人死亡，172人住院治疗，周边部分民房及厂房倒塌。

问题： 运输液化气时应该注意哪些问题？

分析提示： 查阅液化气的性质及对储运的要求，并结合危险品运输组织的方法进行回答。

学习微平台

延伸阅读2-2

2.4.2 大型特型笨重物件运输

1）大型特型笨重物件的概念

大件货物是长大货物和笨重货物的总称。大型特型笨重物件是指长度在6米及以上、高度在2.7米及以上、宽度在2.5米及以上、单件重量在4吨及以上的货物。大型特型笨重物件按其长度、宽度、高度以及单件重量的不同，可分为六个等级。

2）大型特型笨重物件的运输组织

（1）托运。托运人必须向已取得道路大型特型笨重物件运输经营资质的运输企业或其代理人办理托运，必须在托运单上如实填写大型货物的名称、规格、件数、件重、起运日期、收发货人及地址、运输过程中的注意事项等。托运人还应向运输单位提供货物说明书，必要时应附有外形尺寸的三面视图（以"+"表示重心位置）和计划装载加固等具体意见及要求。承运前，承托双方应先查看货物和运输现场的条件，需要排障时由托运人负责或委托承运人办理，运输方案商定后办理运输手续。凡未按上述规定办理托运或托运单填写不明确的，由此发生的运输事故由托运人承担全部责任。

（2）承运。承运大型特型笨重物件的企业必须经营批准的运输类别，不准受理经营范围以外的大型特型笨重物件；承运人在受理托运时，必须对托运人填写的托运单和提供的有关资料进行查对核实。凡未按以上规定受理大型货物托运的，由此发生的运输事故由承运人承担全部责任。承运人应根据托运人提供的有关资料对货物进行审核，掌握货物的特性、长宽高、实际重量、外形特征、重心位置等，以便合理选择车型，不得超载；派遣对大型特型笨重物件的装卸、运载操作有相当经验的人员，会同托运人到货物现场，对货物、装车场地、装卸方法等进行实地勘查核对，并指派专人观察现场道路和交通状况，了解运行路线上桥涵、渡口、隧道、道路的负荷能力及净空高度；大型特型笨重物件是否派人押运，由承托双方根据实际情况约定。

（3）装卸。承运人提供的车辆和装卸机械，必须能够保证货物在长度、高度和单件重量方面的作业要求；大型特型笨重物件的装卸作业，应根据托运人的要求、货物的特点和装卸操作规程进行；装载不可解体的成组笨重货物时，应使货物的全部支撑面均衡地、平衡地放置在车厢底板或平板上，使其重心尽量位于车辆纵横中心线的交叉点上，若不能达到此要求，则应对货物重心的横向移动加以严格控制；一些特殊集重或畸形偏重货物的下面应垫上一定厚度的木板，使其在运行过程中保持稳定；大型物件装车后必须用垫木、钢丝绳等加以固定，以防滑动；对于圆柱体及易于滚动的货物，如卷筒、轧辊等，必须使用座架等进行加固；若装运物件的长度超过车身，则应在后栏板用坚固方木垫高，呈前低后高状，严禁用砖头、石块、朽木垫隔，以保证运输质量。

（4）运输。运输大型特型笨重物件时，应取得准运证，并按规定路线和时间行驶；由于大型特型笨重物件的外形尺寸较大，因此在运输过程中必须综合考虑货物、运输工具、装卸条件、道路、桥梁等情况；运输过程中应在货物最长、最宽、最高部位悬挂明显的安全标志，日间挂红旗、夜间挂红灯，以引起往来车辆的注意；对于超大货物的运输，要有专门车辆在前引路，以便排除障碍，顺利通行；驾驶员要集中精力，谨慎驾驶，密切注意运行情况，利用灯光、喇叭、广播等配合运输。

同步思考2-3

背景资料：近年来，随着国家重大项目陆续开工建设，各类材料和设备大件的运输任务艰巨。相比一些发达国家，我国当前的大件运输尚存在制度有待完善、费用成本较高等问题。

交通运输部在2016年发布了新修订的《超限运输车辆行驶公路管理规定》，统一了超限认定标准，优化了大件运输许可流程，规范了对违法超限运输行为的处罚，并对《公路安全保护条例》确定的跨省大件运输联合审批机制进行了优化细化，完成了全国大件运输许可平台的筹备、搭建和湖北、湖南、河南、重庆、四川、贵州、陕西7个省市的试点工作。

资料来源 佚名. 交通运输部积极推进跨省大件运输一证通行［J］. 中国物流与采购，2017（20）.

问题：跨省大件运输许可联网有什么意义？

理解要点：跨省大件运输许可联网可以实现"办一证行全国"，对于提高审批效率、降低企业成本、促进大件运输健康发展具有积极意义。

2.4.3 鲜活易腐货物运输

1）鲜活易腐货物的概念

鲜活易腐货物是指在运输过程中需要采取一定措施，以防止死亡或腐烂变质，并且必须在规定运达期限内抵达目的地的货物。汽车运输的鲜活易腐货物主要有鲜鱼虾、鲜肉、瓜果、牲畜、观赏野生动物、花木秧苗、蜜蜂等。

2）鲜活易腐货物的运输组织

（1）托运。托运鲜活易腐货物前，应根据货物的不同特性，制作相应的包装。托运时，应向具备运输资格的承运方提出货物最长的运达期限、某一种货物运输的具体温度及特殊要求，提交卫生检疫等有关证明，并在托运单上注明。

（2）承运。承运鲜活易腐货物时，应对托运货物的质量、包装和温度认真进行检查，要求质量新鲜、包装达到要求、温度符合规定。对于已经腐烂变质的货物，应加以适当处理；对于不符合规定质量的货物，不予承运。

（3）装车。在鲜活易腐货物装车前，必须认真检查车辆的状态，车辆及设备完好方能使用。车厢如果不清洁，应进行清洗和消毒，适当风干后，才能装车。装车时，应根据不同货物的特点，确定不同的装载方法。例如，对于冷冻货物，可紧密堆码，以保持货物内部蓄积的低温；对于水果、蔬菜等需要通风散热的货物，必须使货物之间保留一定的空隙；对于怕压的货物，必须在车内加架板，分层装载。

（4）运输。根据货物的种类、运输季节、运输距离和运输方向，及时起运、双班运输、按时运达。炎热天气运输时，应尽量利用早、晚时间。运送牲畜、蜜蜂等货物时，应注意通风散热。

2.4.4 贵重货物运输

1）贵重货物的概念

贵重货物是指价格昂贵、运输责任重大的货物。

贵重货物主要包括：

（1）货币及有价证券，如货币、国库券、邮票等。

（2）贵金属及稀有金属。贵金属如金、银、铂等及其制品；稀有金属如锗、钛等及其制品。

（3）珍贵艺术品，如古玩字画、象牙、珊瑚、珍珠、玛瑙、水晶、钻石、翡翠、琥珀、玉及其制品、景泰蓝制品、雕刻工艺品、仿古艺术品、刺绣艺术品等。

（4）贵重药材和药品，如鹿茸、麝香、冬虫夏草、牛黄、西洋参、天麻、蛤蟆油等及以其为主要原料的制品，贵重西药等。

（5）贵重毛皮，如水獭皮、貂皮、灰鼠皮等及其制品。

（6）高档服装，如采用高级面料制作的、价格较高的服装。

（7）珍贵食品，如海参、鱼翅、燕窝、鲍鱼等。

（8）高级精密机械及仪表，如显微镜、电子计算机、高级摄影机和摄像机、显像管及其他精密仪器仪表。

2）贵重货物的运输组织

贵重货物应使用坚固、严密的包装箱进行包装，外面用包装带交叉加固，包装箱接缝处应有铅封，封志要完好。装车时应严格清查，清查内容包括：包装是否完整，货物的品名、重量、件数与货单是否相符。装卸搬运时怕震动的贵重货物要轻拿轻放，不要挤压。贵重货物的运输对驾驶员的素质有较高的要求，同时托运方应委派专

门的押运人员跟车。交付贵重货物时，要做到交接手续齐全、责任明确。

2.5 公路货物运费计算

2.5.1 货物运输计价标准

1）计费重量

（1）计量单位。公路货物运输通常采用的计量单位有：

① 整批货物运输以吨为单位；

② 零担货物运输以千克为单位；

③ 集装箱运输以标准箱为单位。

（2）计费重量的确定。货物计费重量的确定一般应注意以下几种情况：

① 无论整批货物还是零担货物，其计费重量均按毛重计算。整批货物吨以下计至 100 千克，尾数不足 100 千克的，四舍五入。零担货物起码计费重量为 1 千克，重量在 1 千克以上、尾数不足 1 千克的，四舍五入。

② 轻泡货物的计费重量按照体积计算。车辆装运整批轻泡货物后的高度、长度、宽度，以不超过有关道路交通安全规定为限度，按车辆核定载质量计算重量。零担运输轻泡货物以货物包装最长、最宽、最高部位的尺寸计算体积，按每立方米折合 333 千克计算重量。轻泡货物也可以立方米为计量单位收取运费。

③ 包车运输时，货物计费重量按车辆核定载质量或者车辆容积计算。

④ 货物计费重量一般以起运地过磅为准。

⑤ 散装货物（如砖、瓦、石、土、木材等）的计费重量，可以按重量计算，也可以按体积折算。

2）计费里程

（1）里程单位。货物运输的计费里程以千米为单位，尾数不足 1 千米的，四舍五入。

（2）计费里程的确定。货物运输计费里程的确定一般分为以下几种情况：

① 货物运输的公路里程按交通运输部核定发布的《中国公路营运里程图集》确定。《中国公路营运里程图集》未核定的里程，由承、托运双方共同测定或者经协商按车辆实际运行里程计算。

② 货物运输的计费里程按装货地至卸货地的营运里程计算。

③ 城市市区里程按照实际里程计算，或者按照当地人民政府交通运输主管部门确定的市区平均营运里程计算。

④ 国际道路货物运输属于境内的计费里程以交通运输主管部门核定的里程为准，境外的计费里程按有关国家（地区）交通运输主管部门或者有权认定部门核定的里程确定。

3）计时包车货运计费时间

计时包车货运计费时间以小时为单位。起码计费时间为 2 小时，使用时间超过 2 小时的，按实际包用时间计算，时间尾数不足半小时的舍去，达到半小时的进整为 1 小时。整日包车，每日按 8 小时计算；使用时间超过 8 小时的，按实际使用时间计算。

4）运价单位

① 整批运输以元/（吨·千米）为运价单位。

② 零担运输以元/（千克·千米）为运价单位。

③ 集装箱运输以元/（箱·千米）为运价单位。

④ 包车运输以元/（吨位·小时）为运价单位。

⑤ 国际道路货物运输涉及其他货币时，在无法折算为人民币的情况下，可使用其他可自由兑换货币为运价单位。

2.5.2　货物运输计价类别

（1）车辆类别。载货汽车按其用途的不同，可分为普通货车和专用货车两种。专用货车包括罐车、冷藏车及其他具有特殊构造的专门用途的车辆。

（2）货物类别。货物按其性质的不同，可分为普通货物和特种货物两种。

（3）集装箱类别。集装箱按箱型的不同，可分为国内标准集装箱、国际标准集装箱和非标准集装箱三种。

（4）营运类别。道路货物运输根据营运形式的不同，可分为道路货物整批运输、零担运输和集装箱运输三种。

2.5.3　货物运输价格

（1）整批货物运输价格。它是指整批普通货物在等级公路上运输的每吨千米运价。

（2）零担货物运输价格。它是指零担普通货物在等级公路上运输的每千克千米运价。

（3）集装箱运输价格。它是指各类标准集装箱重箱在等级公路上运输的每箱千米运价。在计算货物运价时，应当考虑车辆类型、货物种类、集装箱箱型、营运形式等因素。

2.5.4　货物运输的其他收费

（1）调车费。应托运人的要求，车辆因调出所在地而产生的往返空驶，计收调车费。

（2）延滞费。车辆按约定时间到达约定装货或卸货地点，因托运人或收货人的责任造成车辆和装卸延滞，计收延滞费。

（3）装货落空损失费。应托运人的要求，车辆行至约定地点而装货落空造成的车辆往返空驶，计收装货落空损失费。

（4）排障费。运输大型特型笨重物件时，需要对运输路线的桥涵、道路及其他设施进行必要的加固或改造所发生的费用为排障费，由托运人负担。

（5）车辆处置费。应托运人的特殊要求，对车辆改装、拆卸、还原、清洗时，计收车辆处置费。

（6）检验费及停运损失费。在运输过程中，国家有关检疫部门对车辆的检验费以及因检验造成的车辆停运损失费，由托运人负担。

（7）装卸费。装卸费由托运人负担。

（8）通行费。货物运输过程中需要支付的过路、过桥、过隧道等通行费，由托运人负担，承运人代收代付。

（9）保管费。货物运达后，明确由收货人自取的，从承运人向收货人发出提货通知书的次日（以邮戳或电话记录为准）起计，第四日开始核收货物保管费；应托运人的要求或由托运人的责任造成的需要保管的货物，计收货物保管费。货物保管费由托运人负担。

2.5.5　货物运费计算

1）整批货物运费计算

整批货物运费=整批货物运价×计费重量×计费里程+车辆通行费+其他法定收费　　　　（2.1）

同步计算2-1

有一批铝合金门窗及门锁从义乌发往杭州，总重3.5吨，由于门窗形状的原因，需要一辆5吨的厢式货车运输。货物由广通物流公司承运，义乌至杭州专线运价为每吨130元，途中发生通行费180元。计算该批货物的运费。

解：该批货物计费重量为车辆的核定载质量5吨，则该批货物的运费为：

5×130+180=830（元）

解题分析：汽车整批货物运输企业通常按照运输专线公布运价，这个运价是考虑单位计费重量、计费里程、运价率、车型等因素，按照上述整批货物运费计算公式得出的。

2）零担货物运费计算

零担货物运费=零担货物运价×计费重量×计费里程+车辆通行费+其他法定收费　　　　（2.2）

同步计算2-2

永康市日新五金制造有限公司发往杭州五金大卖场某便利店箱包配件2箱，每箱毛重25千克，规格为60厘米×40厘米×30厘米，每箱声明价值为600元，保价运输。该批货物委托顺通物流公司运输，顺通物流公司公布的永康至杭州专线零担运价为3.5元/千克，保价费率为7‰。计算该批货物的运费。

解：该批货物的体积重量为0.6×0.4×0.3×333=24千克，运费按货物重量计算。

该批货物的运费为：

3.5×25×2+600×2×7‰=183（元）

解题分析：汽车零担货物运输企业通常按照零担专线公布运价，这个运价是考虑单位运价率、计费里程等因素，按照上述零担货物运费公式计算得出的。

3）集装箱运费计算

重（空）集装箱运费=重（空）箱运价×计费箱数×计费里程+车辆通行费+其他法定收费　　（2.3）

4）计时包车运费计算

计时包车运费=包车运价×包用车辆吨位×计费时间+车辆通行费+其他法定收费　　　　（2.4）

5）运费单位

运费以元为单位，运费尾数不足1元的，四舍五入。

学习微平台

延伸阅读2-4

◖ **本章概要** ▷

　　□ 内容提要与结构

　　▲ 内容提要

　　● 公路货物运输是利用载货汽车、机动三轮货运车、人力货运车等在公路上运送货物的运输活动，它具有机动灵活、可以实现"门到门"直达运输、运送速度较快、原始投资少、掌握车辆驾驶技术较容易等优势，但也存在单位运量较小、运输成本较高、运行的持续性较差、安全性较低、环境污染较大等劣势。公路货物运输的技术设施包括公路、载货汽车、公路站场等，其中公路分为高速公路、一级公路、二级公路、三级公路、四级公路五个技术等级；载货汽车有普通载货汽车、专用载货汽车、牵引车和挂车之分；公路站场一般包括货运站、停车场（库）、食宿楼等设施。运输包装可以分为单件运输包装和集合运输包装两大类。运输标志可分为识别标志、重量体积标志、指示标志、警告标志和原产地标记。公路货物运输按照货物性质的不同，可分为普通货物运输和特种货物运输；按照营运表现方式的不同，可分为整批货物运输、零担货物运输、汽车集装箱运输、出租汽车货物运输、搬家货物运输。

　　● 整批货物运输也称整车货物运输，是指托运人一次托运货物计费重量在3吨以上，或虽不足3吨，但其性质、体积、形状需要一辆汽车运输的货物运输方式。整批货物运输通常是一车一张货票、一个发货人，装载货物的重量不能超过车辆的核定载质量。整批货物运输过程是指货物从受理托运开始，到交付收货人为止的生产活动，一般包括货物装运前的准备工作、装车、运送、卸车、保管和交付等环节。整批货物运输的工作主要集中在发送、途中和到达三个阶段。整批货物运输组织过程中使用的单证主要是公路汽车整批货物托运单、整批货物运输货票和行车路单等。

　　● 零担货物运输是指汽车运输企业承办的托运人一次托运货物计费重量在3吨及以下的货物运输方式。各类危险货物、易破损货物、易污染货物和鲜活易腐货物等，一般不能作为零担货物办理托运。零担货源的组织是零担货物运输的基础工作，主要方法有实行合同运输、建立零担货运站、委托代理零担货运业务、利用车货匹配平台对接零担业务等。零担货物运输车辆的组织形式有固定式和非固定式两种，其中固定式零担货运是指车辆运行采取定线路、定班期、定车辆、定时间的一种货运组织形式。零担货物运输的作业程序依次是委托运输、托运受理、吊签入库、积载配货、运送（中转）、卸货、仓库保管、交付和验收货物。零担货物运输组织过程中使用的单证主要有公路汽车零担货物托运单、零担货物运输货票、零担货物交接及运费结算清单等。

　　● 特种货物分为危险货物、大型特型笨重物件、鲜活易腐货物和贵重货物四大类。从事特种货物运输的企业必须依法取得相应的经营资质。危险货物必须依照相关规定进行包装，运输标志包括识别标志、重量体积标志、指示标志、原产地标记和危险品标志。危险货物托运单必须是红色的或带有红色标志；运输危险货物的车辆要按照相关规定悬挂标志灯和标志牌；运输危险货物时必须严格遵守交通、消防、治安等法规。大型特型笨重物件是指长度在6米及以上、高度在2.7米及以上、宽度在2.5米及以上、单件重量在4吨及以上的货物；运输大型特型笨重物件需要专用车辆，制订周密的装车、卸车方案，选择合理的线路。运输鲜活易腐货物需要采取一定措施，以防止货物死亡或腐烂变质，同时必须在规定运达期限内抵达目的地。贵重货物运输的责任重大，托运人要声明价值，承运人要选派高素质的驾驶员和押运员，选择的车辆安全性、封闭性要好，交接时必须慎重。

● 公路货物运输的计价标准包括计费重量、计费里程、计费时间、运价单位；计价类别包括车辆类别、货物类别、集装箱类别、营运类别等；货物运输价格包括整批货物运输价格、零担货物运输价格、集装箱运输价格。在特定的情况下，还可以加收调车费、延滞费、装货落空损失费、排障费、车辆处置费、检验费及停运损失费、装卸费、通行费、保管费等附加费。公路货物运输费用的计算可以按照相应的计算公式进行，而在实际操作中，承运人往往将若干计算变量综合到一起，给出专线、班线运价，以简化计算过程。

▲ 内容结构

本章内容结构如图 2-5 所示。

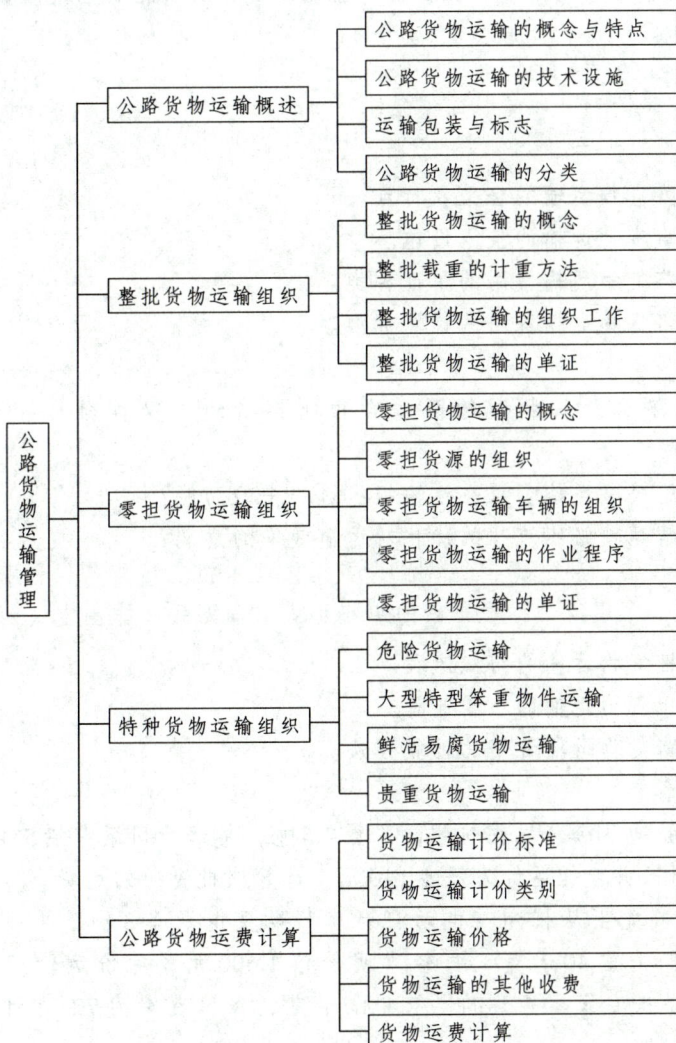

图2-5　本章内容结构

□ 主要概念和观念

▲ 主要概念

公路货物运输　公路　载货汽车　运输包装　运输标志　特种货物运输　整批货物运输　零担货物运输　危险货物　鲜活易腐货物　贵重货物

▲ 主要观念

公路货物运输分类　整批货物运输组织　零担货物运输组织　特种货物运输组织

□ 重点实务和操作

▲ 重点实务

整批货物运输组织业务　零担货物运输组织业务　特种货物运输组织业务　运输单证填制　公路货物运费计算

▲ 重点操作

整批货物运输组织运作　零担货物运输组织运作　公路货物运费计算

基本训练

□ 理论题

▲ 简答题

1）简述公路货物运输的含义及特点。

2）简述公路货物运输的技术设施。

3）简述公路货物运输常用的单证种类。

4）简述公路货物运输费用的计算标准。

▲ 讨论题

1）如何理解公路货物运输既适合短距离货运，又能独立担当长距离干线货运？

2）如何理解公路运输货票在运输组织过程中的功能？

3）如何理解运输组织流程的优化对运输效率的意义？

□ 实务题

▲ 规则复习

1）简述整批货物运输的组织流程。

2）简述零担货物运输的组织流程。

3）简述公路货物运输费用的计算方法。

▲ 业务解析

1）有一批瓷砖从金华发往杭州，总重4.5吨，货运公司派一辆5吨的厢式货车运输，金华至杭州三级普货运价为每吨140元。计算该批瓷砖的运费。

2）嘉兴的刘先生从杭州某电动自行车厂购买电瓶车3辆，委托杭州斯通物流公司运输，每辆毛重40千克，每辆声明价值1 600元，保价运输。斯通物流公司公布的杭州至嘉兴专线零担运价为2.4元/千克，保价费率为7‰。计算该批货物的运费。

□ 案例题

▲ 案例分析

【相关案例】

被骗走的皮手套

背景与情境： 多年以来，杭州某轻工业品进出口公司（以下简称轻工进出口公司）与某汽车货运总公司零担货运分公司（以下简称零担货运分公司）建立了长期的公路货物运输合作关系，零担货运分公司负责将轻工进出口公司托运的货物按期运至指定地点，凭收货凭证和开具的运费发票与轻工进出口公司结算运费。双方没有签订书面协议，合作一直较好。零担货运分公司多年来派其职工徐畅与轻工进出口公司联系业务。2020 年 3 月 6 日，徐畅以零担货运分公司的名义接运了轻工进出口公司价值约 30 万元的劳保皮手套 712 件，运往深圳市，运费 5 700 元。零担货运分公司的业务员从杭州某货运车站联系到一辆广东返程车，车主自称叫陈文涛。3 月 7 日上午，徐畅驾驶零担货运分公司编号为 10126 号的货车到轻工进出口公司仓库将 712 件皮手套运至零担货运分公司，在零担货运分公司的停车场，业务员安排搬运工将皮手套搬至陈文涛的车上，并与陈文涛签订了书面协议，约定由陈文涛将皮手套运往深圳，运费 2 500 元，货物由零担货运分公司职工朱振昌押运。2020 年 3 月 9 日，货车到达广东连州，陈文涛将货物骗走。

资料来源　作者根据相关企业调研资料整理.

问题：

1）根据所掌握的货运管理知识，讨论被骗的皮手套损失应该由哪一方承担。

2）案例中的轻工进出口公司和零担货运分公司在合作过程中是否存在管理上的疏漏？

3）你认为案例中的零担货运分公司为防止类似事件再次发生，应如何改进管理？

【训练要求】

同第 1 章 "基本训练" 中本题型的 "训练要求"。

▲ 职业素养训练

【相关案例】

"百千万" 护航货运物流路

背景与情境： 江西省广昌县是 "中国物流第一县"，有 6 万多人从事物流行业，连接内陆省份与江、浙、沪、闽、粤等沿海地区重要物流通道的济广高速、莆炎高速穿境而过。每年 4 月份，江西进入雨季，不时有突发强对流天气，为守好货运物流 "安全门"，助力企业发展，江西省公安厅高速公路公安局直属六分局四大队自 2024 年 4 月份开始集中开展 "百千万" 货运物流护航行动，通过百条路段治理，排查治理事故多发路段、群众反响集中路段，优化出行环境。千名警力护航，开展跟车护航、夜间护航、线路护航等行动，保障货运物流出行安全。牵手万名货运从业者，组织随警体验，开展 "三个一" 宣传警示、"我为交通献一策" 征集活动，防范源头风险隐患。

分析提示 2

江西省公安厅高速公路公安局直属六分局四大队运用"警指情"一体化系统，指导辖区物流企业安装运用智慧安监管理系统，实现关联信息一键显示、违禁品自主识别分类。同时，将物流企业相关数据纳入公安监管，开展动态风险评估，实现隐患问题精确处置、紧急事件快速反应，构筑货运物流行业安全防线"防护网"。

护航行动，把警力更多地投入路面，随时可以应对路面出现的突发情况，帮助司乘人员解决实际困难，警民关系更加和谐，货运物流行业更加顺畅、安全。对于经常要在辖区通行的大货车司机，高速警察还建立了高频车辆群，司机们可以加入群里，随时得到最新的通行信息和服务。收集物流企业和司乘人员存在的实际困难，以及日常交通管理中存在的问题，提升服务群众的能力，从源头上防范化解交通安全风险，为人民群众平安出行创造良好道路交通环境。

资料来源　丁健．保安全　促畅通"百千万"护航货运物流路［EB/OL］．［2024-04-30］．http：//www.jxgcnews.com.cn/system/2024/04/30/020484735.shtml2024-04-30.

问题：

1）江西省公安厅高速公路公安局直属六分局四大队为什么要在2024年4月份集中开展"百千万"货运物流护航行动？

2）作为物流从业者如何积极参与物流护航行动？

【训练要求】

同第1章"基本训练"中本题型的"训练要求"。

□ 实训题

【实训目的】

公路货物运输管理技能训练。

【情境设计】

将学生分成若干实训团队，各团队分别选择一家物流公司（或本校专业实训基地，或毕业生创业团队），从"'公路货物运输管理'技能应用"视角，参与企业该项目的运作，撰写《×××物流公司×××货物公路运输组织方案》。

【组织形式】

1）以小组为单位组成公路货物运输管理团队。

2）各公路货物运输管理团队结合实训任务进行恰当的角色分工，确保组织合理和每位成员的积极参与。

【训练要求】

同第1章"基本训练"中本题型的"训练要求"。

【成果形式】

训练课业：《×××物流公司×××货物公路运输组织方案》。

课业要求：

1）"实训课业"的结构与体例参照本教材"课业范例"中的范例-3。

2）将《×××物流公司×××货物公路运输组织方案》。以"附件"形式附于《训练报告》之后。

价值引导2

3）在校园网平台上展示经过教师点评的班级优秀《训练报告》，并将其纳入本课程的教学资源库。

单元考核

考核评价要求：同第1章"单元考核"的"考核评价要求"。

第3章
水路货物运输管理

● 学习目标
引例　明远货代公司的经营策略
3.1　水路货物运输概述
3.2　船舶营运方式
3.3　海运进出口货运组织
3.4　海运进出口单证
3.5　水路货物运费计算
● 本章概要
● 基本训练
● 单元考核

学习目标

知识目标：

- 掌握水路货物运输的概念、条件及特点；
- 掌握船舶航线、船期表、航次、班轮运输、租船运输的概念；
- 熟悉班轮货物运输组织流程；
- 熟悉海运货物运输进出口单证；
- 掌握提单的概念、性质及种类；
- 掌握水路货物运输运费计算方法；
- 熟悉世界主要港口、主要航道。

能力目标：

- 能根据托运人的托运请求进行海上货物运输组织；
- 会进行水上货物运输方式的选择；
- 会计算水路货物运输的运费；
- 会进行海运进出口单证的缮制；
- 会辨析海运提单的种类。

素质目标：

- 培养团队合作、诚信从业的水路货物运输职业理想和职业操守；
- 激发自信心和爱国主义情怀；
- 树立遵纪守法、遵守各种海上货物运输法律法规的正确态度。

引例　明远货代公司的经营策略

背景与情境：明远货代公司是义乌一家从事海运进出口货代业务的小型货代公司，属于典型的"二代"公司。公司员工每天的工作内容主要是查看航运公司公布的航线运力及价格，收集客户的货运信息和其他货代公司的报价信息，并及时将运价信息报给托运人。一般情况下，公司会在各大航运企业的主页和相关的航运杂志上搜寻航线、运力、运价等信息，同时关注航运价格指数的变化，然后向客户报价。拿到客户的单子后，公司先通过"一代"向船公司订舱，然后安排后续的进出口程序，直至完成交货或者把提单交给客户，收入主要来自"一代"的价差以及服务费。这也是义乌众多小型货代公司的普遍运作模式。

学习微平台

同步链接3-1

资料来源　作者根据相关资料整理．

从引例可见，明远货代公司实现其经营策略的前提是充分掌握海上货物运输的价格、航线运力、进出口程序等内容，以及提供相应的货物运输服务。

3.1　水路货物运输概述

3.1.1　水路货物运输的概念和特点

水路货物运输是指利用船舶等水运工具，在江、河、湖、海及人工运河等水道上运输货物的一种运输方式。

水路货物运输与其他货物运输方式相比具有以下特点：

（1）运输量大。例如，我国自主研制的大型集装箱船舶"地中海伊琳娜"，船长399.99米，型宽61.3米，最大装箱量24 346标准箱。

（2）通过能力强。海上货物运输是利用天然航道完成的，这些航道四通八达，将世界各地的港口连在一起。如果政治、经济贸易及自然条件等方面发生变化，不利于航行，可随时改选最有利的航线。

（3）运费低廉。据统计，水路货物运输的成本约为铁路货物运输成本的1/5，约为公路货物运输成本的1/10，约为航空货物运输成本的1/30。

（4）速度较慢。货船时速一般为15～20海里，最新的集装箱船最高时速可达35海里。

（5）风险较大。船舶海上航行受自然环境影响较大，风险较高。

3.1.2　水路货物运输的基本条件

水路货物运输的基本条件是从船、港、货、线四个方面反映出来的。船舶是航运经营人从事运输服务的生产工具；港口是船货结合的集散地和衔接点；货物是运输服务的劳动对象；航线是船舶运行的活动场所。因此，船、港、货、线构成了水路货物运输的基本要素，四者缺一不可。

1）航道

现代的水上航道不仅是指天然航道，而且包括人工航道、进出港航道以及保证航行安全的航行导标系统和现代通信导航系统。航运经营人应了解有关航道的主要情况，如航道的宽度、深度、转弯半径、水流速度、水上外廓以及气象条件等。

（1）海上航道。海上航道属于自然水道，其通过能力几乎不受限制。需要注意的是，随着船舶吨位的增加，有些海峡或狭窄水道会对通航船舶产生一定的限制。

（2）内河航道。内河航道大部分是利用天然水道加上引航的导标设施构成的。在内河航道运营时，航运经营人必须掌握以下通航条件：通航水深、通行时间、通行方式、通行限制等。

（3）人工航道。人工航道是指由人工开凿，主要用于船舶通航的河流，如中国大运河、巴拿马运河（如图3-1所示）、苏伊士运河（如图3-2所示）等。航运经营人应了解和掌握这些著名的国际通航运河的自然环境条件。例如，2015年新苏伊士运河通航后，船舶通过时间由原来的22个小时缩短至11个小时。

图3-1　巴拿马运河

图3-2　苏伊士运河

2）港口

根据《物流术语》（GB/T 18354—2021），**港口**是指位于江、河、湖、海或水库等沿岸，由一定范围的水域和陆域组成的且具有相应的设施设备和条件开展船舶进出、停靠，货物运输、物流等相关业务的区域。港口既为水路运输服务，又为内陆运输服务。

（1）商港的种类。

① 按地理位置的不同，商港可分为海湾港（如大连港、秦皇岛港）、河口港（如上海港、伦敦港、加尔各答港）、内河港（如南京港、汉口港）。

② 按用途的不同，商港可分为存储港、转运港、经过港。

（2）港口的通过能力。港口的通过能力是指在一定的时期和条件下，利用现有的工人、装卸机械与工艺所能装卸货物的最大数量。航运经营人应从以下几个方面了解和掌握港口的通过能力：

① 港口水域面积。它表明了该港口能同时容纳的船舶数量。

② 港口水深。它表明了该港口所能接纳的船舶吨位。

③ 港口的泊位数。它表明了该港口允许同时进行装卸作业的船舶数量。

④ 港口作业效率。它表明了船舶在该港的泊港时间。

⑤ 港口库场的堆存能力。由于海船、河船、火车、汽车的装载量差别很大，货物交接手续有快有慢、繁简不一，因此需要换装或联运的货物往往会在港口储存集疏。

⑥ 港口后方的集疏运能力。港口后方有无一定的交通网和一定的集疏运能力，不仅会影响港口的通过能力，而且会影响船舶的周转时间。

3）货物

水路运输的货物种类繁多，其形态和性质各不相同，在运输、装卸、保管等方面的要求也各不相同。从水路货物运输的要求出发，我们可以从以下几个方面对货物进行分类：

（1）按货物形态分类。按货物形态的不同，水路运输的货物可分为包装货物、裸装货物、散装货物。

（2）按货物性质分类。按货物性质的不同，水路运输的货物可分为普通货物、特殊货物。

（3）按货物重量和体积分类。按货物重量和体积的不同，水路运输的货物可分为重量货物、体积货物。国际上统一的划分标准为：凡 1t 货物的体积不超过 40ft³ 的货物为重量货物；凡 1t 货物的体积超过 40ft³ 的货物为体积货物，也称轻泡货。我国海运规定：凡 1t 货物的体积不超过 1m³ 的货物为重量货物；凡 1t 货物的体积超过 1m³ 的货物为体积货物。

（4）按货物运量分类。按货物运量的不同，水路运输的货物可分为大宗货物、件杂货物等。

业务链接3-1

金甬铁路双层高箱集装箱试验段铺轨贯通

2023年5月，金甬铁路双层高箱集装箱列车运行试验段铺轨贯通。金甬铁路为全国首条双层高箱集装箱运输铁路，东起甬台温铁路云龙站，西至沪昆铁路金华市义乌站，新建正线全长约188.3千米，设计时速160千米，正线铺轨长度达368千米。金甬铁路东阳站至嵊州站区间为双层高箱集装箱列车运行试验段，铺轨全长119千米。金甬铁路是长三角一体化发展和"一带一路"建设的重要节点工程，也是国内首条双层高箱集装箱运输试点线路、宁波舟山港战略疏港通道。建成运营后，将实现世界小商品之都义乌与世界第一大港宁波舟山港便捷互联互通，能有效满足沿线地区客货运需求，对浙江省更好服务共建"一带一路"、助推沿线经济社会发展等具有重要意义。

资料来源   中国交通新闻网.金甬铁路双层高箱集装箱试验段铺轨贯通〔EB/OL〕.〔2023-05-29〕.https://www.mot.gov.cn/jiaotongyaowen/202305/t20230529_3836062.html.

4）船舶

（1）按船舶功能（或船型）划分。按船舶功能（或船型）的不同，船舶可分为杂货船、散装船、油轮、集装箱船、滚装船、冷藏船、载驳船、多用途船等。常见的船舶类型如图3-3所示。

图3-3   常见的船舶类型

（2）按船舶载重量划分。按船舶载重量的不同，船舶可分为巴拿马型船、超巴拿马型船、灵便型船。

嘉兴港开通64标箱海河联运集装箱航线

背景与情境：2023年8月30日，两艘满载64个集装箱的货船缓缓驶离浙江嘉兴港乍浦港区二期内河港池，分别前往安徽芜湖、浙江桐乡。这是浙江首次开通64标箱海河联运集装箱航线，标志着64标箱集装箱船舶在浙北及长三角区域实现海河联运、互联互通。

近年来，浙江聚焦海河联运关键堵点，绘制通航卡点"一张图"，对于妨碍航行的桥梁予以加快拆除改造，建成京杭运河杭州段二通道，打通乍浦塘海河联运"最后一公里"，实现航道扩能增效、腹地延伸拓展。鱼腥脑航道工程通航后，万吨级以上船舶来往宁波舟山港与嘉兴港距离缩短约130千米，预计每年为航运企业节约运输成本约2.6亿元。

"随着这2条海河联运集装箱航线的开通，嘉兴港集装箱运输效能提高78%，进一步发挥海河联运枢纽作用。"嘉兴市交通运输局负责人说，年内还将开通省内3条64标箱精品航线，投入运营29艘64标箱集装箱船舶。

浙江海港嘉兴港务有限公司副总经理何荣荣介绍，据测算，64标箱船型比36标箱船型单航次运能提升七成以上、单箱运输成本下降至少两成。此次开通的新航线有利于进一步发挥嘉兴港在海河联运上的专业优势、品牌优势，为船舶大型化发展、港口绿色低碳转型升级和内河运输新经济增长创造有利契机。

目前，嘉兴共有定级航道224条，航道总里程1 978千米，浙北集装箱运输通道、嘉兴港外海进港航道等19个重大水运项目正在加速推进中。

资料来源 中国交通新闻网. 嘉兴港开通64标箱海河联运集装箱航线［EB/OL］.［2023-09-05］. https://www.mot.gov.cn/jiaotongyaowen/202309/t20230904_3908252.html.

问题：嘉兴港开通64标箱海河联运集装箱航线具有哪些优势？

分析提示：随着海河联运工程的不断推进，海河联运的条件和便利性越来越完善，使得海河联运的效益得到明显提高。嘉兴港地处浙北，利用浙北水系多的天然优势，在海河联运中积累了丰富的经验。

3.1.3 船舶航线和航次

1）航线

广义的航线是指船舶航行起讫点的线路。**狭义的航线**是指船舶航行在海洋中的具体航迹线，也包括画在海图上的计划航线。航线的种类比较多，有推荐航线、协定航线、规定航线和远洋航线、近洋航线、沿海航线之分。

2）航次

船舶为完成某一次运输任务，按照约定的航行计划运行，从出发港到目的港为一个航次。班轮运输中的航次及其途中的挂靠港都编制在班轮公司的船期表上。

（1）航次是船舶运输生产活动的基本单元，是航运企业考核船舶运输生产活动的投入与产出的基础。

（2）航次是船舶从事货物运输的一个完整过程，即一种生产过程，包括装货准备、装货、海上航行、卸货等完成货物运输任务的各个环节。

（3）船舶一旦投入营运，所完成的航次在时间上就是连续的，即上一个航次的结束，意味着下一个航次的开始，除非船舶进坞维修。

（4）报告期内尚未完成的航次，应纳入下一报告期内计算，即年度末或报告期末履行的航次生产任务，如果需跨年度或跨报告期才能完成，则该航次从履行任务时起占用的时间和费用都需要转入下一年度或下一报告期内进行核算。

3.2　船舶营运方式

国际上普遍采用的船舶营运方式可分为两大类，即班轮运输和租船运输。

3.2.1　班轮运输

1）班轮运输的概念

根据《物流术语》（GB/T 18354—2021），**班轮运输**是指在固定的航线上，以既定的港口顺序，按照事先公布的船期表航行的水上运输经营方式。

2）班轮运输的特点

（1）船舶按照固定的船期表，沿着固定的航线和港口来往运输，运费相对固定。

（2）运价已包括装卸费用，承运人负责配载装卸，船货双方不计算滞期费和速遣费。

（3）船货双方的权利、义务、责任、豁免，以船方签发的提单条款为依据。

（4）承运的货物品种、数量比较灵活，货运质量较高，一般在码头仓库交接货物。

3）经营班轮运输必须具备的条件

船公司在经营班轮运输时，除了航线上应具备足够的稳定货源外，还必须具备一些其他条件。例如，需要配置技术性能较高、设备齐全的船舶；需要租赁专用码头和设备，设立相应的营业机构；需要给船舶配备技术和业务水平较高的船员；需要有一套适用于托运小批量货物的货运程序。

同步思考3-1

背景资料： 根据上海航运交易所发布的2023年4月主干航线班轮公司准班率指数，中远海运旗下中远海运集运双品牌船队中远海运集运、东方海外收发货服务准班率分别达到77%、71%，在主要班轮公司中分别位列第一、第二位，连续数月保持行业领先水平。

问题： 中远海运为何要推行双品牌战略？

理解要点： 为充分利用旗下两大集装箱运输品牌的优势，中远海运从2018年开始推行双品牌战略。近年来，中远海运充分发挥旗下集装箱板块与港口板块的协同效应，着力提升双品牌在旗下码头直靠率和操作效率，有力提升了公司航线服务质量。

资料来源　中国远洋海运集团有限公司. 中远海运双品牌集装箱船队供应链服务效率持续提升〔EB/OL〕.〔2023-05-20〕. https://www.coscoshipping.com/art/2023/5/20/art_6864_323117.html.

4）班轮运输承运人与托运人的责任划分

班轮运输承运人是指班轮运输合同中承担提供船舶并负责运输的当事人，班轮运输托运人是指在班轮运输合同中委托承运人运输货物的当事人。运输风险的划分一般以船舷为界，即货物在装运港越过船舷以前发生的风险由托运人负责，越过船舷以后的风险由承运人负责。承运人最基本的义务是在合理的期限内将货物完整无损地运到指定地点并交给收货人。托运人的基本义务是按约定的时间、品质和数量准备好托运的货物，以保证船舶能够连续作业，并及时支付有关费用。

5）船期表

（1）班轮船期表的作用。班轮船期表有利于招揽航线途经港口的货源；有利于船舶、港口、货物之间的及时衔接，缩短船舶在挂靠港的停留时间，提高货物的送达速度，提高港口作业效率；有利于提高班轮公司航线经营计划的质量。

（2）班轮船期表的主要内容。班轮船期表的主要内容包括航线、船名、航次、装货港、中途港、卸货港、到达与驶离各港的时间以及有关注意事项等。中远海运集装箱运输有限公司亚欧快航五线船期表见表3-1。

表3-1　　　　　**中远海运集装箱运输有限公司亚欧快航五线船期表**

VSL NAME	VSL CODE	COS VOYAGE	COMMON VOYAGE	CNSHA08		CNNGB07		NLRTM06	
				ETB	ETD	ETB	ETD	ETB	ETD
				SUN	MON	TUE	WED	MON	THU
				1:00	13:00	2:00	8:00	19:00	7:00
EVERACT	SX6	007W/E	1247-007W/E	04/06	05/06	06/06	07/06	17/07	20/07
EVER GOLDEN	SZ5	022W/E	1248-022W/E	11/06	12/06	13/06	14/06	24/07	27/07
EVER APEX	S41	004W/E	1249-004W/E	18/06	19/06	20/06	21/06	31/07	03/08

资料来源　根据中远海运集装箱运输有限公司相关资料整理.

6）班轮货运业务的内容

（1）揽货。揽货是指从事班轮运输经营的船公司为了使自己所经营的班轮运输船舶能够在载重量和舱容上得到充分利用，力争做到"满舱满载"，以期获得最好的经营效益，而从货主那里争取货源的行为。

（2）订舱。订舱是指托运人或其代理人向承运人即班轮公司或者它的营业所或代理机构等申请货物运输，承运人对这种申请给予承诺的行为。承运人与托运人之间不需要签订运输合同，而是通过口头或订舱函电的方式进行预约，只要船公司对这种预约给予承诺，并在舱位登记簿上登记，即表明承托双方已建立了有关货物运输的关系。

（3）装船。装船是指托运人应将其托运的货物送至码头承运船舶的船边并进行交接，然后将货物装到船上的行为。如果船舶是在锚地或浮筒上作业，托运人还应负责使用自己的或租用的驳船将货物驳运至船边办理交接后将货物装到船上，亦称直接装船。对于一些特殊的货物，如危险品、冷冻货物、鲜活易腐货物、贵重货物等，多采用直接装船方式。

集中装船是指由船公司指定装船代理人，在各装货港的指定地点（通常为码头仓库）接收托运人送来的货物，办理交接手续后，将货物集中并按货物的卸货次序进行适当的分类后再进行装船。

（4）卸货。卸货是指将船舶所承运的货物在卸货港从船上卸下，交给收货人或代其收货的人，并办理货物交接手续的行为。

（5）交付货物。交付货物是指在实际业务中，船公司凭提单将货物交付给收货人的行为。交付货物的方式有仓库交付货物、船边交付货物、货主选择卸货港交付货物、变更卸货港交付货物、凭保函交付货物等。

（6）保函。保函即保证书。在凭保函交付货物的情况下，收货人保证在收到提单后立即向船公司交回全套正本提单，承担应由收货人支付的运费及其他费用的责任，对因未提交提单而提取货物所产生的一切损失均承担责任，并表明对于保证内容由银行与收货人一起负连带责任。凭保函签发提单使得托运人能以清洁提单、已装船提单顺利结汇。保函是承运人与托运人之间的协议，不得对抗第三方，承运人与托运人之间的保函只有在无欺骗第三方意图时才有效；如果发现有意欺骗第三方，则承运人在赔偿第三方时不得享受责任限制，且保函也无效。

教学互动3-1

互动问题：当一批出口货物的外包装存在瑕疵，且信用证上的船期又不允许更换货物时，出口企业、航运公司应如何处理？

要求：同"教学互动1-1"的"要求"。

深度思考3-1

疑点：保函对各方都具有法律效力。

释疑提示：在国际货物运输商务活动中，为使商务活动能顺利开展，托运人往往会与承运人签订担保函，这是善意的，而不是恶意串通。因此，担保函只在是善意的情况下才对托运人和承运人具有法律效力，而且即使是善意的担保函也不能对抗第三方，也即担保函对第三方没有法律效力。

3.2.2　租船运输

根据《物流术语》（GB/T 18354—2021），**租船运输**是指船舶出租人把船舶租给承租人，根据租船合同的规定或承租人的安排来运输货物的运输方式，又称不定期船运输。这种经营方式需要在市场上寻求机会，没有固定的航线和挂靠港口，也没有预先制定的船期表和费率本，船舶经营人与需要船舶运力的租船人是通过洽谈运输条件、签订租船合同来安排运输的。

1）租船运输的基本特点

（1）租船运输是根据租船合同组织运输的，租船合同条款由船舶所有人和船舶承租人共同商定。

（2）租船运费或租金的高低，直接受租船合同签订时的航运市场行情的影响。

（3）租船运输中有关船舶营运的费用及开支，取决于租船的方式，由船舶所有人和船舶承租人分担，并在租船合同中说明。

（4）不定航线，不定船期。

（5）租船运输主要服务于专门的货运市场，承运大宗货物，如谷物、油类、矿石、煤炭、木材、砂糖、化肥、磷灰土等，并且一般都是整船装运。

（6）各种租船合同均有相应的标准合同格式。

同步思考 3-2

背景资料：2023 年年初全球重要航线运价大幅下降，BDI 指数（波罗的海指数）再次出现持续走低并探底到 608 点。

问题：为何 2023 年年初全球运价和 BDI 指数出现巨大跌幅？运用相关知识进行回答。

理解要点：BDI 指数直接反映了航运市场行情，而决定航运市场行情的因素有世界政治经济形势、国际贸易情况、船舶运力供求关系的变化、通航区域的气候条件等。2021—2022 年受国际局势和运力紧张情况影响，全球运价暴涨，随着运价的上涨新的运力不断投放，到 2023 年年初已经出现运力供过于求的现象。

2）租船运输的种类

（1）航次租船。航次租船又称定程租船，是一种由船舶所有人向租船人提供特定的船舶，在特定的两港或数港之间从事一个特定的航次或几个航次承运特定货物的方式。简单地说，航次租船可用四个"特定"来概括，即特定的船舶、特定的货物、特定的航次、特定的港口。航次租船是租船运输市场上最活跃的一种方式，其对运费水平的波动尤为敏感。航次租船的主要特点如下：

① 船舶的营运调度由船舶所有人负责，船舶的燃料费、物料费、修理费、港口费、淡水费等营运费用也由船舶所有人负担。

② 船舶所有人负责配备船员，负担船员的工资、伙食费。

③ 航次租船的"租金"通常称为运费，运费按货物的数量及双方商定的费率计收。

④ 租船合同中应明确货物的装、卸费是由船舶所有人还是由承租人负担，并规定装、卸时间的计算方法，延滞费和速遣费的标准及计算办法。

业务链接 3-2

浙江省海运集团浙海海运有限公司是浙江省的大型海运企业之一。公司主要从事沿海运输业务，电煤是该公司主要的运输货物。公司与华能国际电力股份有限公司长兴电厂、杭州钢铁集团有限公司等签订了长期的航次租船运输合同。

（2）定期租船。定期租船又称期租船，是指由船舶所有人按照租船合同的约定，将一艘特定的船舶在约定的期间交给承租人使用的方式。这种租船方式不以完成航次数为依据，而是以约定使用的一段时间为限。在这个期限内，承租人可以利用船舶的运载能力来安排货物运输；可以用其从事班轮运输，以补充暂时的运力不足；可以以航次租船方式承揽第三者的货物，以取得运费收入；可以在租期内将船舶转租，以获取租金差额的收益。租期的长短完全由船舶所有人和承租人根据实际需要商定。

（3）包运租船。包运租船是指船舶所有人提供给租船人一定的运力，在确定的港口之间，按事先约定的时间、航次周期和每航次较均等的货运量，完成租船合同规定的全部货运量的租船方式。

（4）光船租船。光船租船又称船壳租船，是指在租期内船舶所有人只提供一艘空船给承租人使用，而配备船员、供应给养、船舶的营运管理以及一切固定或变动的营运费用都由承租人负担。

同步案例3-2

马西马斯国际集团有限公司与海城镁肥实业有限公司等

航次租船合同纠纷案

背景与情境： 出租人香港马西马斯有限公司（MAXIMAS INTERATION GROUP LIMITED）与海城镁肥公司采用1994年版金康航次租船合同范本订立航次租船合同，以"东洋丸（TOYO MARU）"轮装载6 633吨化肥自中国鲅鱼圈港运至印度尼西亚班贾尔马辛港。卸货作业因下雨、罢工曾发生过中断。马西马斯有限公司收取海城镁肥公司支付的运费后，向大连海事法院提起诉讼，请求判令海城镁肥公司等连带支付滞期费等及利息。

大连海事法院审理认为，1994年版金康航次租船合同范本第16条（a）和（b）款对因罢工影响装卸时间的计算、卸货港滞期费支付均做出了规定，该条（c）款中的"后果"并不包括装卸时间延长，航次租船合同也未约定罢工时间应从装卸时间中扣除，故案涉罢工时间不应在装卸时间中予以扣除。同时，根据"一旦滞期，永远滞期"的国际惯例，在进入滞期时间后因下雨造成的卸货中断亦不应在滞期时间中扣除。据此，法院判决海城镁肥公司承担滞期费42万余元及利息。海城镁肥公司提起上诉，辽宁省高级人民法院二审维持原判。

资料来源　最高人民法院. 2022年全国海事审判典型案例［EB/OL］.［2023-06-30］. https://www.chinacourt.org/article/detail/2023/06/id/7374664.shtml.

问题： 从本例中得到的启示是什么？

分析提示： 不同的租船运输合同格式具有不同的国际商事活动规则，因此在租船运输实践中，要加强对租船合同范本的研究，选择合适的租船合同范本，同时对选定的租船合同要加强对条文的研究。

3）租船业务的内容

（1）询盘。询盘通常是指承租人根据自己对货物运输的需要或对船舶的特殊要求，通过租船经纪人寻求所需要的船舶，即货求船。询盘可采用口头形式、书面形式、电子邮件形式，并通告需要承租的船舶类型、装运货物的种类和数量、装运港、装运期限、租船方式以及租船租金等事项。询盘也可由出租人通过船舶经纪人向航运交易市场发出求货信息，即船求货。

（2）报盘。报盘也称报价或发盘，是出租人对承租人询盘的回应。报盘又分为实盘与虚盘。实盘为报盘条件不可改变，并附加时效的硬性报价；虚盘则是可磋商、修改的报价。除了对询价的内容做出答复和提出要求外，报价的内容还包括租金的水平、选用的租船合同范本及对范本条款的修改和补充等。

（3）还盘。还盘是询价双方通过平等谈判、协商，对租船价格讨价还价的过程。

（4）接受。双方通过价格谈判达成一致意见后，即可成交。成交后，交易双方当事人应签署一份"订租确认书"，对商谈租船过程中双方承诺的主要条件予以确认，对于细节问题还可以进一步商讨。

（5）签订租船合同。"订租确认书"旨在表明一种合同意向，正式租船合同要参照租船合同范本进行编制，以明确租船双方的权利和义务关系，双方当事人签署后即可生效。租船合同签订后，因提出更改或撤销等异议而造成的损失由违约方承担。

4）标准租船合同范本

租船合同范本的种类很多，金康合同（Gencon）是标准航次租船合同的代表范本，纽约土产格式（Nype）是定期租船合同的代表范本，光租（Barecon）是光船租船合同的代表范本。

3.2.3　水路货物运输方式的选择

托运人在选择水路货物运输方式时，应考虑以下几个方面的因素：

（1）运输服务的定期性。若货物需要以固定的间隔时间运输出去，则应选择挂靠固定港口、固定费率、严格按船期表航行的班轮。

（2）运输速度。若货物需要在规定的日期内运到，则托运人会更加注重运输的速度。

（3）运输费用。

（4）运输的可靠性。

（5）承运人的经营状况和责任。

（6）船舶的特征。托运人需要掌握船舶的总登记吨、净登记吨、散装容积、包装容积、总载重吨、净载重吨、载重线、船级、船舶检验证书、船舶签证、船员配备等内容。

3.3　海运进出口货运组织

3.3.1　海运进口货物运输业务

海运进口货物运输业务是指根据贸易合同中的相关运输条件，对进口货物进行组织，通过海运方式运进国内的一种运输业务。海运进口货物运输业务一般包括以下环节：

1）租船订舱

根据贸易合同的规定，负责货物运输的一方应根据货物的性质和数量决定租船或订舱。凡需要整船装运的大宗货物大多洽租适当的船舶承运；小批量或零星杂货大多洽订班轮舱位。在办理货物运输委托时，委托人需要填写"进口租船订舱联系单"，并提出具体的要求。"进口租船订舱联系单"的内容包括：货名、重量、尺码、合同号、包装种类、装卸港口、交货期、发货人名称和地址、发货人电话等。

2）签订《海运进口货物国内代运委托协议书》

若委托人向代办人提出代办海运进口货物国内港口交接和国内代运业务，则双方应签订《海运进口货物国内代运委托协议书》，作为交接、代运工作中双方责任划分的依据。

3）寄送货物装船通知及提单

委托人收到国外发货人发出的货物装船通知后，应立即转告代办人。同时，国外发货人应按贸易合同确定的交货地向货运目的港的我国港口所在地的对外贸易运输公司寄送货物装船通知及提单。

4）掌握船舶动态

船舶动态主要包括船名、船籍、船舶性质、装卸港顺序、预抵港日期、船舶吃水，以及船舶所载货物的名称、数量等方面的信息。

5）送交有关单证

委托人通过结汇银行对外付汇、赎单后，在货物到港之前，按代办人的要求将代运协议中提及的一切有关单证送交目的港的对外贸易运输公司。委托人凭正本提单向承运人或承运人的代理人换取提货单。

6）报关

代办人收到委托人提交的单据、证件并在货物抵港后，按海关等有关部门的规定，办理进口报关手续。

进口货物向海关报关，应填写报关单。货主或代办人凭报关单、发票、品质证明书等单证向海关申报进口。办理报关的进口货物经海关查验放行，缴纳进口关税后方可提运。《中华人民共和国海关进出口货物申报管理规定》第八条规定："进口货物的收货人、受委托的报关企业应当自运输工具申报进境之日起14日内向海关申报……超过规定时限未向海关申报的，海关按照《中华人民共和国海关征收进口货物滞报金办法》征收滞报金。"

深度剖析 3-1

中国企业实现首例内陆无水港进口货物无纸化放货

2023 年 5 月，陆海新通道运营有限公司与中远海运集装箱运输有限公司、全球航运商业网络（GSBN）合作，通过西部陆海新通道数字化运营平台对接 GSBN 区块链平台，在重庆无水港实现进口货物无纸化放货。这是中国首例内陆无水港使用区块链技术实现进口无纸化放货。

传统模式下，客户需要根据要求提前准备纸质的提单文件，需要线下办理换单提货手续。而无纸化放货，全程依托区块链可追溯、可信任的技术特点，避免提货单证的丢失、假冒及涂改；放货手续办理时间由之前的 1~2 天，缩短到 4 小时内；完全摒弃了大量的纸质单据的使用和存档；同时，数据的无限期留存也方便后期查询和统计。

陆海新通道运营有限公司表示，未来将以数字赋能推进通道内外资源整合，促进创新链、产业链、供应链、价值链融通发展，加快西部陆海新通道数字化建设。

资料来源　中国新闻网. 中国企业实现首例内陆无水港进口货物无纸化放货［EB/OL］.［2023-05-25］. https://www.chinanews.com.cn/cj/2023/05-25/10013785.shtml.

问题：为什么要实现无纸化放货？

解析与讨论：通过无水港进行通关极大地提升了进出口货物运输组织效率，但在实际操作中由于业务量大及流程衔接等原因，在无水港通关时经常出现拥堵和延迟的现象，如何进一步提升无水港通关效率，一直是业内关注的焦点。随着以区块链为代表的一批数字经济技术的不断应用，无纸化通关成为现实。通过无纸化通关，不但能大幅提升通关效率，也能节能环保和减少资源浪费。

7）报检

报检进口货物需要填写进口商品检验申请单，同时需要提供订货合同、发票、提单、装箱单、理货清单、磅码单、质保书、说明书、验收单、到货通知单等资料。

8）发出到货通知

在进口货物船舶抵达国内港口联检后 3 日内，代办人港口机构应填制"海运进口货物到货通知书"，寄送给委托人或委托人指明的收、用货单位。委托人或收、用货单位收到通知书后必须逐项核对，若发现内容有误，应立即通知代办人港口机构纠正。

9）监卸和交接

（1）一般由船方申请理货，负责把进口货物按提单、标记点清件数，验看包装情况，分批拨交收货人。

（2）已卸存库场的货物，应按提单、标记分别码垛、堆放。

（3）对船边提货和危险货物，应根据卸货进度及时与车、船方面人员联系，做好衔接工作，防止产生"等车卸货"或"车到等货"的现象。

（4）对于超限重大件货物，应事先提供正确的尺码和数量，以便准备接驳车，提高疏运速度。

（5）卸货后，应检查货物有无漏卸情况，在卸货过程中若发现短损，应及时向船方或港方办理有效签证，共同做好验残工作。

（6）验卸时应注意的事项有：

① 查清货物包装的残损和异状；

② 查清货物损失的具体数量、重量、程度以及受损货物或短少货物的型号和规格；

③ 判断货物致残、短少的原因。

10）接货

代办人港口机构收到委托人或收、用货单位对到货通知的反馈后，应根据委托人的授权代办加保手续和选择运输方式。代运货物到达最终目的地时，收、用货单位应与承运部门办理交接，查验铅封是否完好，外观有无异状，件数是否相符，货物是否致残、短少。若发现货物致残、短少，则收、用货单位应及时向承运部门索取商务记录，于货到 10 日内，交代办人向承运部门、保险公司或责任方办理索赔。若发现国外错装或代办人错发、错运、溢发，收、用货单位应立即采取措施，妥善保管货物，并及时通知代办人。

11）保险

以 FOB、CFR 条件成交的进口货物，在收到发货人的装船通知后，应立即办理投保手续。

3.3.2　海运出口货物运输业务

海运出口货物运输业务是指根据贸易合同中的相关运输条件，对出口货物进行组织和安排，通过海运方式运到国外目的港的一种运输业务。海运出口货物运输业务一般包括以下环节：

1）审证

审核信用证中的装运条款，如装运期、结汇期、装运港、目的港、是否能转运或分批装运，以及是否指定船公司、船名、船籍和船级等。对于这些条款和要求，货运代理机构或船公司应根据我国政策、国际惯例、要求是否合理和是否能办到等来考虑是否接受或提出修改意见。

2）备货报检

备货报检就是根据出口成交合同及信用证中有关货物的品种、规格、数量、包装等的规定，按时、按质、按量地准备好出口货物，并做好申请报检和领证工作。

3）托运订舱

编制出口托运单，向货运代理机构办理委托订舱手续。货主也可以直接向船公司或其代理人订舱。船公司或其代理人签发装货单后，订舱工作即告完成，表明运输合同已经缔结。

4）保险

订妥舱位后，属于卖方保险的，应办理货物运输险的投保手续。保险金额通常按照发票的 CIF 价加成计算（加成数根据买卖双方约定，如未约定，则一般加成 10%）。

5）出口货物在港区集中

船舶到港装货计划确定后，按照港区进货通知并在规定的期限内，由托运人办妥集运手续，将出口货物及时运至港区集中，等待装船，做到批次清、件数清、标志清。对于出口的大宗货物，可联系港区提前发货。对于危险品、重大件货物、冷冻品或鲜活商品、散油等货物，由于需要特殊运输工具、起重设备和舱位，因此应事先联系安排好调运、接卸、装船作业。发货前应核对货物的品名、数量、标记、配载船名、装货单号等项目，做到单、货相符和船、货相符。

6）报关和交接

货物集中到港区后，发货单位必须向海关办理申报手续。海关检查单证和货物，确认单货相符和手续齐备后，在装货单上加盖放行章。

发货单位现场工作人员应严格按照港口规章，及时与港方仓库、货场办妥交接手续，做好现场记录，划清船、港、货三方面的责任。

7）装船

海关放行后，发货单位凭海关加盖放行章的装货单与港务部门和理货人员联系，查看现场货物并做好装船准备，理货人员负责点清货物、逐票装船。港口装卸作业区负责装货，并按照安全积载的要求，做好货物在舱内的堆码、隔垫和加固等工作。装船完毕后，应将大副签发的收货单交原发货单位，凭此换取已装船提单。

8）装船通知

若合同规定需要在装船时发出装船通知，则应及时发出。若因卖方延迟或没有发出装船通知，致使买方不能及时或没有投保而造成损失的，卖方应承担责任。

9）支付运费

为了正确核收运费，在出口货物集中到港区仓库后，船公司可申请对货物进行鉴定。凡需要预付运费的出口货物，船公司或其代理人必须在收取运费后，发给托运人运费预付提单。如果属于到付运费货物，则应在提单上注明运费到付，由船公司在卸货港的代理人在收货人提货前向收货人收取。

学习微平台

延伸阅读 3-2

业务链接 3-3

交通运输部 2023 年 6 月发布公告称，为深入贯彻落实《国内水路运输管理条例》，规范国内水路运输经营秩序，引导行业规模化集约化发展，提升行业本身安全水平，促进国内水路运输业高质量发展，经评估，决定将"关于国（境）外进口船舶和中国籍国际航行船舶从事国内水路运输管理政策""关于沿海省际散装液体危险货物船舶运输市场宏观调控政策""关于国内水路运输企业自有船舶运力管理政策"延续实施。

3.4 海运进出口单证

海运进出口单证是指为了保证海运进出口货物的安全交接，在整个运输过程中根据需要编制的各种单据。这些单据既把船、港、货各方联系在了一起，又便于分清各方的权利和义务。

3.4.1 主要海运进出口单证

1）托运单（Booking Note，B/N）

托运单俗称下货纸，是托运人根据贸易合同和信用证条款内容填制的，向承运人或其代理人办理货物托运的单证。

2）装货单（Shipping Order，S/O）

装货单是指接受托运人提出的装运申请后，船公司签发给托运人凭以命令船长将承运的货物装船的单据。装货单既可作为装船依据，又是货主凭以向海关办理出口货物申报手续的主要单据之一，所以装货单又称关单。

3）收货单（Mates Receipt，M/R）

收货单又称大副收据，是船舶收到货物的收据及货物已经装船的凭证。大副根据理货人员在理货单上所签注的日期、件数及舱位，并与装货单进行核对后，签署大副收据。托运人凭大副签署过的大副收据，向承运人或其代理人换取已装船提单。

4）海运提单（Bill of Lading，B/L）

<u>海运提单是指证明海上运输活动成立，承运人已接管货物或已将货物装船并保证在目的地交付货物的单证。</u>

5）装货清单（Loading List，L/L）

装货清单是指承运人或其代理人根据装货单留底联，将全船待装货物按目的港和货物性质归类，依航次、靠港顺序排列编制的装货单汇总清单。装货清单的主要内容包括装货单编号、货名、件数、包装形式、毛重、估计尺码及特种货物对装运的要求或注意事项说明等。

6）舱单（Manifest，M/F）

舱单是指按照卸货港顺序逐票罗列全船载运货物的汇总清单。它是在货物装船完毕之后，由船公司根据收货单或提单编制的。舱单的主要内容包括货物的详细情况、装卸港、提单号、船名、托运人和收货人姓名、标记号码等。

7）货物积载图（Cargo Plan）

货物积载图又称船舶积载图，是指按照货物实际积载情况编制的一种简化船图，是船方进行货物运输、保管和卸货工作的参考资料，也是卸货港据以理货、安排泊位、货物进舱的文件。

8）运费清单（Freight Manifest，F/M）

运费清单是指由船舶代理公司根据副本提单、收货单编制的出口载货运费清单。

9）提货单（Delivery Order，D/O）

提货单是指收货人凭正本提单或副本提单随同有效的担保向承运人或其代理人换取的、可向港口装卸部门提取货物的凭证。

业务链接3-4

在我国对外贸易实践中，经常会遇到进口商在信用证中提出要求船公司证明（以下简称船证）的情形。船证通常由出口商或船方用英文制作，具体内容以信用证的要求为准，所有船证必须签署。

3.4.2　海运进出口单证的流转

海运进出口单证的流转一般按以下程序进行：

（1）托运人向船公司在装货港的代理人提出（也可直接向船公司或其营业所提出）货物装运申请，并递交托运单。

（2）船公司同意承运后，由其代理人指定船名，核对装货单与托运单上的内容无误后，签发装货单并将底联留下，要求托运人将货物及时送至指定的码头仓库。

（3）托运人持装货单及有关单证向海关办理货物出口报关、验货放行手续，海关在装货单上加盖放行章后，即表示准予货物装船出口。

（4）船公司在装货港的代理人根据留底联编制装货清单，送船舶及理货公司、装卸公司。

（5）大副根据装货清单编制货物积载图，交代理人分送理货，装卸公司等据此装船。

（6）托运人将经过检验检疫的货物送至指定的码头仓库准备装船。

（7）货物装船后，理货人员将装货单交大副，大副核实无误后留下装货单并签发收货单。

（8）理货人员将大副签发的收货单转交给托运人。

（9）托运人持收货单到船公司在装货港的代理人处付清运费（预付运费情况下），换取正本提单。

（10）船公司在装货港的代理人审核无误后，留下收货单，签发正本提单给托运人。

（11）托运人持正本提单及有关单证到议付银行结汇（在信用证支付方式下），取得货款，议付行将正本提单及有关单证邮寄至开证银行。

（12）货物装船完毕后，船公司在装货港的代理人编妥舱单，送船长签字后向海关办理船舶出口手续，并将舱单交船随带，船舶开航。

（13）船公司在装货港的代理人根据副本提单编制出口载货运费清单，连同副本提单、收货单送交船公司结算，并将卸货港所需的单证邮寄至卸货港代理公司。

（14）卸货港代理公司接到船舶抵港电报后，通知收货人船舶到港日期，做好提货准备。

（15）收货人到银行付清货款，取回正本提单。

（16）卸货港代理公司根据装货港代理公司寄来的货运单证，编制卸货单据，约定装卸公司，联系泊位，做好卸货准备工作。

（17）卸货港代理公司办理船舶进口报关手续。

（18）收货人向卸货港代理公司付清应付费用后，以正本提单换取提货单。

（19）收货人持提货单向海关办理进口报关手续，支付进口关税，海关核准后放行。

（20）收货人持提货单到码头仓库提取货物。

3.4.3　海运提单

1）海运提单的性质与作用

（1）海运提单是承运人或其代理人签发给托运人的承运货物的收据。

（2）海运提单是承运人与托运人之间运输合同的证明，是处理承托双方权利和义务关系的主要依据。

（3）海运提单是货物所有权的凭证。

2）海运提单的种类

（1）按货物是否装船分类。

按货物是否装船，海运提单可分为已装船提单（Shipped or Board B/L）和收货待运提单（Received for Shipping B/L）。

① 已装船提单。它是指在货物装上指定的船舶后凭大副所签收货单签发的提单。

② 收货待运提单。它是指承运人虽已收到货物但尚未装船时签发的提单，装船后由船公司加注船名、日期，变成已装船提单。

（2）按运输方式分类。

按运输方式的不同，海运提单可分为直达提单（Direct B/L）、转船提单（Tran-shipment B/L）、联运提单（Through B/L）、多式联运提单（MT B/L）。

① 直达提单。它是指货物自装货港装船后，中途不换船，直接驶到卸货港卸货时所签发的提单。

② 转船提单。它是指装货港的载货船舶不直接驶往目的港，必须在转船港换装另一艘船舶运达目的港时所签发的提单。

③ 联运提单。货物须经两段或两段以上运输才能运达目的港，而其中有一段必须是海运，如海陆联运、海空联运或海海联运时签发的提单称为联运提单。

④ 多式联运提单。它是指货物由海上、内河、铁路、公路、航空等两种或多种运输方式进行联合运输而签发的适用于全程运输的提单。

（3）按提单抬头（收货人）分类。

按提单抬头（收货人）的不同，海运提单可分为记名提单（Straight B/L）、不记名提单（Bearer B/L）、指示提单（Order B/L）。

① 记名提单。记名提单是指提单正面载明收货人名称的提单，又称收货人抬头提单。这种提单不能用背书方式转让，货物只能交与列明的收货人。

② 不记名提单。不记名提单是指提单正面未载明收货人名称的提单，谁持有提单，谁就可以凭提单向承运人提取货物，承运人交货的对象就是提单持有人。

③ 指示提单。指示提单是指在收货人一栏记载凭指示交货的提单。指示提单上不列明收货人，可凭背书进行转让。指示提单有凭托运人指示提单、凭收货人指示提单和凭进口方银行指示提单等种类，因此需要托运人、收货人或进口方银行背书后方可转让或提货。

（4）按有无批注分类。

按有无批注，海运提单可分为清洁提单（Clean B/L）和不清洁提单（Unclean B/L）。

① 清洁提单。清洁提单是指货物装船时表面状况良好，一般未加注货物及/或包装有缺陷等批注的提单。在对外贸易中，银行为安全起见，在议付货款时均要求提供清洁提单。

② 不清洁提单。不清洁提单是指承运人在提单上加注货物及/或包装状况不良或存在缺陷等批注的提单。除非买方授权，否则银行一般不接受不清洁提单。

🔑 职业素养 3-1

提单欺诈

背景与情境： 中国A公司与美国B公司签订了一份出口玉米的合同，价格条件为FOB青岛。为了履行合同，B公司通过中国香港甲银行申请开立不可撤销的即期信用证，信用证条款规定必须凭美国E公司出具的提单结汇。

2月15日，A公司在给中国C公司的出口货物明细单中明确要求，C公司把E公司出具的提单交给A公司，由其向银行结汇。同日，中国D公司也出具了一份提单，收货人和通知人均为E公司。

3月5日，D公司根据E公司的传真将货物放行给B公司。同日，A公司接到银行通知，因单据与信用证不符而不能结汇。

因结汇不成且货物已被提走，E公司在我国境内也无办事机构，A公司遂向法院提起诉讼。

法院认为，C公司向D公司订舱出运货物，系受A公司委托，C公司的做法符合国际惯例，不属于越权和无权代理。D公司的放货有记名收货人的指令，且已收回正本提单，也未违反合同义务。A公司的损失是其接受信用证条款造成的风险结果，与C公司和D公司无直接关系，最终法院驳回了A公司的诉讼请求。

资料来源　海运网. 新型货代提单诈骗案例解析，外贸货代企业需谨慎！［EB/OL］．［2017-02-04］. http://news.jskuajing.com/content6/post/20347.aspx.

问题： A公司应如何防范案例中的风险？

研判提示： 本案是典型的利用货代提单和指示提单实施欺诈的案例。在实际操作中，我们要严格按照程序操作，对外商指定船公司和境外货代的行为提高警惕。

（5）按提单格式分类。

按提单格式的不同，海运提单可分为全式提单（Long Form B/L）和简式提单（Short Form B/L）。

① 全式提单。全式提单是指既有正面内容，又在背面列有承运人与托运人及收货人之间权利、义务等详细条款的提单。全式提单是一种最常用的提单。

② 简式提单。简式提单是指仅保留全式提单正面的必要内容，而没有背面条款的提单。

（6）按商业习惯分类。

按商业习惯的不同，海运提单可分为过期提单（Stale B/L）、倒签提单（Ante-Dated B/L）、预借提单（Advanced B/L）、顺签提单（Post-Dated B/L）、货代提单（House B/L）和舱面提单（On Deck B/L）。

① 过期提单。过期提单是指卖方向当地银行交单结汇的日期与装船开航的日期相距太长，导致银行虽正常邮寄，但收货人不能在船到达目的港前收到的提单。

② 倒签提单。倒签提单是指承运人应托运人的要求，签发提单的日期早于实际装船日期，以符合信用证对装船日期的规定，便于在该信用证下结汇的提单。

③ 预借提单。预借提单是指信用证规定的装运期和交单结汇期已到，货主因故未能及时备妥货物或尚未装船完毕，或由于船公司的原因船舶未能在装运期内到港装船，应托运人要求而由承运人或其代理人签发的已装船提单。

④ 顺签提单。顺签提单是指货物装船完毕后，承运人应托运人的要求，以晚于该票货物实际装船完毕的日期作为签发提单的日期，以符合有关合同关于装船日期规定的提单。

⑤ 货代提单。货代提单是指由货运代理人（无船承运人）签发的提单。

⑥ 舱面提单。舱面提单又称甲板货提单，是指货物装载于船舶露天甲板上，并在提单上注明"装于舱面"字样的提单。

同步思考3-3

背景资料：国外一家贸易公司与我国某进出口公司订立合同，购买小麦500吨。合同规定，20××年1月20日前开出信用证，2月5日前装船。20××年1月28日，买方开来信用证，有效期至2月10日。由于卖方按期装船有困难，故电请买方将装船期延至2月17日，并将信用证有效期延长至2月20日，买方回电表示同意，但未通知开证银行。20××年2月17日，货物装船后，卖方到银行议付，结果遭到了拒绝。

问题：银行是否有权拒付货款？为什么？卖方应当如何处理此事？

理解要点：根据提单的种类和特点，结合信用证有效期来处理。

3）海运提单的填写与缮制

海运提单的填写与缮制一般应注意以下几个方面：

（1）提单的名称。必须注明"提单"（B/L）字样。

（2）提单的份数。整套正本提单注有份数，应当按照信用证的规定办理。

（3）托运人（Shipper）的名称和营业场所。信用证没有特殊规定时，应填写信用证受益人（Beneficiary）的名称和地址。如果信用证要求以第三者为托运人，则必须按信用证的要求予以缮制。

（4）收货人（Consignee）的名称。收货人的指定关系到提单能否转让，以及货物的归属问题，因此该栏必须按信用证的规定填写。如果信用证规定提单直接做成买主（即申请人）或开证行的抬头，则不可再加"Order of"字样。

（5）被通知人（Notify Party）。必须注有符合信用证规定的名称和地址、电话号码等。被通知人即进口方或进口方的代理人。

（6）船名（Ocean Vessel）。本栏按实际情况填写承担本次货物运输的船舶的名称和航次。若属于收妥待运提单，则等货物实际装船完毕后记载船名。

（7）装货港（Port of Loading）。本栏填写货物实际装船的港口名称，即起运港。

（8）卸货港（Port of Discharge）。本栏填写海运承运人终止承运责任的港口名称。

"港口"和"地点"是不同的概念。有些提单印有"收货地点"和"交货地点/最后目的地"等栏目，供提单作为多式联运或联合运输的运输单据时使用。单式海运时不能填注，否则会引起人们对运输方式究竟是单式海运还是多式联运的误解。

若提单上印有"前期运输由"（Pre-Carriage by）栏，则也为多式联运方式所专用，同时应在该栏内注明"铁路"、"卡车"、"空运"或"江河"等运输方式。

（9）标志（Marks）。标志又称唛头，是提单与货物联系的主要纽带，也是收货人提货的重要依据，必须按信用证或合同规定填写。无唛头规定时，可注明"No Marks"（N/M）字样。

（10）件数和包装种类、货名（Numbers & Kinds of Packages，Description of Goods）。此栏按货物是散装货、裸装货还是包装货的实际情况填写。

（11）毛重和尺码（Gross Weight and Measurement）。此栏填写货物的毛重和尺码（或体积）。

（12）合计件数（Total Number of Containers or Packages）。此栏填写货物的毛重总数和体积总数（必须用大写）。提单上关于货物的描述不得与商业发票上的货物描述不一致，货物件数应按实际包装名称填写。

（13）运费和其他费用（Freight & Charges）。此栏填写运费及附加费。

（14）签单地点和日期（Place & Date of Issue）。提单签发地点为装运港所在城市的名称，签发日期为货物交付承运人或装船完毕的日期。

（15）提单的签发。提单必须由承运人或其代理人签字盖章。提单正面必须注明承运人的全名及"Carrier"一词，以表明其身份。提单的签发应以收货单（M/R，件杂货）或场站收据（D/R，集装箱）为依据。

（16）提单右上方的"B/L NO."是承运人或其代理人按接收托运货物的先后次序或托运货物在舱中的位置编排的号码。

（17）提单印有"已装船"字样的，不必加注"装船批注"；如果印有"收妥待运"字样，则必须在加注"装船批注"的同时加注装船日期。

（18）提单印有"Intended Vessel"、"Intended Port of Loading"、"Intended Port of Discharge"及/或其他"Intended..."等不肯定的描述字样时，必须加注"装船批注"，其中应注明实际装货的船名、装货港口、卸货港口等项目，即使预期（Intended）的船名和装卸港口并无变动，也应重复注明。

（19）关于转船，应根据信用证的要求填制。

（20）提单上的任何涂改、更正，都必须加盖提单签发者的签章。

海运提单样式见表3-2。

4）提单正面条款

（1）确认条款。上列外表状况良好的货物（另有说明者除外）已装在上述指名船只上，并应在上列卸货港或该船能安全到达并保持浮泊的附近地点卸货。

（2）不知条款。重量、尺码、标志、号码、品质、内容和价值是托运人所提供的，承运人在装船时并未核对。

表3-2   **海运提单样式**

BILL OF LADING

1）SHIPPER（托运人）			10）B/L NO.（提单号码）	
2）CONSIGNEE（收货人）				
3）NOTIFY PARTY（被通知人）				
4）PLACE OF RECEIPT（接货地）	5）OCEAN VESSEL（船名）			
6）VOYAGE NO.（航次）	7）PORT OF LOADING（装货港）			
8）PORT OF DISCHARGE（卸货港）	9）PLACE OF DELIVERY（交货地）			
11）MARKS（唛头）	12）NUMBERS & KINDS OF PACKAGES（件数和包装种类）	13）DESCRIPTION OF GOODS（货名）	14）GROSS WEIGHT（毛重）	15）MEASUREMENT（尺码或体积）
16）TOTAL NUMBER OF CONTAINERS OR PACKAGES（IN WORDS）（合计件数（大写））				

17）FREIGHT & CHARGES（运费和其他费用）	REVENUE TONS（计费吨数）	RATE（运费率）	PER（计费单位）	PREPAID（运费预付）	COLLECT（运费到付）
PREPAID AT（预付地点）	PAYABLE AT（到付地点）			18）PLACE & DATE OF ISSUE（签单地点和日期）	
TOTAL PREPAID（预付总金额）	19）NUMBER OF ORIGINAL B（S）/L（正本提单份数）			22）SIGNED FOR THE CARRIER（承运人签章）	
20）DATE（装船日期）	21）LOADING ON BOARD THE VESSEL BY（装货船名）				

（3）承诺条款。托运人、收货人和本提单的持有人明白表示接受并同意本提单及其背面所载一切印刷、书写或打印的规定、免责事项和条件。

（4）签署条款。为证明以上各节，承运人或其代理人已签署本提单一式×份，其中一份完成提货手续后，其余各份均失效。

3.5　水路货物运费计算

3.5.1　班轮运费的计算

班轮运费是指班轮公司为运输货物而向货主收取的费用。

1）杂货班轮运费的计算

（1）运费构成。班轮运费是按照班轮运价表的规定计收的。班轮运价表一般包括说明及有关规定、货物等级表、航线费率表、附加费表、冷藏货及活牲畜费率表等。目前，我国海洋班轮运输公司主要使用等级费率运价表，该表由货物等级表和航线费率表两部分组成。

班轮运费包括基本运费和附加费两部分。前者是指货物从装运港到卸货港应收取的运费，它是构成全程运费的主要部分。后者是指由于有些货物需要特殊处理，或者由于有突发事件发生或客观情况变化等而需要另外加收的费用。

（2）基本运费的计收标准。在班轮运价表中，根据商品的不同，班轮运费的计算标准通常有下列几种：

①按货物的毛重（重量吨）计收，运价表中用"W"表示。

②按货物的体积（尺码吨）计收，运价表中用"M"表示。

上述计费的重量吨和尺码吨统称为运费吨，又称计费吨。按照国际惯例，容积货物是指每公吨的体积大于 $1.1328m^3$（$40ft^3$）的货物，我国远洋运输运价表中则将每公吨的体积大于 $1m^3$ 的货物定为容积货物。

③按毛重或体积计收，由船公司选择其中收费较高的作为计费吨，运价表中用"W/M"表示。

④按货物价格计收，又称从价运费，运价表中用"Ad.Val"表示。

⑤在货物重量、尺码或价格三者中选择最高的一种计收，运价表中用"W/M or Ad.Val"表示。

（3）附加费。在基本运费的基础上，加收一定的百分比，或者按每运费吨加收一个绝对值计算。在班轮运输中，常见的附加费有：超重附加费、超长附加费、选卸附加费、转船附加费、直航附加费、港口附加费、港口拥挤附加费、燃油附加费、货币贬值附加费、绕航附加费。

除以上各种附加费外，还有一些附加费需要船货双方议定，如洗舱费、熏舱费、加温费等。附加费是对基本运费的调节和补充。

（4）班轮运费的计算公式。班轮运费的计算方法为：首先根据货物的英文名称，从货物等级表中查出该货物的计费等级及其计算标准，然后从航线费率表中查出该货物的基本费率，最后加上各项需要支付的附加费率，所得的总和就是该货物的单位运费。单位运费再乘以计费重量吨或尺码吨，即可得到该货物的运费总额。如果是从价运费，则应按规定的百分比乘以FOB货值。班轮运费的计算公式如下：

$$F = Fb + \sum S \tag{3.1}$$

式中：F表示运费总额；Fb表示基本运费；$\sum S$表示附加费。

基本运费是所运货物的数量（重量或体积）与规定的基本费率的乘积，其计算公式为：

$$Fb = f \times Q \tag{3.2}$$

式中：f表示基本费率；Q表示货运量（运费吨）。

附加费是指各项附加费的总和。在多数情况下，附加费按基本运费的一定百分比计算，其计算公式为：

$$\sum S = (S_1 + S_2 + \cdots + S_n) \times Fb = (S_1 + S_2 + \cdots + S_n) \times f \times Q \tag{3.3}$$

式中：S_1、S_2、$\cdots$、S_n用百分数表示。

同步计算3-1

从中国大连港运往肯尼亚蒙巴萨港拖拉机发动机一批，共计20箱。每箱体积为150厘米×80厘米×120厘米；每箱重量为1.5吨。当时的燃油附加费的费率为40%。蒙巴萨港口拥挤附加费的费率为10%，计算该批货物的运费。中国—东非航线等级费率表见表3-3。

表3-3 　　　　　　　　　　　**中国—东非航线等级费率表**　　　　　　　　　金额单位：港元

货名	计算标准	货物等级	费率
农业机械	W/M	9	450.00
棉布及棉织品	M	10	480.00
小五金及工具	W/M	10	480.00
玩具	M	20	1 400.00

基本港口：路易港（毛里求斯）、达累斯萨拉姆港（坦桑尼亚）、蒙巴萨港（肯尼亚）等。

解：

（1）查阅表3-3，拖拉机发动机属于农业机械类，其运费计算标准为W/M，货物等级为9级。

（2）计算货物的体积和重量。

20箱的体积为：1.5×0.8×1.2×20=28.8（立方米）

20箱的重量为：1.5×20=30（吨）

由于28.8立方米的计费吨小于30吨，因此计收标准为重量吨。

（3）查阅表3-3，9级货物费率为450港元，则基本运费为：

450×30=13 500（港元）

（4）附加费为：

13 500×（40%+10%）=6 750（港元）

（5）中国大连港运往肯尼亚蒙巴萨港的 20 箱拖拉机发动机的运费为：

13 500+6 750=20 250（港元）

2）集装箱班轮运费的计算

目前，集装箱货物海上运价体系较内陆运价体系成熟。集装箱班轮运费的计算方法有两种：一种是采用件杂货运费的计算方法，即以每运费吨为单位（俗称散货价）；另一种是以每个集装箱为计费单位（俗称包箱价）。

（1）件杂货基本运费和附加费。基本运费参照传统件杂货运价，以运费吨为计算单位，多数航线上采用等级费率。附加费方面，除传统件杂货所收的常规附加费外，还要加收一些与集装箱货物运输有关的附加费。

（2）包箱费率（Box Rate）。这种费率以每个集装箱为计费单位，常用于集装箱交货的情况，即 CFS-CY 或 CY-CY 条款。常见的包箱费率有以下三种表现形式：

① FAK（Freight for All Kinds）包箱费率，即对每一个集装箱不细分箱内货类、不计货量（在重量限额之内），统一收取运价的费率。

② FCS（Freight for Class）包箱费率，即按不同货物等级制定的包箱费率。集装箱普通货物的等级划分与件杂货的等级划分方法一样，仍是 1～20 级，但级差较小。

③ FCB（Freight for Class and Basis）包箱费率，即既按不同货物等级或货类，又按计算标准制定的包箱费率。

> **同步计算 3-2**

中远海运集运班轮直挂以 CY-CY 为交货条件，按 1~7 级、8~10 级、11~15 级、16~20 级四个级别计收包箱费。有一批罐头合计 1 500 箱，毛重 180 000 千克，尺码 255 立方米，共装 20 英尺集装箱 10 只，需要从中国上海港运往阿联酋迪拜，中远海运集运班轮从上海港到迪拜港的运价为 20 英尺集装箱每箱 1 960 美元。试计算该批货物的运费。

解：上述货物的运费为：

1 960×10=19 600（美元）

3.5.2　不定期船运费的计算

不定期船运费属于自由运费，它取决于能满足货物运输需求的船舱容量是过剩还是不足。

1）基本运费的计算方法

凡供需双方签订运输合同的不定期船，不论是包舱运输的航次租船，还是整船运输的程租船，通常都是按照船舶的一部分或全部舱位及运费率收取一笔包租运费，亦称整笔运费。

2）租金的计算方法

凡供需双方签订租船合同的期租船，不论租期长短，租金都等于每载重吨每日租金率与船舶夏季总载重量、合同租期的乘积。

除了上述基本运费和租金以外，合同中还应明确有关费用（如装卸费）由谁承担，以及佣金的计算及支付办法。

3）程租船运费的计算方法

程租船运费主要包括基本运费、装卸费，以及滞期费和速遣费等。

（1）基本运费。它是指货物从装运港至目的港的海上基本运费。计算方法一般采用按运费率和整船包价两种方式。

（2）装卸费。装卸费需要区分是由租船人来承担还是由船东来承担，一般分为以下几种情况：船方负担装卸费用（Gross/Liner/Berth Terms）、船方管装不管卸（FO）、船方管卸不管装（FI）、船方不管装卸（FIO），以及船方不管装卸、理舱和平舱（FI-OST）。此外，装卸时间（装卸期限）是指租船人承诺在一定期限内完成装卸作业，一般可按日、连续日、时、工作日（通常节假日除外）、晴天工作日、连续24小时晴天工作日等情况计算。

（3）滞期费和速遣费。滞期费（Demurrage）是指在规定的装卸期间内，租船人未能完成装卸作业，为了弥补船方的损失，租船人针对超过的时间向船方支付的一定量的罚款。速遣费（Dispatch Money）是指租船人在规定的装卸期限内，提前完成装卸作业，船方针对租船人所省的时间向租船人支付的一定量的奖金。进出口商与船方订立租船合同时，必须注意租船合同与进出口合同中有关装运时间的一致性。

━本章概要━➤

☐ 内容提要与结构

▲ 内容提要

● 水路货物运输是指利用船舶等水运工具，在江、河、湖、海及人工运河等水道上运输货物的一种运输方式。水路货物运输具有运输量大、通过能力强、运费低廉、速度较慢、风险较大等特点。船、港、货、线是水路货物运输的基本要素。船舶可以按照其功能和载重量的不同进行分类。港口可以按照地理位置和用途的不同进行分类，港口的通过能力受港口水域面积、港口水深、港口的泊位数、港口作业效率、港口库场的堆存能力、港口后方的集疏运能力等限制。航道包括天然航道、人工航道、进出港航道等。船舶为完成某一次运输任务，按照约定的航行计划运行，从出发港到目的港为一个航次。班轮运输中航次及其途中的挂靠港都编制在班轮公司的船期表上。

● 船舶营运方式有班轮运输和租船运输之分。班轮运输是指按照规定的时间表在一定的航线上，以既定的挂港顺序，有规则地从事航线上各港间货物运送的船舶营运方式。班轮运输具有自己的特点及需要具备的条件。班轮船期表的主要内容包括航线、船名、航次、装货港、中途港、卸货港，到达与驶离各港的时间以及有关注意事项等。班轮货运业务的内容包括揽货、订舱、装船、卸货、交付货物、保函等环节。租船运输需要在市场上寻求机会，没有固定的航线和挂靠港口，也没有预先制定的船期表和费率本，船舶经营人与需要船舶运力的租船人通过洽谈运输条件、签订租船合同来安排运输。租船运输有航次租船、定期租船、包运租船和光船租船之分。租船业务的内容主要包括询盘、报盘、还盘、接受和签订租船合同。

● 海运进口货物运输业务是指根据贸易合同中的相关运输条件，对进口货物进行组织，通过海运方式运进国内的一种运输业务。海运进口货物运输业务一般包括租船订舱、签订《海运进口货物国内代运委托协议书》、寄送货物装船通知及提单、掌握船舶动态、送交有关单证、报关、报检、发出到货通知、监卸和交接、接货、保险等环节。海运出口货物运输业务是指根据贸易合同中的相关运输条件，对出口货物进行组织和安排，通过海运方式运到国外目的港的一种运输业务。海运出口货物运输业务一般包括审证、备货报检、托运订舱、保险、出口货物在港区集中、报关和交接、装船、装船通知、支付运费等环节。

● 海运进出口单证是指为了保证海运进出口货物的安全交接，在整个运输过程中根据需要编制的各种单据。这些单据既把船、港、货各方联系在了一起，又便于分清各方的权利和义务。主要海运进出口单证有托运单、装货单、收货单、海运提单、装货清单、舱单、货物积载图、运费清单和提货单等。海运提单是承运人或其代理人签发给托运人的承运货物的收据，是承运人与托运人之间运输合同的证明，是处理承托双方权利和义务关系的主要依据，是货物所有权的凭证。海运提单可以按货物是否装船、运输方式、抬头（收货人）、有无批注、格式和商业习惯进行分类。海运提单必须按照一定的格式和要求缮制。

● 班轮运费是指班轮公司为运输货物而向货主收取的费用，是按照班轮运价表的规定计收的。班轮运价表一般包括说明及有关规定、货物等级表、航线费率表、附加费表、冷藏货及活牲畜费率表等。班轮运费由基本运费和附加费组成。班轮运费的计算应首先根据货物的英文名称，从货物等级表中查出该货物的计费等级及其计算标准，然后从航线费率表中查出该货物的基本费率，最后加上各项需要支付的附加费率，所得的总和就是该货物的单位运费。单位运费再乘以计费重量吨或尺码吨，即可得到该货物的运费总额。不定期船运费属于自由运费，它取决于能满足货物运输需求的船舱容量是过剩还是不足。程租船运费主要包括基本运费、装卸费、滞期费和速遣费等。

▲ 内容结构

本章内容结构如图3-4所示。

□ 主要概念和观念

▲ 主要概念

水路货物运输　港口　航线　航次　班轮运输　租船运输　海运进口货物运输业务　海运出口货物运输业务　海运进出口单证　海运提单　班轮运费　不定期船运费

▲ 主要观念

水路货物运输船舶营运方式　海运进出口货运组织　海运进出口单证　水路货物运费计算

```
                                    ┌─ 水路货物运输的概念和特点
                    ┌─ 水路货物运输概述 ─┼─ 水路货物运输的基本条件
                    │                   └─ 船舶航线和航次
                    │                   ┌─ 班轮运输
                    ├─ 船舶营运方式 ────┼─ 租船运输
      水           │                   └─ 水路货物运输方式的选择
      路           │                   ┌─ 海运进口货物运输业务
      货           ├─ 海运进出口货运组织 ┤
      物           │                   └─ 海运出口货物运输业务
      运           │                   ┌─ 主要海运进出口单证
      输           ├─ 海运进出口单证 ──┼─ 海运进出口单证的流转
      管           │                   └─ 海运提单
      理           │                   ┌─ 班轮运费的计算
                    └─ 水路货物运费计算 ─┤
                                        └─ 不定期船运费的计算
```

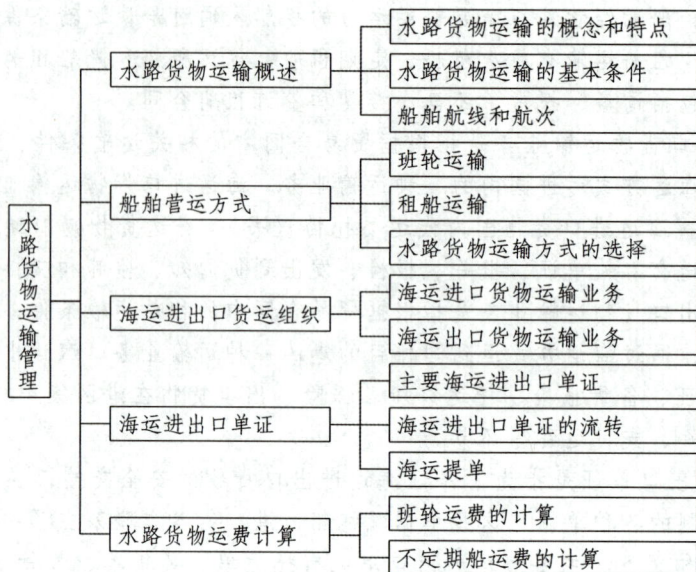

图3-4　本章内容结构

□ 重点实务和操作

▲ 重点实务

水路货物运输方式选择　海运进出口货物运输业务　班轮运输业务流程　提单缮制　租船业务流程　班轮运费计算

▲ 重点操作

海运进出口货运组织　海运进出口单证填写　水路货物运输费用计算

基本训练

□ 理论题

▲ 简答题

1）水路货物运输的含义是什么？水路货物运输有哪些特点？

2）水路货物运输的基本条件是什么？

3）简述常见班轮运输附加费的种类。

▲ 讨论题

1）比较说明海上货物运输不同于铁路货物运输的特点。

2）为什么说租船运输租金受市场的影响比较大？

3）在计算班轮运费时，为什么要计算附加费？

□ 实务题

▲ 规则复习

1）简述租船业务的流程。

2）简述班轮运输业务的内容。

3）简述班轮运输基本运费的计收标准。

▲ 业务解析

某医药进出口公司出口药材一批（非箱装）到美国，委托 A 货代公司进行相关出口货物的运输组织。A 货代公司应如何进行货物出口运输组织工作？

□ 案例题

▲ 案例分析

【相关案例】

韩国 STO 公司与新加坡丰益公司等
海上货物运输合同纠纷

背景与情境：2022 年 7 月，韩国 STO 公司所属 "STO AZALEA" 轮装载散装棕榈酸化油自马来西亚运往中国。提单载明托运人为新加坡丰益公司，收货人凭新加坡中向石油公司指示，通知方为华东中石油公司。提单正面载明租约并入提单，提单和租约均约定了仲裁条款。船舶抵达卸货港后，收货人拒绝提货。STO 公司向南京海事法院提起诉讼，诉请丰益公司、中向石油公司、华东中石油公司赔偿目的港无人提货造成的滞期费以及船舶营运损失。

资料来源 最高人民法院. 2022 年全国海事审判典型案例［EB/OL］.［2023-06-30］. https：//www.chinacourt.org/article/detail/2023/06/id/7374664.shtml.

问题：

1）丰益公司、中向石油公司、华东中石油公司是否应承担损失赔偿责任？

2）如果丰益公司、中向石油公司、华东中石油公司应承担损失赔偿责任，则是否应全额赔偿滞期费以及船舶营运损失？

3）STO 公司向南京海事法院提起诉讼是否合适？

【训练要求】

同第 1 章 "基本训练" 中本题型的 "训练要求"。

▲ 职业素养训练

【相关案例】

台州玉环海事处 "三大举措" 倾力服务港口贸易
持续助力航运产业发展

背景与情境：为锚定 "两个先行" 目标、落实 "八八战略" 任务要求，台州玉环海事处立足 "畅通道、重协调、保安全" 三大举措，全力保障海上物流供应链畅通高效，持续助力航运产业发展，努力当好交通运输保障 "先行官"。

一是立足民生畅通道，保障 "中远之星" 进出港航行安全。重大节假日期间为 "中远之星" 保驾护航，精心组织执法人员落实 "中远之星" 轮进港安全护航、航道清理、通关手续办理等工作，倾力保障台胞安全回家过节。2009 年至今，玉环大麦屿港已顺利运营台台直航航线 13 年，在长期营运中积累了丰富的直航经验，地方政府各部门、闽台轮渡公司、口岸单位通力合作，为海峡两岸交流合作提供了便利。

二是统筹兼顾重协调，助力大麦屿港开通 RCEP 国家直航新航线，保障 2023 年度 RCEP 首艘水果船安全靠泊。及时与码头、货主、代理等相关各方加强联系，及时准确掌握辖区船舶动态、气象信息、港口和引航工作情况，根据港口生产实际，指导航

运企业和码头公司合理安排船期和港口作业。第一时间开辟船舶进出口岸审批绿色通道，在严格审核把关的同时，加快船舶进出口岸手续办理的审核速度，保障相关船舶在港"零等待""零延误"。2023年3月，大麦屿开通了第二条对RCEP国家直航航线，实现了"从1到N"的新突破。2023年大麦屿港进口水果船达16艘次，总吨数超10万吨，进口价值突破50亿元。

三是"四化"引领保安全，保障集装箱、电煤等重点船舶水路运输安全通畅。通过浙江海上智控平台和"台海天网"实时关注辖区船舶动态信息，掌握船舶靠离泊状态，加大值班室对船舶动静态掌控力度。2023年一、二季度大麦屿港区集装箱作业量达26.59万标箱以上，与上年同期相比增长47.27%。为保障迎峰度夏，定期走访华能玉环电厂，主动及时了解电煤需求量和企业所需、困难所在；合理安排电煤船进出港和靠离泊计划，优化电煤船业务办理"绿色通道"，2023年1—6月大麦屿港区电煤运输量达532.96万吨，同比增长15.2%。

下一步，台州海事局将继续融入地方经济社会发展大局，深度围绕打造世界一流强港南翼枢纽战略目标，充分发挥海事担当，以高水平监管、高质量服务助力大麦屿港对外开放和台州海洋经济发展再上新台阶。

资料来源　台州海事局. 台州玉环海事处"三大举措"倾力服务港口贸易 持续助力航运产业发展［EB/OL］.［2023-07-18］. https://www.zj.msa.gov.cn/TZ/tzmsa/hsyw/202307/t20230718_729034.html.

问题：

1）玉环海事处"三大举措"体现了哪些服务意识？

2）结合案例材料讨论，航运从业者应如何参与航运业的高质量发展？

【训练要求】

同第1章"基本训练"中本题型的"训练要求"。

□ 实训题

【实训目的】

水路货物运输管理技能训练。

【情境设计】

将学生分成若干实训团队，各团队分别选择一家具备国际海运货代业务资质的物流公司、货代公司（或本校专业实训基地，或毕业生创业团队），从"'水路货物运输管理'技能应用"视角，参与企业该项目的运作，撰写《×××公司×××货物海运出口/进口运输组织方案》。

【组织形式】

1）以小组为单位组成水路货物运输管理团队。

2）各水路货物运输管理团队结合实训任务进行恰当的角色分工，确保组织合理和每位成员的积极参与。

【训练要求】

同第1章"基本训练"中本题型的"训练要求"。

【成果形式】

训练课业：《×××公司×××货物海运出口/进口运输组织方案》。

课业要求：

1）"实训课业"的结构与体例参照本教材"课业范例"中的范例-3。

2）将《×××公司×××货物海运出口/进口运输组织方案》。以"附件"形式附于《训练报告》之后。

3）在校园网平台上展示经过教师点评的班级优秀《训练报告》，并将其纳入本课程的教学资源库。

⟹ 单元考核 ⟹

考核评价要求：同第1章"单元考核"的"考核评价要求"。

第4章
铁路货物运输管理

● 学习目标

引例 积极推动铁路货运向现代物流转型
发展

4.1 铁路货物运输概述

4.2 铁路货物运输方式

4.3 铁路货物运输组织

4.4 铁路货物运费计算

● 本章概要

● 基本训练

● 单元考核

学习目标

知识目标：

•掌握铁路货物运输的概念、条件及特点；

•熟悉铁路货物运输组织方式；

•熟悉铁路货物运输的组织流程和业务工作内容；

•掌握铁路货物运输运费计算方法。

能力目标：

•能根据托运人的托运请求进行铁路货物运输组织；

•会进行铁路货物运输方式的选择；

•会计算铁路货物运输的运费；

•会进行铁路货物运输单证的缮制；

•会计算铁路货物运到期限。

素质目标：

•培养团队合作、诚信从业的铁路货物运输职业理想和职业操守；

•培育立足当下、着眼未来的思想品质；

•树立遵纪守法、遵守各种铁路货物运输法律法规的正确态度。

引例　积极推动铁路货运向现代物流转型发展

背景与情境： 中国国家铁路集团有限公司坚决贯彻落实党中央、国务院决策部署，全力确保电煤、粮食等关系国计民生的重点物资运输，积极推动铁路货运向现代物流转型发展，为国民经济平稳运行和人民群众生产生活提供了有力支撑。

一是货运能力持续扩充。2023年1—9月，国家铁路日均装车完成17.66万车，保持高位运行。落实"一港一策""一企一策"，积极推动"公转铁"运输，增加铁路运量，全国主要港口铁路疏港日均装车3.15万车、同比增长5.8%，矿石日均装车2.81万车，同比增长2.2%。加大电煤保供力度，国家铁路发送电煤11.35亿吨，截至9月底，全国371家铁路直供电厂存煤可耗天数保持在37天以上。

二是国际联运提质增效。中欧班列门户网站成功上线，进一步提升中欧班列服务品质和效率。2023年1—9月，中欧班列累计开行1.3万列、发送货物142万标准箱，同比增长7%、20%；西部陆海新通道海铁联运集装箱累计发送货物63.3万标准箱，同比增长14.2%；中老铁路累计运输跨境货物355万吨，同比增长143%。

三是货运产品优化完善。2023年1—9月，国家铁路集装箱发送2 429万标准箱，同比增长5.7%，铁水联运完成945万标箱，同比增长10.3%。推进铁路物流产品开发和物流装备创新，三季度增开24条跨铁路局直通快运班列，总数达到302列，成功开行整列高铁快运动车组、50英尺集装箱铁路多联快车、35吨宽体集装箱铁海快线，货物运输时效和综合物流成本不断压缩，更好地满足了客户多样化运输需求。推进铁路物流场站升级，建成了21个智能化集装箱场站，提升了铁路物流智能化数字化水平。

下一步，国铁集团将以加快建设铁路现代物流体系为引领，密切关注市场需求变化，优质高效服务各类市场主体，精心组织迎峰度冬发电供暖用煤保供行动，为服务国家战略、促进经济发展、保障民生需求多做贡献。

资料来源　中国国家铁路集团有限公司．积极推动铁路货运向现代物流转型发展［EB/OL］．［2023-10-23］．http://www.china-railway.com.cn/xwzx/ywsl/202310/t20231023_131000.html.

从引例可见，铁路运输为经济社会的发展提供了坚强的保障，是国民经济的大动脉和发展的基础，在综合运输体系中起着重要作用。现代化铁路运输服务体系，服务和支撑中国式现代化建设，为推动经济运行持续整体好转做出铁路部门的贡献。

学习微平台

同步链接 4-1

4.1　铁路货物运输概述

4.1.1　铁路货物运输的概念

铁路货物运输是指利用铁路设施、设备运送货物的一种运输方式。铁路运输在国家交通运输体系中起骨干作用，铁路货物运输在全社会大宗货物运输和中长距离运输中一直保持着传统的优势地位。

4.1.2　铁路货物运输的基本条件

1）铁路线路

铁路线路是铁路列车运行的基础，起着承受列车巨大质量、引导列车运行方向的作用。铁路线路是由路基、桥隧建筑物和轨道三大部分组成的一个整体工程结构。

2）运载工具

（1）铁路机车。铁路机车是牵引客、货列车和在车站进行调车作业的基本动力，其本身不载货物。按用途的不同，铁路机车可分为速度较高的客运机车、牵引力较大的货运机车和机动灵活的调车机车。按原动力的不同，铁路机车可分为蒸汽机车、内燃机车以及电力机车。

（2）铁路车辆。铁路车辆是运送货物的工具，它本身没有动力装置，铁路车辆必须由机车牵引，才能在线路上运行。铁路车辆可分为客车和货车两大类。铁路货车的种类很多，按照用途或车型的不同，可分为通用货车和专用货车两大类。

3）货运站

专门办理货物装卸作业的车站，以及专门办理货物联运或换装的车站，均称为货运站。货运站的主要作业有运转作业和货运作业。有的货运站还有机车整备作业、车辆洗刷消毒作业、冷藏车的加冰作业，以及少量的客运作业。运转作业是货运站的技术作业过程，组织好货运作业是货运站工作的核心。

4）铁路运输货物

按照运输条件的不同，铁路运输货物可分为普通货物和特殊货物。普通货物是指在铁路运输过程中，按一般条件办理的货物，如煤、粮食、木材、钢材、矿产等。特殊货物是指超长、集重、超限货物以及危险货物和鲜活易腐货物等需要特殊运输条件的货物。

超长货物是指一件货物的长度超过所装平车的长度，需要使用游车或跨装运输的货物；集重货物是指一件货物装车后，其重量不是均匀分布在车辆的底板上，而是集中在底板的一小部分上的货物；超限货物是指一件货物装车后，车辆在平直的线路上停留时，货物的高度和宽度有任何部分超过机车车辆限界的，或者货车行经半径为300米的铁路线路曲线时，货物的内侧或外侧的计算宽度超过机车车辆限界的，以及超过特定区段的装载限界的货物。

危险货物是指具有易爆、易燃、毒蚀、放射性等特性，在运输、装卸和储存保管过程中，容易造成人身伤亡和财产毁损而需要特殊防护的货物。

鲜活易腐货物是指在铁路运输过程中需要采取制冷、加温、保温、通风、上水等特殊措施，以防止腐烂变质或死亡的货物，以及其他托运人认为必须按鲜活易腐货物运输条件办理的货物。鲜活易腐货物分为易腐货物和活动物两大类。易腐货物主要包括肉、鱼、蛋、奶、鲜水果、鲜蔬菜、鲜活植物等；活动物主要包括禽、畜、蜜蜂、活鱼、鱼苗等。

同步思考4-1

背景资料：2022年交通运输行业发展统计公报中运输服务统计资料（截取部分）显示。2022年全年完成营业性货运量506.63亿吨，比上年下降3.1%，完成货物周转量226 160.96亿吨千米，增长3.4%。2022年营业性货物运输量构成如图4-1

所示。

图4-1　2022年营业性货物运输量构成（按运输方式分）

①铁路

全年完成货运总发送量49.84亿吨，比上年增长4.4%，完成货运总周转量35 945.69亿吨千米，增长8.1%。

②公路

全年完成营业性货运量371.19亿吨，比上年下降5.5%，完成货物周转量68 958.04亿吨千米、下降1.2%。

③水路

全年完成营业性货运量85.54亿吨，比上年增长3.8%，完成货物周转量121 003.14亿吨千米，增长4.7%。其中，内河货运量44.02亿吨，增长5.1%，内河货物周转量19 025.73亿吨千米，增长7.3%；海洋货运量41.51亿吨，增长2.5%，海洋货物周转量101 977.41亿吨千米，增长4.2%。

④民航

全年完成货邮运输量607.6万吨，比上年下降17.0%，完成货邮周转量254.10亿吨千米，下降8.7%。

问题：从2022年营业性货物运输量构成中，思考铁路货运在国民经济中的地位，以及铁路货运的适用条件。

理解要点：铁路货物量占比9.8%，公路货运量占比73.3%，说明铁路货运的主要特点是大宗、低值、散货，其也是国民经济中不可或缺的一部分。从货运周转量上看铁路货运周转量占比达到15.9%，说明铁路货运适合长距离运输。

4.1.3　铁路货物运输的计数单位

"一批"是铁路货物运输的计数单位，铁路承运货物和计算运输费用等均以"批"为单位。按一批次托运的货物，其托运人、收货人、发站、到站和装卸地点必须相同。由于货物性质、运输的方式和要求不同，因此下列货物不能同一批次进行运输：易腐货物和非易腐货物；危险货物和非危险货物；投保运输险的货物和未投保运输险的货物；按保价运输的货物和不按保价运输的货物；运输条件不同的货物。

对于不能同一批次运输的货物，在特殊情况下，若不致影响货物安全、运输组织和赔偿责任的确定，经铁路有关部门认可也可按一批次运输。

4.2　铁路货物运输方式

4.2.1　铁路整车货物运输

凡一批货物的重量、性质、体积、形状需要一辆或一辆以上铁路货车装运（用集装箱装运除外）的，为**铁路整车货物运输**。

1）铁路整车货物运输的条件

（1）整车货物每车为一批。

（2）货物的重量与体积条件。我国现有的货车以棚车、敞车、平车和罐车为主，标记载重量（简称标重）大多为50吨和60吨，棚车容积在100立方米以上，达到这个重量或容积条件的货物，即应按整车运输。

（3）货物的性质与形状条件。有些货物虽然其重量、体积不够一车，但从性质与形状条件考虑，如果需要单独使用一辆货车，则也应按整车运输。

2）铁路整车货物的重量

铁路运输的货物除一件重量超过车站衡器最大称量的货物外，其他均由承运人确定重量。

3）铁路整车货物的承运

整车货物装车完毕后，自发站在货物运单上加盖车站日期戳时起，即为承运。承运意味着货物运输合同开始生效，它表示铁路开始对所承运的货物承担运输责任，同时要保证货物状态完整。

4）限按整车运输的货物

有些货物由于性质特殊，或在运输途中需要特殊照料，或受铁路设备条件限制，即使数量不够整车运输，也不能按零担托运（特准者除外）。这些货物主要包括：

（1）需要冷藏、保温或加温运输的货物。

（2）规定限按整车办理的危险货物，主要指起爆器材、炸药和爆炸性药品（装入爆炸品保险箱的除外），重量超过1吨的放射性包装件等。

（3）容易污染其他货物的污秽品，如未经过消毒处理或未使用密封不漏包装的牲骨、湿毛皮、粪便等。

（4）蜜蜂。

（5）不易计算件数的货物。

（6）未装容器的活动物，但根据规定在管段内可按零担货物运输的除外。

（7）一件重量超过2吨，或者体积超过3立方米或长度超过9米的零担货物，经发站确认不致影响中转站和到站装卸车作业的除外。

4.2.2　铁路零担货物运输

凡一批货物的重量、体积或形状不够整车运输条件的，除可使用集装箱运输外，**均按铁路零担货物运输**。零担货物单件体积最小不得小于0.02立方米（单件货物重量在10千克以上的除外），每批货物的件数不得超过300件。

为满足运输市场需求，零散货物快运业务应运而生。零散货物快运适用于重量不足40吨且体积不足80立方米的货物，但以下货物除外：散堆装货物；危险货物，超限、超重和超长货物；活动物及需冷藏、保温运输的易腐货物；易于污染其他货物的污秽货物；军运、国际联运、需在米轨与准轨换装运输的货物；在专用线（专用铁路）装卸车的货物；煤（01）、石油（02）、焦炭（03）、金属矿石（04）、钢铁（05）、非金属矿石（06）、磷矿石（07）等七个大宗货物品类，以及棚车以外车辆装运的货物；国家法律法规明令禁止运输的货物；其他不宜作为零散货物运输的货物。

4.2.3 铁路集装箱运输

集装箱运输具有标准化程度高、装卸作业快、货物安全性好、交接方便等技术优势，是铁水联运、国际联运、内陆铁公联运等多式联运的主要方式。

1）集装箱的定义

集装箱是指具备下列条件的运输设备：

（1）具有足够的强度，可长期反复使用；

（2）适于多种运输方式运送，途中无须倒装货物；

（3）设有供快速装卸的设施，便于从一种运输方式转移到另一种运输方式；

（4）便于箱内货物装满和卸空；

（5）容积不小于1立方米。

"集装箱"这一术语不包括车辆和一般包装。

2）集装箱的分类

铁路运输的集装箱有多种分类方法。

（1）按规格尺寸的不同，集装箱可分为20英尺箱、40英尺箱、45英尺箱以及经批准运输的其他长度的集装箱。

（2）按箱主的不同，集装箱可分为铁路箱和自备箱，其中铁路箱是承运人提供的集装箱，自备箱是托运人自有或租用的集装箱。

（3）按所装货物种类和箱体结构的不同，集装箱可分为普通货物箱和特种货物箱。普通货物箱包括通用箱和专用箱，专用箱包括封闭式通风箱、敞顶箱、台架箱和平台箱等；特种货物箱包括保温箱、罐式箱、干散货箱和按货物种类命名的集装箱等。

3）铁路集装箱运输的基本条件

（1）集装箱应在规定的集装箱办理站之间运输。

（2）集装箱货物按一批办理的条件是：每批必须是同一吨位的集装箱；每批至少一箱，最多不超过一辆货车所能装运的箱数；铁路箱与自备箱一般不能按一批办理。

（3）适箱货物应采用集装箱装运；易于污染和腐蚀箱体的货物、易于损坏箱体的货物、鲜活易腐货物、危险货物禁止使用通用箱装运。

（4）托运的集装箱，单箱总重不得超过其标记总重，且不得超过发站和到站的集装箱起重能力，在车上直接装卸货物的特种货物箱、专用箱等除外。

（5）集装箱的施封和拆封由托运人和收货人负责。

业务链接4-1

中欧班列累计开行超7.3万列　通达欧洲25个国家

记者从中国国家铁路集团有限公司（以下简称"国铁集团"）获悉，截至2023年6月，中欧班列历年累计开行超过7.3万列，运输货物达690万标箱，通达欧洲25个国家的216个城市。

国铁集团充分发挥中欧班列战略通道作用，与沿线国家铁路部门加强合作，提升运输能力和服务品质，积极推动中欧班列高质量发展，有力保障了国际产业链供应链稳定畅通，为畅通国内国际双循环、促进沿线国家经济社会发展、服务高质量共建"一带一路"注入了强劲动能。

下一步，国铁集团将坚持共商共建共享原则，加强国际铁路合作，共同巩固提升中欧班列良好发展态势，为推动共建"一带一路"高质量发展做出更大贡献。

资料来源　唐佳蕾. 中欧班列累计开行超7.3万列　通达欧洲25个国家［EB/OL］.［2023-07-06］. http://www.chinawuliu.com.cn/zixun/202307/06/610528.shtml.

4.3　铁路货物运输组织

4.3.1　铁路货物运输的流程

铁路货物运输主要分为整车货物运输、零担货物运输和集装箱运输三种。整车货物运输流程如图4-2所示，零担货物、集装箱运输流程如图4-3所示。

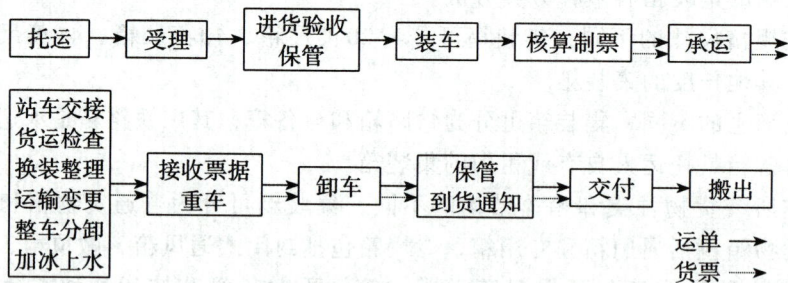

图4-2　整车货物运输流程

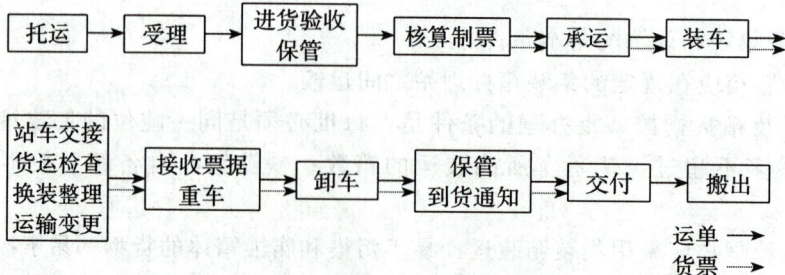

图4-3　零担货物、集装箱运输流程

深度剖析4-1

问题：发展铁路智慧物流有何对策？

解析与讨论：随着"互联网+"的发展，智能化和信息化技术在生产与物流中快速普及应用，所有核心环节将变得更加"智慧"。首先需要明确发展铁路智慧物流，使得铁路运输企业能够根据市场的变化情况，提供更加方便、快速、绿色、实惠的运输服务，这是国家、社会对铁路提出的期望要求，是铁路运输企业真正走向市场、实现自身可持续发展的需要。其次从铁路物流组织的全过程去思考铁路智慧物流可以在哪些方面体现，从中提炼出促进其发展的相关对策。

4.3.2　铁路货物运输合同的签订

1）铁路货物运输合同

铁路货物运输合同是指托运人利用铁路运输货物，与铁路承运人确定有关货物运输的权利、义务和经济责任关系的协议。铁路货物运输合同的当事人是承运人、托运人与收货人；铁路货物运输合同的签订者是承运人和托运人。

托运人利用铁路运输货物，应与承运人签订货物运输合同。大宗物资的运输，有条件的可按年度、半年度或季度签订运输合同，也可以签订更长期限的运输合同；其他整车货物运输，应按月签订运输合同。零担货物和集装箱货物运输，以货物运单作为运输合同。

货物运单，简称运单，是承运人与托运人之间为了运输货物而签订的一种运输合同，它体现了货物运输过程中承、托双方的权利、义务和责任，双方都应对所填记的内容负责。

货物运单也是铁路收取货物运输费用的结算单据之一，由带编号的第1~6联和不带编号的第7联组成。

货物运单各联的作用如下：

第1联，发站存查联（背书）；

第2联，收款人报告联；

第3联，托运人存查联（背书）；

第4联，到站存查联；

第5联，收货人存查联；

第6联，领货凭证联（背书）。

第7联，不带号码的需求联。

2）货物运单的填制

货物运单由托运人和承运人共同填写。承、托双方应按规定正确、完整填写货物运单，并对所填写的内容负责。货物运单的内容有更改时，属于托运人填写事项，应由托运人盖章证明；属于承运人记载事项，应由车站加盖站名戳记。

为了分清承运人与托运人之间的责任，承运人对托运人填写的事项，除承运后变更到站或收货人时，由处理站根据托运人提出的货物变更要求代为更正"到站（局）"

和"收货人"及其相关栏填记的内容，并加盖站名戳记外，其余项目均不得更改。

深度剖析4-2

背景资料：自2016年3月霍尔果斯站开行首趟中欧班列以来，经由这里进出境的中欧班列逐年增多，形成了"连通境内外，辐射东中西"的国际物流贸易通道线路。截至2023年8月1日，累计开行班列30 000列，班列开行数量位居铁路口岸第一，成为全国关注、世界瞩目的铁路口岸。

问题：霍尔果斯站这个铁路口岸为何令世界瞩目？霍尔果斯站如何发挥其国际联运大通道优势？

解析与讨论：

第一，从霍尔果斯站的地理位置分析其口岸优势，了解中欧班列的货源组织方式有哪些，分析霍尔果斯站货源组织的特点，霍尔果斯站的具体做法。

第二，从铁路货源组织、铁路货运作业流程各环节入手，结合信息化及其他铁路新技术应用等方面，探讨霍尔果斯站进一步发展的保障方法。

4.3.3 货物发送作业

货物发送作业包括：托运人向承运人的发站申报运输要求、提交货物运单、进货、交费、与发站共同完成承运手续；发站受理托运人的运输要求，审查货物运单，验收货物及其运输包装，填制货物运输票据，核收运输费用，在货物运单上加盖发站的日期戳，组织装车；货车、集装箱的施封等。

1）货物的托运与受理

托运人向承运人提交货物运单（需求联）和提出运输要求，称为货物的托运。所托运的货物应符合一批的要求，托运人向车站按批提交货物运单（需求联）一份，且货物已准备就绪，随时可以移交承运人。

车站对托运人提交的货物运单（需求联），经审查符合运输要求，并签上货物搬入或装车日期后，即为受理。

业务链接4-2

托运货物的基本要求

（1）对于按一批托运的货物，当货物名称超过一个或货物为混装货物时，托运人应填记物品清单。

（2）托运人应对其在货物运单和物品清单内所填记事项的真实性负完全责任，匿报、错报货物品名、重量时应按照规定支付违约金。

（3）托运人托运易腐货物，应在货物运单的"货物名称"栏内填记货物名称，并在"托运人记载事项"栏内注明易腐货物允许运输期限。托运需要检疫运输的易腐货物时，应按国家有关规定提供检疫证明。

（4）托运人托运危险货物时，应当如实提交相关证明，在货物运单的"货物名称"栏内填写危险货物的品名汉字及代码，并在运单的右上角用红色戳记标明类项。

（5）托运的鲜活货物必须质量良好，无残病，包装适合货物性质并能保证铁路运输安全。

2）进货与验货

进货是指托运人凭车站签证后的货物运单，按指定日期将货物搬入货场指定的货位。

验货即进货验收，旨在保证货物运输的安全、完整以及划清承运人与托运人之间的责任。验货的内容主要有以下几项：货物的名称、件数、重量是否与货物运单的记载相符；货物的状态是否良好；货物的运输包装和标记及加固材料是否符合规定；货物的标记（货签）是否齐全、正确；装载整车货物所需要的货车装备物品或加固材料是否齐备。

职业素养 4-1

看开放共享，新通道赋能双循环

背景与情境："这条新通道把中国和东盟国家的货物运输连接起来，有力促进了经贸往来和经济发展。"6 月中旬，在结束"东盟伙伴看中国式现代化"采访后，越南 SOHA 网国际部总监武春海把感触写进新闻报道中。

2023 年是"一带一路"倡议提出的 10 周年，也是中国–东盟建立战略伙伴关系 20 周年。东盟国家 18 家媒体的记者在八桂大地的行进式采访中，钦州是一个重要看点。

南来北往、优势互补，支撑"大循环"。内蒙古、陕西的煤炭运至重庆等地保障能源安全，青海的纯碱运至广西支持玻璃产业，广西的玻璃运至川渝助力汽车生产，北方的粮食从钦州港上岸后乘班列运往西南地区……区域协同发展和多层次开放格局加快形成。

卖全球、买全球，促进"双循环"。新疆哈密瓜、西藏牛肉干、陕西橡胶轮胎等"中国味道""中国制造"拥抱世界，成为当地新的外贸增长点；越南百香果、马来西亚燕窝等"海外美食"飞入寻常百姓家，为高品质生活添彩……国内国际两个市场两种资源联动效应逐渐增强。

新通道迎来新机遇。2023 年 6 月 2 日，区域全面经济伙伴关系协定（RCEP）对 15 个签署国全面生效，沿线辐射地区享受到最低成本、最高效率参与国际贸易的红利，西部陆海新通道运量将明显攀升。

新通道再绘新版图。海铁联运班列与中欧班列"无缝衔接"，形成"一带一路"经中国西部地区的完整环线。2022 年以来，又有泰国林查班、缅甸仰光、印度孟买、哈萨克斯坦阿拉木图等近 10 个城市搭上西部陆海新通道快车。

截至 2023 年上半年，西部陆海新通道海铁联运班列累计运输货物 42.4 万标箱，同比增长 10.5%，辐射我国 17 个省区市 115 个站点，通达全球 119 个国家和地区的 393 个港口。

生机勃勃的西部陆海新通道，折射出我国经济韧性强、潜力大、活力足的特质。与时代偕行，西部陆海新通道更精彩的故事还在书写……

资料来源　国铁集团. 潮涌北部湾：从"桥头堡"看新通道 [EB/OL].［2023-07-20］. https://ec.95306.cn/info-detail-news? id=A0000203953.

问题：西部陆海新通道开行的海铁联运班列，涉及海运、铁路、港口等多个环节，如何优化服务、提升效率？

研判提示：需要铁路人具有开拓创新精神，提升硬实力，促进吸引力竞争力提升。实际中西部陆海新通道也是这样做的：铁路枢纽"连"起来！钦州港东站接轨钦州铁路集装箱中心站，紧挨钦州港大榄坪集装箱泊位群。车站聚焦企业需求，加强协调联动，破除难点、堵点、痛点。智能场站"快"起来！从门吊起升走行到堆场内箱位整理，钦州铁路集装箱中心站全部实现自动化作业，货运"最后一公里"的作业效率比之前提高2倍以上。港口码头"强"起来！钦州港建成20万吨级航道、30万吨级油码头、自动化集装箱码头等重大项目，集装箱航线达60余条，货物吞吐量连续3年破亿吨。

3）核算制票

整车货物装车后（零担货物过秤完毕、集装箱货物装箱后），车站应在电子货运票据管理系统（以下简称货票系统）中检索"已装车"的整车运单，"已进站"的集装箱运单，调取相关信息，根据电子运单内容录入相关事项。

信息核对完成后，计算运输费用，生成带号码的货物运单，打印货物运单的发站存查联、收款人报告联、托运人存查联、到站存查联、领货凭证联（客户需要纸质领货凭证的，其样式如图4-4所示），作为运输合同正本和副本。发站存查联、托运人存查联、领货凭证联背面应有托运人、收货人须知及货物托运安全承诺书（危险货物和按普通货物办理的危险货物应使用危险货物背书）。剧毒品运输使用黄色纸张打印运单。电子运单状态变为"已制票"。

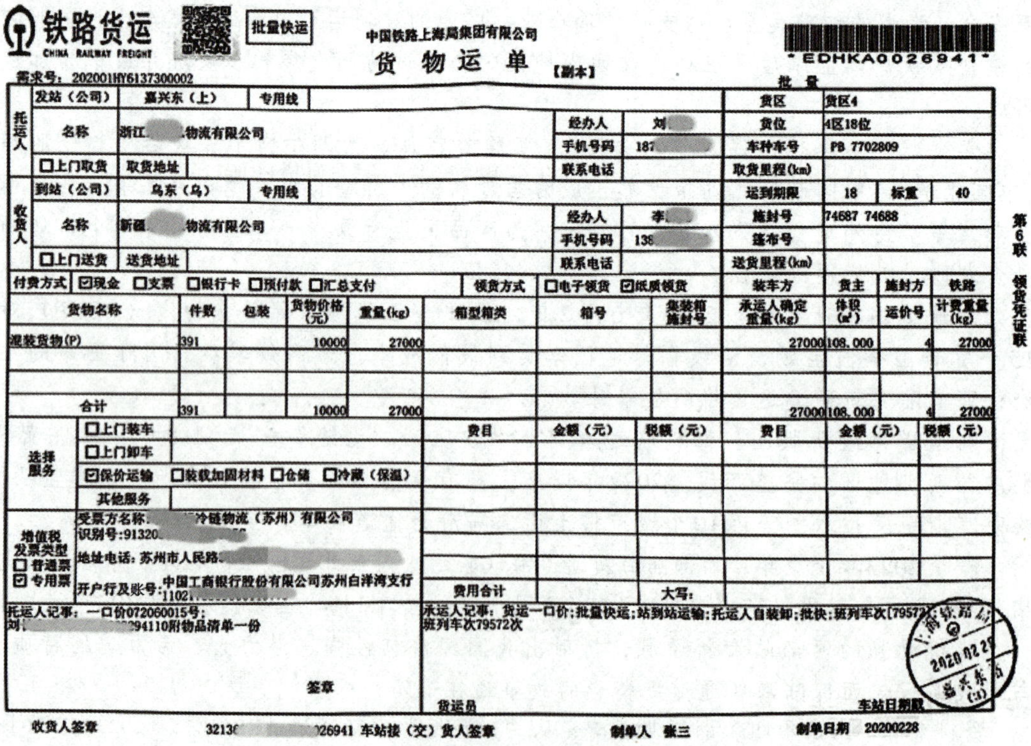

图4-4 货物运单（第6联领货凭证联）

4） 货物的承运

车站应在打印出的运单各联上加盖车站日期戳。托运人在发站存查联正反面（背面在安全承诺书处）签章。发站留存发站存查联，托运人存查联和领货凭证联交托运人，收款人报告联上报铁路局集团公司，到站存查联随车传递至到站。

有物品清单的，车站应打印物品清单一式三份，一份由车站交托运人签章后与运单发站存查联合订留存，一份交托运人，一份随车传递至到站。

4.3.4　货物途中作业

1） 货运合同的变更

货运合同的变更包括变更到站和变更收货人两种。铁路是按计划运输货物的，货运合同变更必然会给铁路运输工作的正常秩序带来一定的影响。所以，在下列情况下，承运人不受理货运合同的变更：违反国家法律、行政法规；违反物资流向；违反运输限制；运送蜜蜂；变更到站后的货物运到期限超过允许运到期限；变更一批货物中的一部分；第二次变更到站的货物。零散货物快运不办理变更到站。

2） 货运合同的解除

整车货物和大型集装箱在承运后、挂运前，零担货物和其他类型集装箱货物在承运后、装车前，托运人可向发站提出取消托运，经承运人同意，货运合同即告解除。承运人按照托运人的请求取消托运后，不再负有向原收货人交付货物的义务，并且对收货人没有告知的义务。解除合同后，发站退还全部运费与押运人乘车费，但特种车使用费和冷藏车回运费不退还。

3） 货运合同变更和解除的处理

托运人或收货人要求变更或解除合同时，应将运单托运人存查联、"货物运输合同变更要求书"交变更处理站。凭纸质领货凭证联领货的，还应将领货凭证联一并交变更处理站；办理电子领货凭证的，应在变更处理站验证领货密码。

变更到站时，变更处理站应报铁路局集团公司同意后方可受理；不能受理时，应在"货物运输合同变更要求书"上注明原因，加盖车站日期戳，由受理人员签字后留存。

变更到站受理后，变更处理站应在货票系统中调取电子运单；在运单托运人存查联、到站存查联和纸质领货凭证联上修改相关信息，加盖车站日期戳或带有站名的名章；托运人存查联和纸质领货凭证联退还托运人，到站存查联随车继运至新到站。办理电子领货凭证的，应由托运人现场录入领货密码验证领货凭证联，同时打印领货凭证联，由托运人签章后留存；变更处理站录入"货物运输合同变更要求书"，由托运人重新设置领货密码，录入电子运单。

4） 货物运到期限

货物运到期限，是指铁路在现有技术设备条件和运输工作组织水平的基础上，根据货物运输种类和运输条件，将货物由发站运至到站而规定的最长运输限定天数。

（1）货物运到期限的计算。货物运到期限按日计算，起码日数为 3 天，即计算出的运到期限不足3天时，按3天计算。运到期限由下述三部分组成：

① 货物发送期间（$T_发$）。货物发送期间是指车站完成货物发送作业的时间，即发站从货物承运到挂出的时间，一般为1天。

② 货物运输期间（$T_运$）。货物运输期间是指货物在途中的运输天数。每250运价千米或其未满按1天计，按快运办理的整车货物每500运价千米或其未满按1天计。

③ 特殊作业时间（$T_特$）。特殊作业时间是指为某些货物在运输途中进行作业所规定的时间。具体规定如下：需要中途加冰的货物，每加冰1次，另加1天；运价里程超过250千米的零担货物和1吨、5吨型集装箱另加2天，超过1 000千米加3天；一件重量超过2吨，或者体积超过3立方米或长度超过9米的零担货物另加2天；整车分卸货物，每增加一个分卸站，另加1天；需要上门装、卸货物，各另加1天；需要门到发站、到站到门接取货物，各另加1天。

若运到期限用T表示，则：

$$T=T_发+T_运+T_特 \tag{4.1}$$

（2）货物实际运到日数的计算。货物实际运到日数按日计算，起码日数为3天，从承运货物的次日起算；指定装车日期的，从指定装车日期的次日起算。到站由铁路组织卸车的货物，终止时间计算到卸车完了时刻；由收货人组织卸车的货物，终止时间计算到货车到达卸车地点或交接地点时刻。

同步案例4-1

货物运到期限

背景与情境：徐州北站于3月5日收到发往金华站的集装箱（5吨箱3箱、10吨箱2箱），并于3月7日18点装车完毕，徐州至金华的运价里程为1 021千米。

问题：这5箱货物能否按一批办理？运到期限是多少天？这5箱货物必须在几月几日前卸车完毕，才没有违约？

分析提示：使用集装箱运输的货物，每批必须是同一箱型，至少1箱，最多不得超过铁路货车所能装运的箱数。特殊作业时间中，运价里程超过1 000千米的5吨集装箱货物运到日数另加3天。因此，运到期限的计算如下：

$$T=T_发+T_运+T_特=1+5+3=9（天）$$

货物实际运到日数从承运货物的次日起算，指定装车日期的，从指定装车日期的次日起算。从本案例可知，集装箱于3月7日装车完毕，也即指定装车日是3月7日，因此运到期限从3月8日起算至3月16日终止，即应在3月16日前将货物卸车完毕才没有违约。

（3）运到逾期违约金。货物实际运到日数超过规定的运到期限时，铁路应按所收运费的百分比向收货人支付违约金。

（4）不支付逾期违约金的货物。对于超限的货物、限速运行的货物和免费运输的货物，铁路不支付逾期违约金。从铁路发出催领通知的次日起（不能实行催领通知或会同收货人卸车的货物为卸车的次日起），如果收货人于 2 日内未将货物领出，则失去要求铁路支付逾期违约金的权利。

4.3.5　货物到达作业

货物到达作业是指货物在到站进行的货运作业，包括到站货物查询、交费收费、货物交付、交单等与收货人共同完成的交付手续。另外，到达列车乘务员与到站人员进行的货物交接，也属于到达作业。

货物在运输途中发生的费用（如包装整修费、托运人责任的整理或换装费等）和到站发生的杂费，应由收货人在到站支付。

所有费用结清，货运员向收货人点交货物完毕后，在运单上加盖"货物交讫"戳记，并记载交付完毕的时间。

在实行整车货物交付前保管的车站，货物交付完毕后，如果收货人不能在当日将货物全批撤出车站，对其剩余部分，按件数和重量承运的货物，可按件数点交给车站保管，只按重量承运的货物，可向车站声明。

教学互动 4-1

互动问题：

1）铁路货运进行了改革，其中一项改革是构建"门到门"接取送达网络，铁路货运的这项改革是想解决什么问题？目标是什么？

2）铁路货运要提升服务质量，可以从哪些方面展开？

要求：同"教学互动 1-1"的"要求"。

4.3.6　货运事故及赔偿

货物在铁路运输过程中发生火灾、被盗、丢失、损坏、变质、污染等情况，给货物造成损失及误运送、误交付等严重办理差错，在铁路内部均属于货运事故。

发生或发现货运事故时，车站应在当日按批编制货运记录，记录有关情况。货物发生损坏或部分丢失，不能判明事故发生的原因或损坏程度时，承运人应与收货人或托运人协商，也可邀请鉴定人进行鉴定，按鉴定结果编制货运事故鉴定书。

货运事故发生后，处理单位应通知有关各方组织调查分析，确定货物损失事故原因和事故责任单位，并根据有关规定做出赔偿处理。

承运人自承运货物时起到将货物交付时止，对货物发生的灭失、短少、变质、污染、损坏承担赔偿责任。下列原因造成的损失，承运人不承担赔偿责任：

① 不可抗力；

② 货物本身的自然属性、合理损耗；

③ 托运人、收货人、押运人的过错。

由于托运人、收货人的责任或押运人的过错，给铁路运输工具、设备或第三者的货物造成损失时，托运人、收货人、押运人应负赔偿责任。

同步案例 4-2

什么是保价运输，麻城火车站的事例来了

背景与情境："贵公司只需花费 120 元钱为发运的 60 吨化肥办理保价运输业务，一旦发生货物损失，每吨可以获得赔付 1 000 元。"近日，麻城车务段货运服务团队，在走访湖北祥云（集团）化工股份有限公司时宣传铁路货物保价运输政策时说。

为切实维护化肥生产企业的利益，提升铁路运输信誉，该段以提升保价运输服务质量为切入点，高度重视客户需求，积极宣传因铁路承运人责任造成货物损失时铁路保价的有关规定、保价补偿范围、补偿程序、补偿金额的计算方法等，给货主吃下优质售后服务这颗"定心丸"。

为吸引更多企业放心选择铁路运输，他们结合季节性特点和货物运输特点，设身处地为货主着想，采取有效的安全防范措施，对化肥、粮食、纸浆、牛奶等不同品类货物运输进行重点盯控。

为进一步提高保价运输服务质量，他们将理赔须知、理赔流程等信息及时张贴在货运营业厅的醒目位置。随着网上理赔业务的推出，办理投保理赔手续变得更加方便。

他们打造麻城站标准化理赔安全室，全面推广货物保价运输好的做法，进一步完善作业方案，维护客户既有利益，减少货物损失，提高货物保价运输服务质量和安全管理水平。

先对外赔付，后划分内部责任。他们始终坚持这一保价运输原则，实现从"能服务"到"服务好"的转变，进一步扩大铁路保价运输的社会影响力和认可度，不断提升货主主动参加铁路保价运输意愿，实现铁路保价运输更好服务发展。

资料来源　周凯，叶影. 什么是保价运输，麻城火车站的事例来了［EB/OL］.［2023-05-21］. https：//m.thepaper.cn/baijiahao_23171181.

学习微平台

延伸阅读 4-1

问题："保价"对铁路货运客户有哪些好处？

分析提示：在保价运输中，货物全部灭失的，按货物保价声明价格赔偿；货物部分毁损或灭失的，按实际损失赔偿；货物实际损失高于声明价格的，按声明价格赔偿；货物能修复的，按修理费加维修取送费赔偿。

4.4　铁路货物运费计算

4.4.1　运费计算程序

运费一般由货物运输组织形式、货物的种类、货物的计费重量及货物的运输距离等因素决定。铁路货物运费由发到基价和运行基价两部分组成，铁路货物运费计算程序如图 4-5 所示。

（1）根据货物运单上填写的货物名称查找"铁路货物运输品名分类与代码表""铁路货物运输品名检查表"，确定适用的运价号。

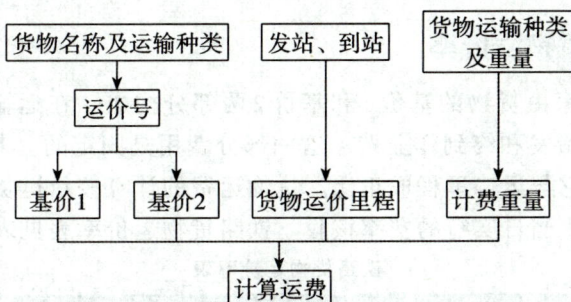

图4-5　铁路货物运费计算程序

（2）根据运价号在"铁路货物运价率表"中查出适用的运价率（即基价1和基价2，以下同）。

（3）根据发站和到站，按"货物运价里程表"计算运价里程。

（4）根据货物的种类、重量，确定计费重量。

（5）货物适用的基价1加上基价2与货物的运价里程相乘之积后，再与计费重量（集装箱为箱数）相乘，即可计算出运费。

4.4.2　确定货物运价号

能否正确判定货物的运价号，将直接影响到运输费用的计算和运价制度的执行。在计算运费时，必须根据货物运单上填写的货物名称查找"铁路货物运输品名分类与代码表"（见表4-1），确定正确的运价号。

表4-1　　铁路货物运输品名分类与代码表（部分）

代码			货物品类	运价号		代码			货物品类	运价号	
				整车	零担					整车	零担
01			煤			02	4	0	柴油	6	22
01	1	0	原煤	4	21	02	5	0	重油	6	22
01	2	0	洗精煤	5	21	02	6	0	润滑油/脂	6	22
01	3	0	块煤	4	21	02	9	0	其他成品油	6	22
01	4	0	洗、选煤	4	21	03			焦炭		
01	5	0	水煤浆	4	21	03	1	0	焦炭	5	21
01	9	0	其他煤	4	21	03	2	0	沥青焦、石油焦	5	22
02			石油			04			金属矿石		
02	1	0	原油	6	22	04	1	0	铁矿石	4	21
02	2	0	汽油	6	22	04	2	0	放射性矿石	4	22
02	3	0	煤油	6	22	04	9	0	其他金属矿石	4	21

4.4.3　确定货物运价率

现行货物运价率由货物的基价1和基价2两部分构成。在运输成本中，基价1是与运输里程无关的始发和终到作业费，这一部分费用是固定的。基价2是车辆运行途中的运行作业费，它与运输里程成正比。货物运费的计算按承运货物当日实行的运价率计算，杂费按发生当日实行的费率核收。铁路货物运价率表见表4-2。

表4-2

铁路货物运价率表

办理类别	运价号	基价1		基价2	
		单位	标准	单位	标准
整车	1			元/（轴·千米）	0.525
	2	元/吨	9.50	元/（吨·千米）	0.086
	3	元/吨	12.80	元/（吨·千米）	0.091
	4	元/吨	16.30	元/（吨·千米）	0.098
	5	元/吨	18.60	元/（吨·千米）	0.103
	6	元/吨	26.00	元/（吨·千米）	0.138
	机械冷藏车	元/吨	20.00	元/（吨·千米）	0.140
零担	21	元/10千克	0.22	元/（10千克·千米）	0.00111
	22	元/10千克	0.28	元/（10千克·千米）	0.00155
集装箱	20英尺箱	元/箱	440.00	元/（箱·千米）	3.185
	40英尺箱	元/箱	532.00	元/（箱·千米）	3.357

1）集装箱运价率的确定

（1）企业自备集装箱空箱的运价率按其适用重箱运价率的40%计算。

（2）罐式集装箱、其他铁路专用集装箱按规定运价率分别加30%、20%计算；标记总重为30.48吨的通用20英尺集装箱，总重在24吨以上的按规定运价率加20%计算。

（3）装运一级毒害品（剧毒品）的集装箱按规定的运价率加100%计算。

（4）装运爆炸品、压缩气体和液化气体，以及一级易燃液体（"铁路货物运输品名分类与代码表"中02石油类除外）、一级易燃固体、一级自燃物品、一级遇湿易燃物品、一级氧化剂和过氧化物、二级毒害品、感染性物品、放射性物品的集装箱按规定的运价率加50%计算。

业务链接4-3

集装箱运输一口价的做法

集装箱运输一口价是指集装箱自进发站货场至出到站货场铁路运输全过程各项费

用的总和，包括"门到门"运输取空箱和还空箱的站内装卸作业费用、专用线取送车作业费用、港站作业费用、集资货场费用、转场货场费用。

办理集装箱运输时，托运人在发站按公布的一口价一次付费，货票记事栏内注明"一口价"。对托运人和收货人来说，一口价内所有费用不再另开其他收费票证。除集装箱运输一口价中不包括的费用外，发、到站不得再收取任何费用（包括延伸服务费）。收货人在到站提箱和送回空箱时，只要不出现货主原因的延期取货等问题，不再交纳任何费用。

集装箱运输一口价中不包括下列费用：

①要求保价运输的保价费。

②快运费。

③委托铁路装掏箱的装掏箱综合作业费。

④专用线装卸作业费用。

⑤集装箱在到站超过免费暂存期间产生的费用。

⑥因托运人或收货人的责任而发生的费用。

下列运输不适用集装箱运输一口价，仍按一般规定计费：

①集装箱国际铁路联运。

②集装箱危险品运输（可按普通货物条件运输的除外）。

③冷藏、罐式、板架等专用集装箱运输。

实行一口价的集装箱运输暂不办理在货物中途站或到站提出的运输变更请求。

2）超限货物运价率的确定

运输超限货物时，发站应将超限货物的等级在运单货物名称栏内注明，并按下列规定计费：

① 一级超限货物按运价率加50%计费。

② 二级超限货物按运价率加100%计费。

③ 超级超限货物按运价率加150%计费。

④ 需要限速运行（不包括仅通过桥梁、隧道、出入站线限速运行）的货物，按运价率加150%计费。

3）冷藏车货物的运价率

① 使用铁路冷板冷藏车运输的货物按加冰冷藏车运价率加20%计费。

② 使用铁路机械冷藏车运输，要求途中保持温度在-12℃以下的货物，按机械冷藏车运价率加20%计费。

③ 途中不需要加温（或托运人自行加温）或制冷的机械冷藏车按机械冷藏车运价率减20%计费。

④ 经批准用铁路冷藏车、隔热车代替其他货车装运非易腐货物，按其所装货物适用的运价率计费。

⑤ 用自备冷藏车装运非易腐货物，按其所装货物适用的运价率计费。

⑥ 加冰冷藏车不加冰运输时，按冷藏车运价率计费。

4）快运费的确定

快运费按"铁路货物运价率表"（见表4-2）规定的该批货物适用的运价率的30%计算核收。

4.4.4 确定运价里程

运价里程根据"货物运价里程表"，按照发站至到站间铁路正式营业线最短径路计算；"货物运价里程表"内规定有计费径路的，按规定的计费径路计算运价里程。运价里程不包括专用线、货物支线的里程。通过轮渡时，应将换装站至码头线的里程加入运价里程内计算。

在运单内注明货物性质要求（如鲜活易腐货物、超限货物等）必须绕路运输时，以及自然灾害或其他非铁路责任，托运人要求绕路运输时，运价里程按实际经由计算。

4.4.5 确定计费重量

整车货物以吨为单位，吨以下四舍五入；零担货物以10千克为基本单位，不足10千克的以10千克计；集装箱货物以箱为单位。

1）整车货物计费重量

计费重量的确定方式分为：按货车标记载重量计费；货物实际重量超过标重时，按货物实际重量计费。

2）零担货物计费重量

零担货物按货物重量或货物体积折合重量择大计费，即每立方米重量不足500千克的轻泡货物，按每立方米体积折合重量500千克计费；在货物运单内分项填记重量的货物应分项计费，运价率相同时，重量应合并计算。

3）自备机械冷藏车计费重量

自备机械冷藏车装运货物时，按60吨计费。

同步计算4-1

某站发送一批零担货物，重225千克，体积为0.82立方米，计费重量如何确定？

解：由于体积折合重量为410千克（0.82×500），大于实际重量225千克，按货物重量和货物体积折合重量择大计费，因此计费重量应为410千克。

4.4.6 货物运费的计算

整车货物运费＝（基价1+基价2×运价里程）×计费重量 　　　　　　　　　　　　(4.2)

零担货物运费＝（基价1+基价2×运价里程）×计费重量÷10 　　　　　　　　　(4.3)

集装箱货物运费＝（基价1+基价2×运价里程）×箱数 　　　　　　　　　　　　(4.4)

运杂费尾数按以下方法处理：每项运费、杂费的尾数不足1角时，按四舍五入处理；各项杂费凡不满1个计算单位的，均按1个计算单位计算（另有规定者除外）。

同步计算 4-2

整车货物运费

兰州西站发西安站机器一台，重 30 吨，用 50 吨货车一辆装运。试计算其运费。

解：从兰州西站至西安站运价里程为 676 千米。"铁路货物运输品名分类与代码表"中机器的运价号为 6 号，再查"铁路货物运价率表"，运价号为 6 号的基价 1 为 26.00 元/吨，基价 2 为 0.138 元/（吨·千米）。计费重量为 50 吨。

运费 =（26.00+0.138×676）×50=119.288×50=5 964.4（元）

同步计算 4-3

零担货物运费

自广州站发长沙站灯管 4 件，重量 46 千克，货物每件长 1 米、宽 0.35 米、高 0.16 米。试计算其运费。

解：从广州至长沙的运价里程为 706 千米。"铁路货物运输品名分类与代码表"中灯管的运价号为 22 号，再查"铁路货物运价率表"，运价号为 22 号的基价 1 为 0.28 元/10 千克，基价 2 为 0.00155 元/（10 千克·千米）。货物体积为 0.224 立方米（4×1×0.35×0.16），折合重量为 112 千克（500×0.224），大于实际重量 46 千克，按货物重量和货物体积折合重量择大计费，因此计费重量应为 112 千克。

运费 =（0.28+0.00155×706）×112÷10=15.4（元）

4.4.7　其他费用的核算

1）整车货物的其他费用

整车分卸的货物，途中每分卸一次，另行核收分卸作业费（不包括卸车费），每车次 80 元。派有押运人押运的货物，核收 3 元/（人·百千米）的押运人乘车费。

2）集装箱使用费及延期使用费

（1）凡使用铁路集装箱运输货物的，除核收运费外，还要按箱型、箱数和运价里程核收使用费。

（2）使用铁路集装箱装运危险货物时，集装箱使用费加 20% 核收。

（3）使用铁路集装箱超过免费留置期限，自超过之日起核收集装箱延期使用费。

（4）对于拼箱货物，一箱多批时，每批分别按零担计费，若由铁路拼箱，还应核收每 10 千克 0.20 元的拼箱费。

3）冷藏车其他费用

（1）使用机械冷藏车装运需要途中制冷运输的未冷却的瓜果、蔬菜，按货物重量核收冷却费每吨 20 元。

（2）根据托运人的要求，铁路冷藏车在其他站加冰、加盐后送至发站装货时，按加冰站至发站间里程核收货车回送费。

（3）冷藏车送到装车站以后，托运人取消托运，应核收空车回送费；对于已经预

冷的机械冷藏车，还应核收1日的制冷费。

（4）由于托运人（收货人）的责任，机械冷藏车超过规定的装（卸）车时间，在此期间需要制冷时，还应按日核收制冷费。

（5）加冰冷藏车所需的冰、盐由托运人准备。如果托运人要求承运人供应，则承运人应按实际发生的费用核收。

4）铁路货物保价运输

保价就是货物的保证价值，即声明价格。托运人在托运货物时，根据自愿原则，可以要求办理保价运输，交纳规定的保价费。承运人对于保价货物在运输过程中实行专门管理并采取一定的保护措施，在运输过程中因承运人责任造成货物损失时，承运人应按保价运输的有关规定予以赔偿。

业务链接4-4

铁路货物的保价运输

（1）托运人要求保价运输货物时，应在货物运单"托运人记载事项"栏内注明"保价运输"字样，并在"货物价格"栏内以元为单位填写货物的实际价格。全批货物的实际价格即为货物的保价金额。在交纳运输费用的同时，交纳货物保价费。

（2）必须全批保价，不能只保一批货物中的一部分。保价费率不同的货物做一批托运时，必须在货物运单上分别填写货物品名和实际价格，保价费应分别计算。保价费率不同的货物合并填写时，适用其中最高的保价费率。

（3）货物保价费用按保价金额乘以所适用的货物保价费率计算。保价费率分为五个基本级、两个特定级。一级至五级的保价费率分别为1‰、2‰、3‰、4‰、6‰，特六级为10‰，特七级为15‰。货物品类参阅"货物保价费率表"。

5）印花税

印花税以每张货票计算，按运费的0.5‰计收。

本章概要

□ 内容提要与结构

▲ 内容提要

● 铁路货物运输是指利用铁路设施、设备运送旅客和货物的一种运输方式，是目前我国货物运输的主要方式之一。铁路货物运输的基本条件主要包括铁路线路、铁路机车、铁路车辆、货运站、铁路运输货物等。铁路承运货物和计算运输费用等均以批为单位。

● 铁路货物运输的方式主要有整车货物运输、零担货物运输和集装箱运输三种。

● 铁路整车货物运输的流程为：托运→受理→进货验收、保管→装车→核算制票→承运→站车交接、货运检查、换装整理、运输变更、整车分卸、加冰上水→接收票据、重车→卸车→保管、到货通知→交付→搬出。铁路零担货物运输的流程为：托运→受理→进货验收、保管→核算制票→承运→装车→站车交接、货运检查、换装整理、运输变更→接收票据、重车→卸车→保管、到货通知→交付→搬出。为了保证行车安全和货物安全，对运输中的货物应进行交接检查和换装整理，并按规定处理。

● 铁路货物运费计算的程序为：确定货物运价号和运价率→确定运价里程→确定计费重量→确定运费→核算其他费用。铁路货物运费的计算公式为：整车货物运费=（基价1+基价2×运价里程）×计费重量；零担货物运费=（基价1+基价2×运价里程）×计费重量÷10；集装箱货物运费=（基价1+基价2×运价里程）×箱数。

▲ 内容结构

本章内容结构如图4-6所示。

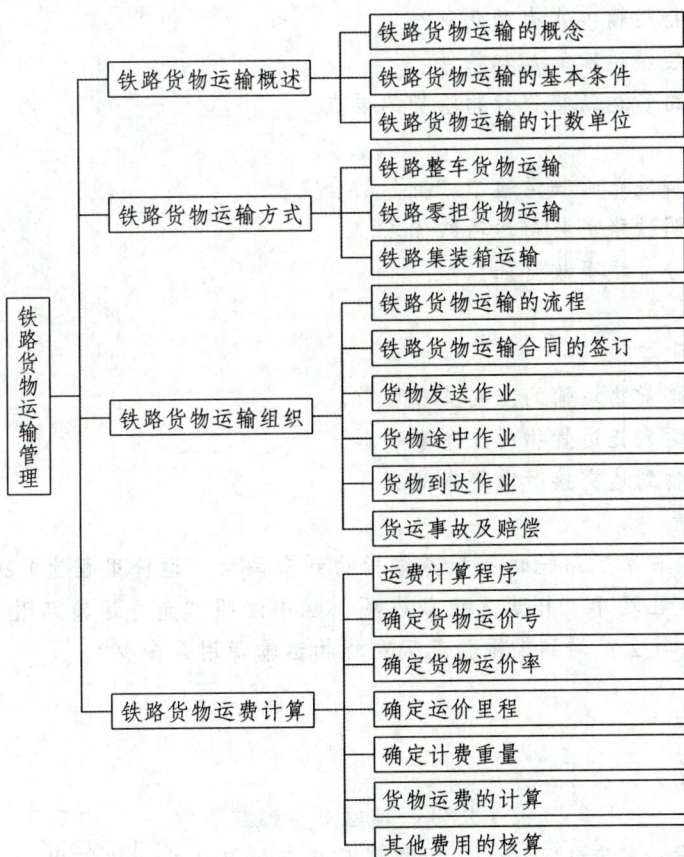

图4-6　本章内容结构

□ 主要概念和观念

▲ 主要概念

铁路货物运输　铁路整车货物运输　铁路零担货物运输　铁路货物运输合同　货物运单　货物运到期限

▲ 主要观念

铁路货物运输的基本条件　铁路货物运输方式　铁路货物运输组织程序

□ 重点实务和操作

▲ 重点实务

铁路货物运输方式选择　铁路货物运输组织程序　运到期限计算　铁路货物运费计算

▲ 重点操作

铁路货物运输组织　铁路货物单证缮制　铁路货物运费计算

━ 基本训练 ━➤

□ 理论题

▲ 简答题

1）铁路货物运输方式有哪几种？

2）简述集装箱运输的基本条件。

3）简述铁路货运站接收货物验货的要点。

▲ 讨论题

1）如何理解铁路货物运输中"批"的含义？

2）分析说明铁路集装箱运输的优点。

3）如何划分货运事故责任？

□ 实务题

▲ 规则复习

1）简述铁路货物运输的主要业务环节。

2）简述托运人托运货物的注意事项。

3）简述货物到达交接时需要做的工作。

▲ 业务解析

某托运人从石家庄站托运一批易腐货物到南昌站，运价里程为1 293千米，途中不加冰，托运人在运单"托运人记载事项"栏中注明"允许运输期限4天"。石家庄站可否承运？为什么？运到期限为几天？货物运输费用是多少？

□ 案例题

▲ 案例分析

【相关案例】

银川站发深圳站麻黄碱被冒领

背景与情境：某年11月24日，宁夏医药保健品进出口公司委托中国外运宁夏有限公司从银川车站托运一批麻黄碱到深圳。该批麻黄碱净重2 000千克，纸筒包装，共计80件，每件净重25千克。中国外运宁夏有限公司托运时自行填写了4张包裹托运单，票号分别为08242、08243、08244、08245，每张托运单上写明：发货人宁夏医药保健品进出口公司，收货人中外运深圳公司，件数为20件，声明价格为人民币5 000元。4票共计80件，声明价格共计人民币20 000元。该批麻黄碱交付银川车站托运时，除缴纳运费外，还办理了保价运输，并按规定缴纳保价费200元。同月28日16时，该批麻黄碱随73次列车到达深圳车站，卸车后存放于该站行李房和平路仓库。同月 29 日下午，两名声称为"中外运深圳公司"的人凭"中外运深圳公司"出具的提货证明及一张名为"曾顺新"的身份证提走了该批麻黄碱。同月 30 日上午，收货人深圳中外运物流有限公司的业务员到深圳车站联系业务，深圳车站的行李员将麻黄碱包裹到达通知书（该通知书是行李房于同月 29 日填制的）交给该业务员，该业务员到仓库提货时，发现麻黄碱已被提走。该业务员回单位查找无货，方知该批麻黄碱已被他人冒领。同年 12 月 15 日，宁夏医药保健品进出口公司向广州铁路公安局深圳铁路公安处报案。经查，深圳市并没有"中外运深圳公司"这一单位，"曾顺新"的身份证也是伪造的。宁夏医药保健品进出口公司于同年 12 月 25 日向深圳车站书面提出索赔，深圳车站于当日编制第 1225 号货运记录，同意按保价运输的有关规定办理赔偿。

资料来源　作者根据相关资料整理.

问题：

1）为什么会发生货物被冒领事件？

2）从承运人的角度来看，如何防范货物被冒领事件的发生？

3）从托运人的角度来看，如何防范货物被冒领事件的发生？

【训练要求】

同第 1 章"基本训练"中本题型的"训练要求"。

▲ 职业素养训练

【相关案例】

深化互联互通　助推共建"一带一路"高质量发展

背景与情境：在第三届"一带一路"国际合作高峰论坛互联互通高级别论坛（以下简称"论坛"）期间，塞尔维亚总统武契奇引用中国谚语"要想富先修路"，表达了各国希望通过改善基础设施实现发展繁荣的共同愿望。

他以匈塞铁路为例，表示塞尔维亚是东西方交通枢纽，共建"一带一路"倡议对塞尔维亚发展有着重要意义。"10 年来，共建'一带一路'倡议从愿景变为现实，推动了海陆空网络互联互通，也促进了商业、技术、投资、人文等方面的互联互通。"武契奇说。

共建"一带一路"也能让"陆锁国"变为"陆联国"。老挝人民革命党中央总书记、国家主席通伦指出，中老铁路正是共建"一带一路"倡议在共建国家实施的成功案例，"互联互通对推动贸易投资、提振旅游业发展、促进跨境交通具有重要意义"。

设施联通是共建"一带一路"的优先领域。10 年来，共建"一带一路"以"六廊六路多国多港"为基本架构，加快推进多层次、复合型基础设施网络建设，基本形成"陆海天网"四位一体的互联互通格局，为促进经贸和产能合作、加强文化交流和人员往来奠定了坚实基础。

政策沟通是共建"一带一路"的重要保障。截至 2023 年 6 月，共建"一带一路"倡议与俄罗斯欧亚经济联盟战略、哈萨克斯坦"光明之路"新经济政策、印度尼西亚

"全球海洋支点"构想、沙特阿拉伯"2030愿景"等多国战略实现对接，并与巴基斯坦、俄罗斯、希腊、埃塞俄比亚等65个国家标准化机构以及国际和区域组织签署了107份标准化合作文件。

欧亚经济联盟涵盖俄罗斯、哈萨克斯坦、白俄罗斯、吉尔吉斯斯坦和亚美尼亚，5国均是"一带一路"共建国家。欧亚经济联盟最高权力机构欧亚经济委员会执委会主席米哈伊尔·米亚斯尼科维奇指出，近年来，在战略性合作文件的支持下，成员国持续推动交通枢纽要道建设的转型，并加强了数字化运输能力，与中国之间的贸易额提高了2.8%，达到了有史以来的最高涨幅。"未来，欧亚经济联盟战略将继续加强与共建'一带一路'倡议对接，创造更多合作范式。"

本届论坛期间，中国同26个国家共同发起《深化互联互通合作北京倡议》，从交通、能源、信息、水利基础设施"硬联通"和规则标准、营商环境"软联通"等6个方面，明确了发展方向和建设重点。此外，论坛还形成了近70项务实合作成果，包括政府间合作文件、"标杆式"合作项目和"接地气、聚人心"的"小而美"项目。

"和平合作、开放包容、互学互鉴、互利共赢的丝路精神，是共建'一带一路'最重要的力量源泉。"习近平主席在第三届"一带一路"国际合作高峰论坛开幕式主旨演讲中指出，共建"一带一路"不搞意识形态对立，不搞地缘政治博弈，也不搞集团政治对抗，反对单边制裁，反对经济胁迫，也反对"脱钩断链"。

资料来源　中国铁路集团有限公司. 深化互联互通 助推共建"一带一路"高质量发展［EB/OL］.［2023-10-26］. http://www.china-railway.com.cn/xwzx/mtjj/cyol/202310/t20231026_131070.html.

问题：

1）"要想富先修路"蕴含着什么道理？

2）和平合作、开放包容、互学互鉴、互利共赢的丝路精神蕴含的哲理是什么？

【训练要求】

同第1章"基本训练"中本题型的"训练要求"。

价值引导4

□ 实训题

【实训目的】

铁路货物运输管理技能训练。

【情境设计】

将学生分成若干实训团队，各团队分别选择一家物流公司（或本校专业实训基地，或毕业生创业团队），从"'铁路货物运输管理'技能应用"视角，参与企业该项目的运作，撰写《×××公司×××货物铁路运输组织方案》。

【组织形式】

1）以小组为单位组成铁路货物运输管理团队。

2）各铁路货物运输管理团队结合实训任务进行恰当的角色分工，确保组织合理和每位成员的积极参与。

【训练要求】

同第1章"基本训练"中本题型的"训练要求"。

【成果形式】

训练课业：《×××公司×××货物铁路运输组织方案》。

课业要求：

1）"实训课业"的结构与体例参照本教材"课业范例"中的范例-3。

2）将《×××公司×××货物铁路运输组织方案》。以"附件"形式附于《训练报告》之后。

3）在校园网平台上展示经过教师点评的班级优秀《训练报告》，并将其纳入本课程的教学资源库。

━ 单元考核 ━➤

考核评价要求：同第1章"单元考核"的"考核评价要求"。

第5章
航空货物运输管理

● 学习目标
引例　亚洲首个专业货运机场国际货运量
　　　突破万吨
5.1　航空货物运输概述
5.2　航空货物运输方式
5.3　国际航空货物运输组织
5.4　航空货物运费计算
● 本章概要
● 基本训练
● 单元考核

学习目标

知识目标：

- 掌握航空货物运输的概念、航空运载工具类型；
- 熟悉航空运输地理及飞行时间；
- 熟悉航空货物运输组织方式；
- 熟悉国际航空货物运输的组织流程；
- 掌握航空货运单的分类和缮制方法；
- 掌握航空货物运输运费的构成、计价种类和计算方法。

能力目标：

- 能根据托运人的托运请求进行航空货物运输组织；
- 会进行航空货物运输方式的选择；
- 会计算航空货物运输的运费；
- 会进行国际航空货物运输单证的缮制；
- 会计算飞行时间。

素质目标：

- 培养团队合作、诚信从业的航空货物运输职业理想和职业操守；
- 激发自信心和爱国主义情怀；
- 树立遵纪守法、遵守各种航空货物运输法律法规的正确态度。

引例　亚洲首个专业货运机场国际货运量突破万吨

背景与情境： 作为亚洲首个、全球第四个专业货运机场——鄂州花湖机场自 2023 年 4 月 1 日开通首条国际货运航线以来，国际货运量已突破万吨大关。

鄂州花湖机场 2022 年 7 月 17 日投运以来，截至 2023 年 8 月已开通 13 条国内货运航线，6 条国际货运航线通达比利时、印度、美国、德国等国家，覆盖全球主要国家地区的航空货运网络已初步建立，"一夜达全国，隔日连世界"的快货物流圈不断"升级"。

与此同时，该机场国际货运航班也已突破 100 架次，出口货物主要为锂电池、汽车零配件、电力设备、数码配件、服装等，进口货物主要为电子设备、精密仪器、医疗产品、纺织品等。

"从 0 到 3 000 吨用了 2 个月时间，如今从 3 000 吨到 10 000 吨也仅仅用了 2 个月。"鄂州海关查检科相关人员介绍说，针对鄂州花湖机场业务量大、通关时效要求高等情况，海关将推行空运国际货物机坪"直装直提"，实现国际货物 24 小时"随到随提、随到随装"，将物流与通关环节紧密衔接，持续提高通关效率。随着鄂州花湖机场国际快件转运中心的投入使用，国际快件和跨境电商业务开启，该机场国际货运业务量还将大幅度增长。

学习微平台

同步链接 5-1

资料来源　武一力，华芳. 亚洲首个专业货运机场国际货运量突破万吨〔EB/OL〕.〔2023-08-09〕. https：//baijiahao.baidu.com/s？id=1773738074635297399&wfr=spider&for=pc.

从引例可见，航空运输已成为现代社会重要的交通运输形式，选择航空运输的产品越来越多，航空运输的发展趋向专业化和高效化。

5.1　航空货物运输概述

5.1.1　航空货物运输的概念及特点

航空货物运输是指一地的货物通过航空器运往另外一地的运输，这种运输也包括市区与机场之间的地面运输。航空货物运输具有运送速度快、安全准确，以及节省费用等特点。

5.1.2　航空运输的相关组织

1）国际民用航空组织

国际民用航空组织（International Civil Aviation Organization，ICAO）是联合国所属专门机构之一，也是政府间的国际航空机构。该组织的宗旨是发展国际航行的原则和技术，促进国际航空运输的发展，以保证国际民用航空的安全和有序发展。

2）国际航空运输协会

国际航空运输协会（International Air Transport Association，IATA）是各国航空运输企业之间的联合组织，其会员必须是国际民用航空组织成员国的空运企业。国际航空运输协会是一个自愿参加的、不排他的、非政府间的民间国际组织。

3）国际货运代理协会联合会

国际货运代理协会联合会（International Federation of Freight Forwarders Associa-tions，FIATA）是一个非营利性的有关国际货运代理的行业组织。其会员不仅限于货运代理企业，还包括海关、船务代理和空运代理、仓库、卡车、集中托运等部门，其宗旨是保障和提高国际货运代理在全球的利益。

5.1.3 航空货物运输当事人

在航空货物运输业务中，涉及的当事人主要有发货人、承运人、代理人、地面运输公司和收货人等。

1）航空公司

在货运业务中，航空公司一般只负责空中运输，即从一个机场到另一个机场的运输。

2）航空货运公司

航空货运公司又称空运代理。航空货运公司的主要业务包括：出口货物在始发站机场交给航空公司之前的揽货、接货、订舱、制单、报关和交运等；进口货物在目的站机场从航空公司接货接单、制单、报关、送货或转运等。

5.1.4 航空站

航空站亦称机场、飞机场或空港，是供飞机起飞、着陆、停驻、维护、补充给养及组织飞行保障活动的场所。航空站主要由飞行区、航站区及进出机场的地面交通系统构成。

1）飞行区

飞行区是机场内用于飞机起飞、着陆和滑行的区域，通常还包括用于飞机起降的空域。飞行区由跑道系统、滑行道系统和停机坪构成。

2）航站区

航站区是机场内办理航空客货运输业务和供旅客休息、货物地面运转的区域。航站区主要包括航站楼、助航设施、地面活动引导和管制系统、地面特种车辆和场务设备等。

3）进出机场的地面交通系统

进出机场的地面交通系统通常是公路，也包括铁路、地铁（或轻轨）和水运码头等。其功能是把机场和附近城市连接起来，将旅客和货物及时运进或运出航站楼。

5.1.5 航空运载工具

1）飞机

飞机是航空运输的主要运载工具，它是指具有固定机翼和一台或多台发动机，靠自身动力能在大气中飞行的重于空气的航空器。货运飞机按机身尺寸的不同可以分为窄体飞机和宽体飞机；按机舱载货方式的不同可以分为全货机和客货两用机。

2）航空集装器

航空集装器（Unit Load Devices，ULD）是指在航空运输中所使用的成组的工具，旨在更好地处理大体积、大批量的货物运输。航空集装器按形状的不同可以分为集装板、集装棚、集装箱。

5.1.6　航线

飞机飞行的路线称为空中交通线，简称航线。飞机的航线不仅确定了飞机飞行的具体方向、起讫点和经停点，而且根据空中交通管制的需要，规定了航线的宽度和飞行的高度，以维护空中交通秩序，保证飞行安全。航线按起讫点的归属不同，可以分为国际航线和国内航线，其中国内航线又可分为干线航线、支线航线和点对点航线。

5.1.7　航空货物

航空运输的货物主要是高附加值、深加工、技术密集型、适时生产的产品和鲜活产品，如水果、鲜花、精密仪器、电子产品、商务文件、通信产品、药品等。

> **业务链接 5-1**
>
> #### 中国邮政大型宽体货机执飞"广州—东京"往返航线
>
> 2021 年 8 月 25 日，中国邮政开通"广州—东京"往返国际航线，在促进货机货运业务高质量发展的同时，有力支撑了国际寄递业务发展。2023 年 7 月 11 日，中国邮政大型宽体货机"广州—东京"往返国际航线正式开通。该航线每周运行三班，运行日为周二、周四和周六。此次大型宽体货机投入该航线运行后，单班载货量将提升 5 倍，全面提升了广东邮政国际航空运能，也为中国邮政开通欧美航线和构筑全球快递货运网络奠定了重要基础。
>
> 资料来源　杨卫东，邓锡威. 中国邮政大型宽体货机执飞"广州—东京"往返航线［N］. 中国邮政报，2023-07-14.

5.1.8　航空运输地理及飞行时间

1）世界空运地理

航空公司按照国际航空运输协会划定的三个区域制定规章制度，收取国际航空运费。三个区域具体如下：

（1）IATA1 区：主要指南美洲、北美洲、格陵兰等。

（2）IATA2 区：主要指欧洲、非洲等。

（3）IATA3 区：主要指亚洲、澳大利亚、新西兰等。

2）时区及飞行时间的计算

（1）时区。以本初子午线为中心，从西经 7.5 度至东经 7.5 度为 0 时区，太阳横穿本初子午线时的时间称为格林尼治标准时间（GMT）。以 0 时区为中心向东和向西，经度每隔 15 度为 1 个时区，依次划分为东 1 区至东 12 区、西 1 区至西 12 区，其中东 12 区与西 12 区合起来为一个时区，这样全球被划分为 24 个时区。

当地时间的计算公式如下：

当地时间（LOCAL TIME）=GMT+/-某一数值　　　　　　　　　　　　　　(5.1)

关于"某一数值"的计算：0 时区向东隔几个时区，时间加几个小时；向西隔几个时区，时间减几个小时。具体数值可查看"国际时间换算表"（International Time Calculator）。

（2）飞行时间的计算。飞行时间的计算公式如下：

$$飞行时间 = 到达GMT - 始发GMT \tag{5.2}$$

或　　飞行时间 = 到达时间 - 始发时间 - 到达地至始发地的时差 　　　　　　（5.3）

同步计算 5-1

飞行时间的计算

飞机离开赞比亚的时间为 1 月 6 日 0910，到达中国香港的时间为 1 月 7 日 1450，试计算飞行时间。

解：

查 International Time Calculator，赞比亚在东 2 区，中国香港在东 8 区，时差为 6 小时。

到达 GMT = 1450 + 2400 - 0800 = 3050

始发 GMT = 0910 - 0200 = 0710

飞行时间 = 3050 - 0710 = 2340（即 23 小时 40 分钟）

或　　飞行时间 = 1450 + 2400 - 0910 - 0600 = 2340（即 23 小时 40 分钟）

学习微平台

延伸阅读 5-1

5.2　航空货物运输方式

5.2.1　班机运输

班机运输是指固定开航时间、固定航线、固定始发站、固定目的港、固定途经站的运输方式。班机运输的特点如下：

（1）迅速准确。由于班机运输固定航线、固定停靠港和定期开航，因此国际航空货物大多使用班机运输方式，以安全迅速地到达世界上各通航地点。

（2）方便货主。收、发货人可以确切掌握货物起运和到达的时间，对于急需的商品、鲜活易腐货物以及贵重商品的运送非常有利。

（3）舱位有限。班机运输一般是客货混载，因此舱位有限，不能使大批量的货物及时出运，往往需要分期分批运输，这也是班机运输的不足之处。

5.2.2　包机运输

包机运输可分为整包机和部分包机两类。

1）整包机

整包机即包租整架飞机，是指航空公司按照与租机人事先约定的条件及费用，将整架飞机租给包机人，从一个或几个航空港装运货物至目的地。

包机人一般应在货物装运前一个月与航空公司联系，以便航空公司安排运载和向起降机场及有关政府部门申请，办理过境或入境的有关手续。

包机的费用一次一议。随着国际市场供求情况的变化，原则上包机费用是按单位飞行里程固定费率核收，并按单位飞行千米费用的 80% 收取空放费。

2）部分包机

由几家航空货运公司或发货人联合包租一架飞机，或者由航空公司把一架飞机的舱位分别卖给几家航空货运公司装载货物，就是部分包机。这种方式适用于托运不足一整架飞机舱容，但质量较重的货物。

与班机运输相比，部分包机的时间比班机运输的时间长，尽管部分包机也有固定的时间表，但往往出于其他原因而不能按时起飞。另外，各国政府为了保护本国航空公司的利益，常常对从事包机业务的外国航空公司实行各种限制。

包机运输的优点如下：

（1）解决班机运输舱位不足的矛盾。

（2）节省时间和多次发货的手续费。

（3）弥补没有直达航班的不足，且不用中转。

（4）减少货损、货差或货物丢失现象的发生。

（5）在空运旺季缓解航班紧张状况。

（6）解决海鲜、活动物的运输问题。

5.2.3　集中托运

1）集中托运的概念

集中托运是指航空货运代理人（也称集中托运人）将若干批单独发往同一方向的货物组成一票货物交付给承运人，填写一份主运单，发到同一目的站，并由集中托运人在目的站的指定代理人（也称分拨代理人）收货、报关，再根据集中托运人签发的航空分运单将货物分拨给各实际收货人的航空货运组织方法（如图5-1所示）。

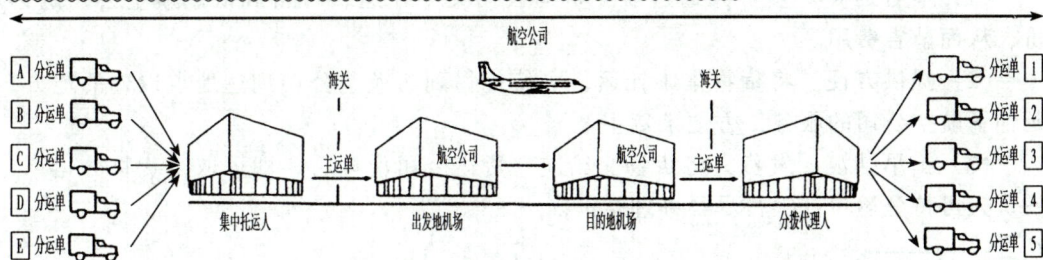

图5-1　集中托运示意图

深度思考5-1

疑点： 航空主运单与分运单的内容是一致的。

释疑提示： 在航空货物运输实践中，托运人（货主）往往不直接与航空承运人订立航空货物运输合同，而是通过委托有资质的货代公司代办有关航空货物运输事宜。货代公司代替承运人与托运人订立航空运输合同，签发分运单。货代公司揽货后，会将若干批单独发往同一方向的货物组成一票货物交付给承运人，取得一份主运单。因此，实践中主运单与分运单记载的内容往往不一致。

2）集中托运的具体方法

（1）对每一票货物分别制定航空运输分运单（House Air Waybill，HAWB）。航空运输分运单的当事人，一方是航空货运代理公司，另一方是发货人。

（2）区分所有货物的方向，按照目的地相同的国家、城市来集中，向航空公司托运，与航空公司签订航空运输主运单（Master Air Waybill，MAWB）。主运单的发货人和收货人均为航空货运代理公司。每一批由航空运输公司发运的货物都必须具备主运单，它是承运人与托运人之间订立的运输契约。

（3）开列该主运单项下的货运清单，即此主运单有几个分运单，分运单的内容包括各分运单的号码、实际托运人与收货人、件数、重量等。

（4）将该主运单和货运清单作为一整票货物交给航空公司。一个主运单可视货物具体情况随附分运单（可以是一个分运单，也可以是多个分运单）。

（5）货物到达目的地机场后，当地的货运代理公司作为主运单的收货人负责接货、分拨，按不同的分运单制定各自的报关单据并代为报关，为实际收货人办理有关接货报关事宜。

（6）实际收货人在分运单上签收以后，目的站货运代理公司以此向发货的货运代理公司反馈到货信息。

3）集中托运的限制

（1）集中托运只适合办理普通货物，对于等级运价的货物（如贵重物品、危险品、活动物以及文物等），不能办理集中托运。

（2）目的地相同或邻近的货物可以办理集中托运，不能为航线不同的货物办理集中托运。

4）集中托运的特点

（1）节省运费。发货人通过航空货运公司集中托运，可得到低于航空公司的运价，从而节省费用。

（2）提供方便。将货物集中托运，可使货物到达航空公司到达地点以外的地方，延伸了航空公司的服务，方便了货主。

（3）提早结汇。发货人将货物交给航空货运公司代理后，即可取得货物分运单，发货人可持分运单到银行尽早办理结汇。

深度剖析5-1

海南鼓励新开全货机航线航班

背景资料： 为鼓励海口美兰国际机场、三亚凤凰国际机场和琼海博鳌机场的全货机航线以及货邮集货业务发展，海南省出台《海南省航空货运发展财政补贴办法》，补贴对象为符合规定条件的航空公司、包机商、货运代理企业等。

全货机航线航班补贴用于鼓励开通当期无航空公司执飞的新航线航班。该办法针对连续执行不少于26周、每周不少于1班（起、降各计为0.5班）的全货机航线航班，明确航班补贴标准，并结合执行率确认补贴额度。全货机航线航班补贴标准主要根据最大业载、航程时间以及货运量进行动态调整。据测算，境内、境外全货机航线航班每班分别最少可获补贴2.4万元与6万元。

进港、出港货运量均为零及使用最大业载小于10吨机型的航线航班，不纳入补贴范围。对执行全货机航线的企业，按进出港货运量给予补贴。其中，境内全货机航线单个航程超2小时，每千克可获最高补贴0.6元。境外全货机航线单个航程超4小时，每千克可获最高补贴1.1元。对于运输的冷链物流货物、医疗器械、药品、南繁育种种子种苗，货运量补贴标准在全货机航线货运量补贴标准基础上上浮 50%。对于货运代理企业在海口美兰国际机场、三亚凤凰国际机场和琼海博鳌机场开展的航空货运代理业务，每年以政策执行期间该企业在海南各机场出港货运量的最高值为基数计算增量，给予每千克 1 元的出港集货增量补贴。

资料来源　陈涛. 海南鼓励新开全货机航线航班 [EB/OL]. [2021-11-18]. https://www.zgjtb.com/2021-11/18/content_269168.html.

问题： 为什么海南省要鼓励新开全货机航线航班？

解析与讨论： 全货机航线航班的成功开行，需要有完善的集疏运与之互补。因此，全货机航线航班的持续稳定开行除了对当地的物流运输效率及经济交往起到积极的促进作用外，还会增加就业，促进当地社会经济的发展。但是全货机航线航班刚开行时，与之对应的集货体量往往不能满足其经济运行需要，因而为使全货机航线航班能成功开行，一般会给予补贴。海南省作为自由贸易港，配备完善的全货机航线航班将极大地提升其竞争力和运行效率。

5.2.4　联运

1）联运的概念

陆空联运是指火车、飞机和卡车的联合运输方式（Train-Air-Truck，TAT）或火车、飞机的联合运输方式（Train-Air，TA）。

2）国内出口货物的联运方式

我国出口货物通常采用陆空联运方式，即先将货物陆运至航空口岸，再与国际航班衔接。

业务链接 5-2

民航局发布《活体动物航空运输工作指南》

2023 年 10 月，民航局发布《活体动物航空运输工作指南》，包含 6 个章节和 7 个附录，旨在进一步提升活体动物航空运输的保障能力和服务质量，提升行业管理水平，保障航空运输安全。《活体动物航空运输工作指南》将为托运人、承运人、地面服务代理人从事活体动物航空运输相关工作提供指导，并为民航局履行监管职责提供依据。

5.3　国际航空货物运输组织

5.3.1　航空货物出口运输代理业务组织

航空货物出口运输代理业务程序，是指航空货运公司从发货人手中接货到将货物交给航空公司承运这一过程的手续以及必备的单证，如图 5-2 所示。

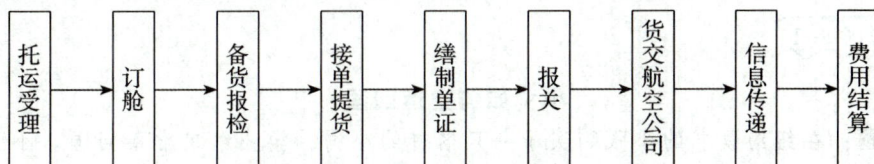

托运受理 → 订舱 → 备货报检 → 接单提货 → 缮制单证 → 报关 → 货交航空公司 → 信息传递 → 费用结算

图 5-2　航空货物出口运输代理业务程序

1) 托运受理

托运人即发货人。发货人在货物出口地寻找合适的航空货运公司，为其代理空运订舱、报关、托运业务；航空货运公司根据自己的业务范围、服务项目等接受托运人委托。托运人应按要求填制航空货物托运书（样式见表5-1），并应对所填内容及所提供运输文件的准确性和完备性负责。

表5-1　　　　　　　　　　　国际货物托运书　　　　　　　　　货运单号码
SHIPPER'S LETTER OF INSTRUCTION　　　　NO.OF AIR WAYBILL

始发站 AIRPORT OF DEPARTURE		到达站 AIRPORT OF DESTINATION					供承运人用 FOR CARRIER USE ONLY	
							航班/日期 FLIGHT/DATE	航班/日期 FLIGHT/DATE
线路及到达站 ROUTING AND DESTINATION								
至 TO	第一承运人 BY FIRST CARRIER	至 TO	承运人 BY	至 TO	承运人 BY	至 TO	承运人 BY	
收货人账号 CONSIGNEE'S ACCOUNT NUMBER		收货人姓名及地址 CONSIGNEE'S NAME AND ADDRESS					线路及到达站 ROUTING AND DESTINATION	
另请通知　ALSO NOTIFY							运费 CHARGES	
托运人账号 SHIPPER'S ACCOUNT NUMBER		托运人姓名及地址 SHIPPER'S NAME AND ADDRESS						
托运人声明的价值 SHIPPER'S DECLARED VALUE		保险金额 AMOUNT OF INSURANCE					所附文件 DOCUMENT ACCOMPANY TO AIR WAYBILL	
供运输用 FOR CARRIAGE	供海关用 FOR CUSTOMS							
件数 NO.OF PACKAGES	实际毛重（千克） ACTUAL GROSS WEIGHT（KG）	运输类别 RATE CLASS	收费重量 CHARGEABLE WEIGHT		费率 RATE CHARGE		货物品名及数量（包括体积或尺寸） NATURE AND QUANTITY OF GOODS（INCL.DIMENSIONS OR VOLUME）	
在货物不能交收货人时，托运人指示处理方法 SHIPPER'S INSTRUCTION IN CASE OF INABILITY TO DELIVER SHIPMENT AS CONSIGNED								
处理情况（包括包装方式、货物标志及号码等） HANDLING INFORMATION（INCL.METHOD OF PACKING，IDENTIFYING MARKS AND NUMBERS ETC.）								
托运人证实以上所填全部属实并愿意遵守承运人的一切载运章程 THE SHIPPER CERTIFIES THAT THE PARTICULARS ON THE FACE HEREOF ARE CORRECT AND AGREE TO THE CONDITIONS OF CARRIAGE OF THE CARRIER								
托运人签字 SHIPPER'S SIGNATURE	日期 DATE			经手人 AGENT			日期 DATE	

同步思考5-1

小狗如何空运回国？

问题： 在纽约读书的小张购买了一只名贵的小狗，学业结束准备回国。小张能否通过空运将小狗带回国？

理解要点：小张可以通过空运将小狗带回国，但宠物狗属于活动物运输，在满足基本收运条件后，需要提交相关文件。

2）订舱

航空货运公司根据发货人的要求及货物本身的特点向航空公司申请运输并预订舱位（一般来说，非紧急的一般货物可以不预先订舱），填写民航部门要求的订舱单，注明货物的名称、体积、质量、件数、目的港、时间等，要求航空公司根据实际情况安排航班和舱位。

3）备货报检

航空公司根据航空货运公司填写的订舱单安排航班和舱位，并由航空货运公司及时通知托运人备单、备货，并做好申请报检工作。

4）接单提货

航空货运公司在收运国际货物时，首先应检查货物内容、目的地、货物包装、货物体积和海关手续等是否符合要求。在符合要求的情况下，请托运人填写托运书，航空货运公司应着重检查托运书上货物品名、收货人姓名和地址、托运人签字等栏目的填写是否准确，然后对货物进行称重和量尺寸，最后计算运费。

5）缮制单证

航空货运公司填制报关单，缮制航空运单，将收货人提供的货物随行单据订在航空运单后面。如果是集中托运的货物，同时要制作集中托运清单、航空分运单，一并订在航空运单后面。

航空运单是一种运输合同，是由承运人或其代理人签发的一份重要的货物单据。在发货人（或其代理人）和承运人（或其代理人）履行签署手续并注明日期后，运单即开始生效。只要运单上没有注明日期和签字盖章，承运人就可以不承担对货物的任何责任，货物也不受承运合同的约束。货物一旦交给运单上所记载的收货人，运单作为承运合同即宣布终止，即承运人完成了货物的全程运输责任。

航空运单具有以下作用：

（1）可作为已接收货物的证明，不可转让。

（2）可作为运费账单和发票，承运人可将一份正本运单作为记账凭证。

（3）是海关放行查验时的基本单据。

（4）若承运人承办保险或者发货人要求承运人代办保险，则航空运单可作为保险证书。

（5）可作为承运人统计业务的依据。

业务链接5-3

航空运单各联填制的注意事项

航空运单通常为每套12联，其中正本3联、副本9联，每联都应注明该联的用途。

Original 1（正本1），For Issuing Carrier（交填开运单的承运人），为运费账单和记账凭证。

Original 2（正本2），For Consignee（交收货人），随货同行，在收货人提取货物时交给收货人。

Original 3（正本3），For Shipper（交托运人），是承运人（或其代理人）收到货物后出具的收据。

其余副本则分别注明"For Airport of Destination""For Second Carrier""Extra Copy"等，由航空公司按规定和需要进行分发。

虽然不同的航空公司都有自己的航空运单格式，但各航空公司所使用的航空运单大多借鉴IATA所推荐的标准格式，差别并不大（见表5-2）。

表5-2　　　　　　　　　　　　　　航空运单（第一部分）

ORIGINAL 3（FOR CONSIGNEE）

012 1A –1153 4891 1B		012–1153 4891
Shipper's Name and Address 2	Shipper's Account Number 3	Not Negotiable Air Waybill Issued By
		Copies 1,2 and 3 of this Air Waybill are originals and have the same validity
Consignee's Name and Address 4	Consignee's Account Number 5	It is agreed that the goods described herein are accepted in apparent good order and condition (except as noted) for carriage SUBJECT TO THE CONDITIONS OF CONTRACT ON THE REVERSE HEREOF. ALL GOODS MAY BE CARRIED BY ANY OTHER MEANS INCLUDING ROAD OR ANY OTHER CARRIER UNLESS SPECIFIC CONTRARY INSTRUCTIONS ARE GIVEN HEREON BY THE SHIPPER, AND THE SHIPPER AGREES THAT THE SHIPMENT MAY BE CARRIED VIA INTERMEDIATE STOPPING PLACES WHICH THE CARRIER DEEMS APPROPRIATE. THE SHIPPER'S ATTENTION IS DRAWN TO THE NOTICE CONCERNING CARRIER'S LIMITATION OF LIABILITY. Shipper may increase such limitation of liability by declaring a higher value for carriage and paying a supplemental charge if required.
Issuing Carrier's Agent Name and City 6		Accounting Information 10 This Air Waybill is subject to U.S. Domestic Contract of Carriage and International Conditions of Contract of NORTHWEST AIRLINE.
Agent's IATA Code 7	Account No. 8	

Airport of Departure and Requested Routing 9						Reference Number and Optional Shipping Info.						

To	By First Carrier	To	By	To	By	Currency	CHGS Code	WT/VAL		Other		Declared Value for Carriage	Declared Value for Customs
11A	11B	11C	11D	11E	11F	12	13	14A	14B	15A	15B	16	17

Airport of Destination 18	Flight/Date		Amount of Insurance	INSURANCE
	19A	19B	20A	20B

Handling Information notify consignee on arrival　　　　　　21A
SCI 21B

These commodities, technology or software were exported from the United States in accordance with the Export Administration Regulations.	Diversion contrary to U.S. law is prohibited.

续表

No.of Pieces RCP	Gross Weight	KG/LB	Rate Class / Commodity Item No.	Chargeable Weight	Rate/Charge	Total	Nature and Quantity of Goods (Incl. Dimensions or Volume)
22A	22B	22C	22D / 22E	22F	22G	22H	22I
22J	22K					22L	

Prepaid	Weight Charge	Collect	Other Charges
24A		24B	23
Valuation Charge 25A		25B	
Tax 26A		26B	
Total Other Charges Due Agent 27A		27B	Shipper certifies that the particulars on the face hereof are correct and that INSOFAR AS ANY PART OF THE CONSIGNMENT CONTAINS DANGEROUS GOODS,SUCH PART IS PROPERLY DESCRIBED BY NAME AND IS IN PROPER CONDITION FOR CARRIAGE BY AIR ACCORDING TO THE APPLICABLE DANGEROUS GOODS REGULATIONS
Total Other Charges Due Carrier 28A		28B	
29A		29B	31 Signature of Shipper or His Agent
Total Prepaid 30A		Total Collect 30B	

Currency Conversion Rate 33A	CC Charges in Destination Currency 33B	Executed on (Date) 32A	at (Place) 32B	Signature of Issuing Carrier or its Agent 32C
For Carriers Use Only at Destination 33D	Charges at Destination 33C	Total Collect Charges 33E		

教学互动 5-1

互动问题：

1）A器材公司与B空运公司签订航空货运委托书，将一批重量为87千克的通信器材交由B空运公司运往匈牙利布达佩斯。通信器材运抵匈牙利布达佩斯后，收货人发现托运的货物缺少，货物仅为18千克。B空运公司是否应该赔偿，理由是什么？

2）航空货运服务要提升服务质量，可以从哪些方面展开？

要求：同"教学互动1-1"的"要求"。

6）报关

持缮制完成的航空运单、报关单、装箱单、发票等相关单证到海关申请报关，海关审核通过后，在相关单据上盖放行章，并在出口产品退税的单据上盖验讫章。

7）货交航空公司

将盖有海关放行章的航空运单与货物一起交给航空公司，由其安排航空运输，随附航空运单正本、发票、装箱单、产地证明、品质鉴定书等，航空公司验收单、货无误，在交接单上签字。

8）信息传递

货物发出后，航空货运公司及时通知国外代理收货。通知内容包括航班号、运单号、品名、数量、质量、收货人的有关资料等。

9）费用结算

费用结算即航空货运公司向托运人收取航空运费、地面运费及各种手续费、服务费，向航空公司支付航空运费并向其收取佣金，按协议与国外代理结算到付运费及利润分成。

同步案例 5-1

东航物流圆满完成活体马匹与高精密仪器的运输任务

背景与情境：20××年3月14日11点47分，CK206航班顺利降落上海浦东国际机场，这标志着东航物流旗下的中货航顺利完成了活体马匹和1台价值约170万欧元精密仪器的运输任务。此次承运的12匹骏马来自阿根廷首都布宜诺斯艾利斯，是上海一家知名马球俱乐部引进的比赛专用马，这也是中货航欧洲营销中心第一次承运南美地区的贵重活体动物。

此次活体马匹的运输可谓时间紧、任务重。从20××年3月11日下午确认订单到最终出运，只有很短的时间供准备材料、提交呈批件、协调各环节。中货航保卫部和市场部齐心协力、加班加点，最终快速获得总部和边防的批复，确保了所有出入境手续按时完成，使此次活体马匹运输从不可能变为可能。运输过程中，各保障单位全程关注马匹的健康状况，及时观察马匹的进食和饮水情况，确保了马匹在整个运输过程中安然无恙。

除了这12匹活体马匹，该航班上还有1台对振动相当敏感且需要温控的高价值精密仪器。由于精密仪器有特殊运输要求，因此中货航欧洲营销中心的操作团队在航前制订了详细的装载计划，精心做好外包装，在地板上进行固定，避免精密仪器在运输过程中受到马匹的影响，最终圆满完成了运输工作。

资料来源　东航物流网. 东航物流圆满完成活体马匹与高精密仪器的运输任务［EB/OL］.［2019-03-18］. http://www.eal-ceair.com/info/company_news-1/company_news-005A64746B000004B084.html.

问题：为了承接这次货运任务，工作人员需要事先做好哪些工作？

分析提示：结合航空货物进出口组织流程，工作人员需要事先咨询具体航班时刻、机型、转关、运输时间和在订舱方面需要注意的事项等内容，并协调外场装卸部门、库区分拣部门，配合国际货站做好各方面准备。

5.3.2　航空货物进口运输代理业务组织

航空货物进口运输代理业务程序，是指航空货物从入境到提取或转运的整个过程中需要通过的环节、办理的手续以及必备的单证，如图 5-3 所示。航空货物入境后，要经过很多环节才能提出海关监管场所，而每经过一道环节都要办理一定的手续，并出具相关的单证。

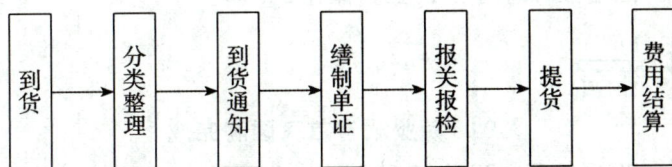

图5-3　航空货物进口运输代理业务程序

1）到货

航空货物入境后，即处于海关监管之下，货物存放在海关监管的仓库内。同时，航空公司应根据运单上记载的信息发出到货通知。若运单上的第一收货人是航空货运公司，则航空公司会把有关货物运输单据交给航空货运公司。

2）分类整理

航空货运公司在取得航空运单后，根据自己的习惯进行分类整理，区分集中托运货物和单票货物、运费预付货物和运费到付货物。集中托运货物需要对主运单项下的货物进行分拨，按每一个运单的货物分别处理。分类整理后，航空货运公司将货物编上公司内部的编号，以便于用户查询和内部统计。

3）到货通知

航空货运公司根据收货人的资料寄发到货通知，催促其速办报关、提货手续。一般应在货物到达当日或24小时内发出到货通知；急件应在到达后2小时内发出到货通知。鲜活易腐货物及其他指定日期和航班运输的货物，托运人应当负责通知收货人在到达站机场等候提取。

对于急件、鲜活易腐货物、贵重货物等特种货物，宜采用电话通知方式，并做好通话记录；对于普通货物，可采用邮寄方式将到货通知单发给收货人。

到货通知发出7天后，若收货人没有前来提货，应发出第二次到货通知；第二次到货通知发出7天后，若仍无人提货，在发出第三次到货通知的同时，应向始发站征求托运人的处理意见；第一次到货通知发出后满60天，若既无人提货也无托运人处理意见，则航空货运公司可根据航空运输相关规定对该货物予以处置。

4）缮制单证

根据运单、发票及证明货物合法进口的有关批文缮制报关单，并在报关单的右下角加盖报关单位的报关专用章。

5）报关报检

将制作好的报关单连同正本的货物装箱单、发票、运单等递交海关，向海关提出办理进口货物报关报检手续，海关经过初审、审单、征税等环节后，放行货物。

6）提货

航空货运公司凭借盖有海关放行章的正本运单到海关监管场所提取货物并送货给收货人，收货人也可自行提货。收货人和工作人员共同查验货物，核对货物的件数、重量和包装，若无异议，收货人需要在货物运单交付收据联上签字。

收货人对货物件数、重量、包装提出异议或货物发生遗失、损坏、延误时，应填制不正常运输事故记录，按不正常运输的规定处理。

完成交付后，运输文件应存档，至少保存2年。

🔑 职业素养5-1

C919商业载客首飞圆满完成

背景与情境： 2023年5月28日12时31分，经历1小时59分钟的飞行后，由C919大型客机执飞的东方航空MU9191航班平稳降落在北京首都国际机场，穿过象征民航最高礼仪的"水门"，标志着该机型圆满完成首个商业航班飞行，正式进入民航市场，开启市场化运营、产业化发展新征程。

C919大型客机是我国首次按照国际通行适航标准自行研制、具有自主知识产权的喷气式干线客机，于2007年立项，2017年首飞，2022年9月完成全部适航审定工作后获中国民用航空局颁发的型号合格证。

此次商业首航的C919飞机于2022年12月9日由中国商用飞机有限责任公司交付给东航。机身前部印有"全球首架"的"中国印"标识，飞机注册号为B-919A。飞机交付东航后，密集完成了100小时的验证飞行，全面检验了飞机的航线运行能力。

中国商用飞机有限责任公司副总经理魏应彪表示，"历经几代人的努力，我国民航运输市场首次拥有了中国自主研发的喷气式干线飞机，大飞机事业已经迈入规模化系列化发展新征程"。

按计划，首航之后此架C919将在"上海虹桥—成都天府"航线上实施初始商业运行，后续该机型还将陆续引进，逐步扩展投放到更多的航线中。

资料来源 佚名. C919商业载客首飞圆满完成 用上多项先进重庆造［N］. 重庆晨报，2023-05-29.

问题： C919商业载客首飞圆满完成具有什么意义？

研判提示： C919完成载客首飞标志着其正式进入民航市场，这是我国民用航空事业发展史上的重要里程碑，也是我国自主创新能力和高端制造水平的生动体现。它不仅打破了国际市场上长期由波音和空客垄断的局面，也为我国民航运输提供了更多的选择和可能。它展示了我国在航空领域的技术实力和市场潜力，也为推动全球航空产业的多元化和平衡化做出了贡献。

7）费用结算

收货人在收货时应结清各种费用，包括到付运费、垫付佣金及仓储费等。

业务链接5-4

无法交付货物的处理

货物到达目的站14日后，出现下列情况之一，即被视为无法交付货物：

①货运单上所列地址无此收货人或收货人不详。

②收货人对货物到达通知不予答复。

③收货人拒绝提货。

④收货人拒付应付的费用。

⑤其他原因造成货物无人提取。

学习微平台

延伸阅读 5-2

5.4　航空货物运费计算

5.4.1　航空货物运费的构成

航空货物运费是指根据适用运价计算得出的发货人或收货人应当支付的每批货物的运输费用，由航空基本运费、声明价值附加费及其他费用组成。

航空基本运费是指货物从始发地机场至目的地机场之间的费用。

声明价值附加费是指货主向承运人声明货物价值，以减免运输风险而需要支付的费用。

其他运费是指航空基本运费和声明价值附加费以外的费用，包括地面运费、燃油附加费、运费到付手续费等。

承托运双方在货物装运前需要核算运费，航空运费核算流程如图5-4所示。

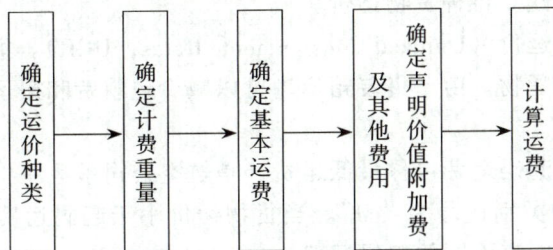

图5-4　航空运费核算流程

5.4.2　确定运价种类

运价是指承运人为运输货物按规定的单位重量（或体积）收取的费用。运价是机场与机场间的空中费用，不包括承运人、代理人或机场收取的其他费用。运价以始发机场所在国家的货币公布，或以美元公布。货物运价以"元"为计费单位。根据运价公布形式的不同，运价可分为公布直达运价和非公布直达运价。

1）公布直达运价

公布直达运价是指承运人在运价手册上对外公布的运价，包括普通货物运价、等级货物运价、特种货物运价、集装箱货物运价、起码运费等。

（1）普通货物运价（General Cargo Rates，GCR）。普通货物运价是为一般货物制定的。普通货物运价以45千克作为重量分界点，45千克（或100磅）以下的普通货物运价类别代号为"N"；45千克及以上的普通货物运价类别代号为"Q"。我国航空货物运输在45千克以上又划分出100千克、300千克、500千克等不同重量分界点及运价，重量分界点运价类别代号仍为"Q"。

（2）等级货物运价（Class Cargo Rates，CCR）。等级货物运价是指地区或地区间指定等级的货物所适用的运价。等级货物运价是在普通货物运价的基础上增加或减少一定的百分比而构成的。

① 等级运价加价，运价代号为"S"，可使用该运价的商品包括：活动物、急件、生物制品、珍贵植物及植物制品、骨灰、灵柩、鲜活易腐物品、贵重物品、枪械、弹药、押运货物等。上述物品的运价按照45千克以下普通货物运价的150%～200%计收。

② 等级运价减价，运价代号为"R"，可使用该运价的商品包括：报纸、杂志、书籍、作为货物托运的行李等。上述物品的运价按照45千克以下普通货物运价的50%计收。

（3）特种货物运价（Specific Cargo Rates，SCR）。特种货物运价又称指定商品运价，运价代号为"C"，适用于在特定的始发站和到达站的航线上运输的特种货物。特种货物运价低于普通货物运价。

特种货物运价是由参加国际航空运输协会的航空公司根据在一定航线上有经常性特种商品运输的发货人的要求，或者为促进某地区的某种货物的运输，向国际航空运输协会提出申请，经同意后制定的。对于一些批量大、季节性强、单位价值低的货物，航空公司可申请建立特种货物运价。

（4）集装箱货物运价（Unitized Consignments Rates，UCR）。集装箱货物运价适用于采用集装箱运输的货物。由于集装箱运输可以减少包装费和搬运费，因此其运价大大低于普通货物运价。

（5）起码运费。起码运费也称最低运费，是航空公司承运一批货物所能接受的最低运费。起码运费的类别代号为"M"。当货物运价小于起码运费时，就要收起码运费。不同的国家和地区有不同的起码运费。

2）非公布直达运价

当甲地至乙地没有可适用的公布直达运价时，可采用非公布直达运价。非公布直达运价包括比例运价和分段相加运价。

（1）比例运价。在运价手册上，除公布的直达运价外，还公布一种不能单独使用的附加数。当货物的始发地或目的地无公布直达运价时，可采用比例运价与已知的公布直达运价相加的方法，构成非公布直达运价。

（2）分段相加运价。所谓分段相加运价，是指当两地间既没有公布直达运价，也无法利用比例运价时，可以在始发地与目的地之间选择合适的计算点，分别找到始发地至该点、该点至目的地的运价，两段运价相加组成全程的最低运价。

无论是比例运价还是分段相加运价，承运人允许发货人在正确使用的前提下，以不同计算结果中的最低值作为该批货物适用的航空运价。

业务链接5-5

航空运价使用顺序

①优先使用双边协议运价。

②公布直达运价优先于分段相加运价。

③特种货物运价优先于等级货物运价和普通货物运价。

④等级货物运价优先于普通货物运价。

⑤无公布直达运价时，比例运价优先于分段相加运价。

⑥按重量计得的运费与最低运费相比，取其高者为最低运费。

当使用等级货物运价或普通货物运价计算出的运费低于按特种货物运价计算出的运费时，可使用等级货物运价或普通货物运价。

5.4.3　确定计费重量

计费重量取实际重量和体积重量两者之中较高的一个计算。也就是说，在货物体积小、重量大时，以实际重量作为计费重量；在货物体积大、重量轻（轻泡货物）的情况下，以货物的体积重量作为计费重量。

1）实际重量

实际重量是指一件货物包括包装在内的实际总重量。具体计算时，重量不足0.5千克的按0.5千克计，0.5千克以上不足1千克的按1千克计，不足1磅的按1磅计。

2）体积重量

体积重量是指一件货物按照体积大小折算出来的重量，体积重量的计算方法如下：

① 分别量出货物的最长、最宽和最高的部分，三者相乘算出体积，尾数四舍五入。

② 将体积折算成千克（或磅）。国际航空运输协会规定，在计算体积重量时，以6 000立方厘米折合1千克为计算标准。

当一批货物由几件不同的货物组成时（如集中托运货物，其中有重货也有轻泡货），其计费重量取整批货物的总毛重或总体积重量两者之中较高的一个。

同步思考5-2

计费重量的确定

背景资料：小张是在校大学生，假期在某货代公司实习。7月10日，公司接到一笔业务，要求运输一批货物，总毛重为500千克，总体积为3 817 800立方厘米，小张认为计费重量是500千克，公司的另一个实习生小李说计费重量是636.5千克。

问题：谁的说法对？

理解要点：计费重量应取实际重量和体积重量两者之中较高的一个。国际航空运输协会规定，在计算体积重量时，以6 000立方厘米折合1千克为计算标准。

5.4.4　确定基本运费

根据上述确定的运价率和计费重量，就可以得出货物的基本运费。

基本运费的计算公式为：

基本运费=运价率×计费重量　　　　　　　　　　　　　　　　　　　　(5.4)

1）普通货物运价计算注意事项

（1）运单的填写。在运价类别代号栏内填写"N"或"Q"或"M"；在重量栏内填写"K"或"L"；轻泡货物填写体积尺寸；货品品名多于2个时，应填写总重量。

（2）当一个较高的起码重量能提供较低的运费时，可使用较高的起码重量作为计费重量。这个原则也适用于那些以普通货物运价加或减一定百分比的等级货物运价。

同步计算5-2

普通货物基本运费的确定

由北京运往东京一箱服装，毛重28.4千克，体积尺寸为82厘米×48厘米×32厘米，公布运价见表5-3。请问计费重量如何确定？航空运费是多少？航空运单运费计算栏应如何填写？

表5-3　　　　　　　　　　　公布运价表

BEIJING	CN		BJS
Y.RENMINBI	CNY		KGS
TOKYO	JP	M	230.00
		N	9.00
		45	6.00

解：

体积：82×48×32=125 952（立方厘米）

体积重量：125 952÷6 000=20.992=21.0（千克）

毛重：28.4千克。

计费重量：28.5千克。

适用运价：GCR N 9.00 CNY/KG。

航空运费：28.5×9.00=256.5（元）

航空运单运费计算栏的填写见表5-4。

表5-4　　　　　　　　　航空运单运费计算栏的填写

No.of Pieces RCP	Gross Weight	KG/LB	Rate Class		Chargeable Weight	Rate/Charge	Total	Nature and Quantity of Goods（Incl.Dimensions or Volume）
				Commodity Item No.				
1	28.4	K	N		28.5	9.00	256.5	CLOTHES DIMS：82cm×48cm×32cm

2）等级货物运价计算注意事项

（1）运单的填写。在运价类别代号栏内填写"R"或"S"；在重量栏内填写"K"或"L"；轻泡货物要填写体积尺寸；货品品名多于2个时，应填写总重量。

（2）等级运价减价一般取45千克以下的普通货物运价的50%；当运量较大时，若此重量分界点的普通货物运价率低于45千克以下普通货物运价的50%，则采用普通货物45千克以下的运价，运价类别代号栏应填写"N"。

（3）无人押运行李的最低计费重量不得小于10千克。

同步计算5-3

等级货物基本运费的确定

由北京运往波士顿一箱金表，重32.0千克，货物体积尺寸为61厘米×51厘米×42厘米，适用运价为200% of the Normal GCR，公布运价见表5-5。请问计费重量如何确定？航空运费是多少？航空运单运费计算栏应如何填写？

表5-5　　　　　　　　　公布运价表

BEIJING	CN		BJS
Y.RENMINBI	CNY		KGS
BOSTON	US	M	670.00
		N	29.90
		45	29.90
		100	24.90
		300	23.90

解：

体积：61×51×42=130 662（立方厘米）

体积重量：130 662÷6 000=21.777=22.0（千克）

计费重量：32.0千克。

适用运价：200%×29.90=59.80（元/千克）

航空运费：32.0×59.80=1 913.60（元）

航空运单运费计算栏的填写见表5-6。

表5-6 **航空运单运费计算栏的填写**

No.of Pieces RCP	Gross Weight	KG/LB	Rate Class		Chargeable Weight	Rate/Charge	Total	Nature and Quantity of Goods （Incl.Dimensions or Volume）
			Commodity Item No.					
1	32.0	K	S	N200	32.0	59.8	1 913.60	GOLD WATCH DIMS：61cm× 51cm×42cm

3）特种货物运价计算注意事项

（1）运单的填写。在运价类别代号栏内填写"C"；在重量栏内填写"K"或"L"；轻泡货物填写体积尺寸；货品品名多于2个时，应填写总重量。

（2）特种货物一般有最低计费重量的限制。当运量较小时，若采用普通货物运价计算的运费小于按特种货物运价计算的运费，则采用普通货物运价，运价类别代号栏内填写"N"。

同步计算5-4

特种货物基本运费的确定

由北京运往大阪3箱蘑菇，共150.0千克，每箱尺寸为102厘米×44厘米×25厘米，公布运价见表5-7。请问计费重量如何确定？航空运费是多少？航空运单运费计算栏应如何填写？

表5-7 **公布运价表**

BEIJING	CN		BJS
Y.RENMINBI	CNY		KGS
OSAKA	JP	M	280.00
		N	11.00
		45	11.00
		100	10.00
		300	9.00

解：

查找品名表，编号0850所对应的货物名称为蘑菇，由于货主交运的货物重量符合普通货物运价使用时的最低运费要求，因此运费计算如下：

体积：102×44×25×3=336 600（立方厘米）

体积重量：336 600÷6 000=56.1=56.5（千克）

计费重量：150.0 千克。

适用运价：SCR 0850/Q100 10.00 CNY/KG。

航空运费：150.0×10.00=1 500.0（元）

航空运单运费计算栏的填写见表 5-8。

表5-8　　　　　　　　　　　航空运单运费计算栏的填写

No.of Pieces RCP	Gross Weight	KG/ LB	Rate Class		Chargeable Weight	Rate/ Charge	Total	Nature and Quantity of Goods (Incl.Dimensions or Volume)
				Commodity Item No.				
3	150.0	K	C	0850/Q100	150.0	10.00	1 500.0	MUSHROOM DIMS：102cm× 44cm×25cm×3cm

5.4.5　确定声明价值附加费及其他费用

1）声明价值附加费

《华沙公约》对由于承运人的疏忽或故意造成的货物灭失、损坏或延迟交付规定了最高赔偿责任限额，这一金额一般被理解为每千克 20 美元。如果货物的价值超过了上述值，即增加了承运人的责任，那么承运人要收取声明价值附加费；否则，即使出现更多的损失，承运人对超出的部分也不承担赔偿责任。

货物的声明价值是针对整件货物而言的，不允许对货物的某部分声明价值。声明价值附加费的收取以货物的实际毛重为依据，其计算公式为：

声明价值附加费=（货物价值−货物毛重×20美元/千克）×声明价值附加费费率　　　　（5.5）

声明价值附加费费率通常为 0.5%。大多数航空公司在规定声明价值附加费费率的同时，还会规定声明价值附加费的最低收费标准。如果根据上述公式计算出来的声明价值附加费低于航空公司的最低收费标准，则托运人应按照航空公司的最低收费标准缴纳声明价值附加费。

2）其他费用

其他费用只有在承运人或航空货运代理人或集中托运人提供服务时才收取。

5.4.6　计算运费

由上述各项即可得出航空运费总额，其计算公式为：

航空运费总额=基本运费+声明价值附加费+其他费用　　　　　　　　　　　　　　（5.6）

⊨ 本章概要 ⇒

　□ 内容提要与结构

　▲ 内容提要

　● 航空货物运输是指一地的货物通过航空器运往另外一地的运输。航空运输的相关组织有国际民用航空组织、国际航空运输协会、国际货运代理协会联合会。在货运业务中，航空公司一般只负责空中运输，即从一个机场到另一个机场的运输。航空货运公司又称空运代理，它是随着航空运输的发展及航空公司运输业务的集中化而发展起来的。

● 航空运输方式有班机运输、包机运输、集中托运、联运等。其中，包机运输又可分为整包机和部分包机两种形式。

● 航空货物出口运输代理业务程序为：托运受理→订舱→备货报检→接单提货→缮制单证→报关→货交航空公司→信息传递→费用结算。航空货物进口运输代理业务程序为：到货→分类整理→到货通知→缮制单证→报关报检→提货→费用结算。

● 航空运费核算流程为：确定运价种类→确定计费重量→确定基本运费→确定声明价值附加费及其他运费→计算运费。其中，常用的运价种类有普通货物运价、等级货物运价、特种货物运价、集装箱货物运价、起码运费等。

▲ 内容结构

本章内容结构如图5-5所示。

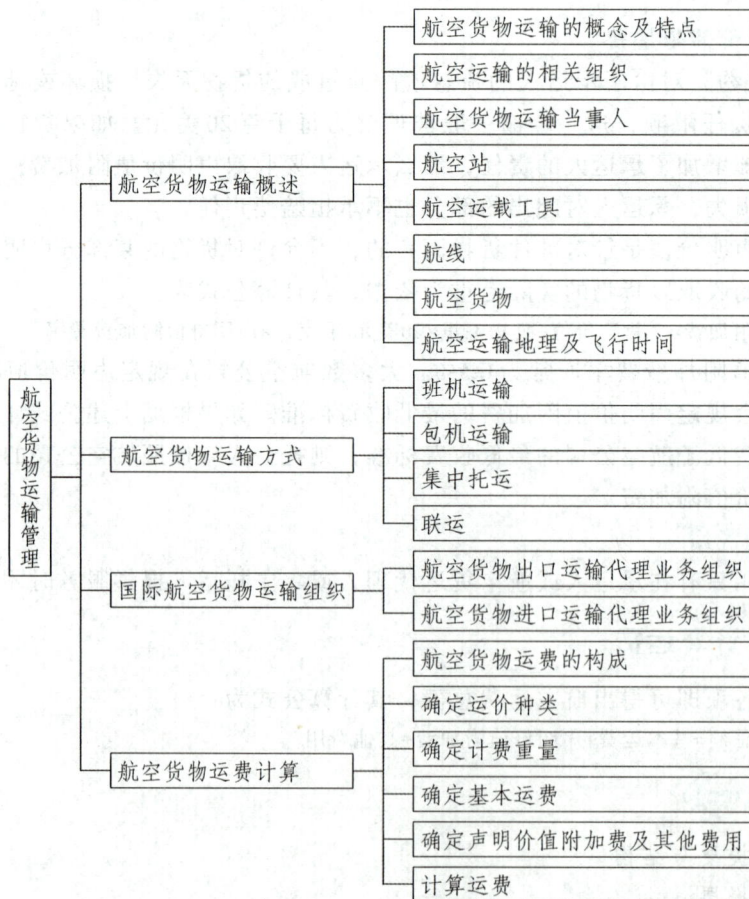

图5-5 本章内容结构

□ 主要概念和观念

▲ 主要概念

航空货物运输　航空站　班机运输　集中托运　航空货物运费　运价

▲ 主要观念

航空货物运输方式　航空货物进出口运输组织

□ 重点实务和操作

▲ 重点实务

航空运输方式选择　航空货物进出口运输组织　航空运单缮制　航空货物运费计算

▲ 重点操作

航空货物进出口运输组织　航空运单缮制　航空货物运费计算

━ 基本训练 ➡

□ 理论题

▲ 简答题

1）航空货物的运输方式有哪几种？
2）简述航空货物运输体系的构成。
3）航空运价的种类有哪些？

▲ 讨论题

1）航空公司与航空货运公司有哪些差异？
2）比较航空运单与海运提单的异同。
3）分析说明航空主运单与航空分运单的关系。

□ 实务题

▲ 规则复习

1）简述航空货物进出口运输组织的程序。
2）简述集中托运的方法。
3）简述航空货物运费计算的基本程序。

▲ 业务解析

由北京运往新加坡一箱水管接头五金件，毛重35.6千克，公布运价见表5-9。试计算该票货物的航空运费。

表5-9　　　　　　　　　　　　　公布运价表

BEIJING	CN		BJS
Y.RENMINBI	CNY		KGS
SINGAPORE	SN	M	200.00
		N	30.50
		45	22.49

□ 案例题

▲ 案例分析

【相关案例】

航空货物运输纠纷案例

背景与情境：2022 年 1 月，海南航空控股股份有限公司（以下简称海航公司）与北京金开宇国际货运代理有限公司（以下简称金开宇公司）签订"运输协议"，约定由海航公司执飞北京至洛杉矶往返航线，金开宇公司支付包机费用。协议签订后，金开宇公司向海航公司支付押金 550 万元，海航公司按照合同约定的航班计划将金开宇公司托运的货物运至洛杉矶。少数运单出现落货（原计划配载的货物未能全部装上飞机）、丢货情况。2022 年 7 月，金开宇公司以国际燃油价格暴涨造成包机价格过高为由，在未经海航公司同意的情况下，中止合同履行，停付包机费用。海航公司诉至法院，请求金开宇公司支付拖欠的燃油费及违约金等共计 790 万余元。金开宇公司提起反诉，请求海航公司返还押金、赔偿落货、丢货造成的损失等共计 711 万余元。海口海事法院经开庭审理，判决支持海航公司关于要求支付包机费用的诉讼请求，驳回金开宇公司的反诉请求。金开宇公司提起上诉，二审期间自愿撤回上诉。

资料来源　邢东伟，翟小功．海口海事法院审结一宗国际航空货物运输案［EB/OL］．［2023-06-02］．http://www.legaldaily.com.cn/index_article/content/2023-06-02/content_8860724.html.

问题：

1）该案例中为何海口海事法院判决支持海航公司关于要求支付包机费用的诉讼请求？

2）该案例中金开宇公司的损失具体应该如何赔付？

3）在航空货运中如果发生货运纠纷应该如何处理？

【训练要求】

同第 1 章"基本训练"中本题型的"训练要求"。

▲ 职业素养训练

分析提示 5

【相关案例】

中国邮政自主航空网春节"不打烊"

背景与情境：2023 年春节期间，中国邮政自主航空网"北京—南京""呼和浩特—石家庄—南京""沈阳—南京""济南—南京""郑州—南京""广州—南京""南宁—南昌—南京""福州—南京""重庆—长沙—南京""成都—南京""兰州—天津—南京"11 条骨干航线不停航，不停航航线占邮航运行航线的 1/3 强。2023 年 1 月 21—27 日（农历除夕至正月初六），11 条航线共有执行航班 214 班，正常率超过 99%。

为确保中国邮政自主航空网上述航线在春节期间的安全运行，中国邮政航空公司未雨绸缪，从年前即开始统筹运力资源，根据运力结构制订了不停航航线方案，提前与相关站点的机场保障部门和外委单位就方案加强沟通协调。邮航各部门和各站点办事处等统筹人力资源，做好加班准备工作。

为提高航班的装载率，参加南京集散作业的航班从 2023 年 1 月 21 日起，适当推迟 6 点半前出港航班的截载时间。春节生产运行期间，邮航飞行人员、机务人员、地

面保障人员和安检人员在保通保畅的岗位上默默奉献，保障中国邮政运行大网的正常运转，用坚守诠释责任担当，守护万家灯火，成为新春亮丽的风景线。

　　资料来源　杨卫东.中国邮政自主航空网春节"不打烊"[N].中国邮政报，2023-01-31.

问题：

1）中国邮政自主航空网春节"不打烊"蕴含着哪些正能量的元素？

2）邮航工作人员展现出的职业素养是什么？

【训练要求】

同第1章"基本训练"中本题型的"训练要求"。

☐ 实训题

【实训目的】

航空货物运输管理技能训练。

【情境设计】

将学生分成若干实训团队，各团队分别选择一家具备国际航空货代资质的物流公司、货代公司（或本校专业实训基地，或毕业生创业团队），从"'航空货物运输管理'技能应用"视角，参与企业该项目的运作，撰写《×××公司×××货物航空出口/进口运输组织方案》。

【组织形式】

1）以小组为单位组成航空货物运输管理团队。

2）各航空货物运输管理团队结合实训任务进行恰当的角色分工，确保组织合理和每位成员的积极参与。

【训练要求】

同第1章"基本训练"中本题型的"训练要求"。

【成果形式】

训练课业：《×××公司×××货物航空出口/进口运输组织方案》。

课业要求：

1）"实训课业"的结构与体例参照本教材"课业范例"中的范例-3。

2）将《×××公司×××货物航空出口/进口运输组织方案》。以"附件"形式附于《训练报告》之后。

3）在校园网平台上展示经过教师点评的班级优秀《训练报告》，并将其纳入本课程的教学资源库。

━━ 单元考核 ➤

考核评价要求：同第1章"单元考核"的"考核评价要求"。

价值引导5

第6章
管道运输管理

◉ 学习目标

引例　西气"再添"东输通道

6.1　管道运输概述

6.2　管道运输工艺及生产管理

6.3　管道运输安全管理

◉ 本章概要

◉ 基本训练

◉ 单元考核

学习目标

知识目标：

- 掌握管道运输的概念和特点；
- 熟悉管道运输的分类；
- 掌握管道运输安全管理及安全事故预防的方法；
- 熟悉管道运输生产管理的方法。

能力目标：

- 能辨析不同类型的管道运输；
- 会进行管道运输生产管理；
- 会进行管道运输安全管理及安全事故预防。

素质目标：

- 激发学生对管道运输领域的兴趣和探索精神；
- 培养学生热爱科学、尊重劳动的情感；
- 培养团队合作、运输安全等职业操守；
- 增强学生的社会责任感和环保意识。

引例　西气"再添"东输通道

背景与情境: 2023年9月28日,西气东输四线天然气管道工程正式开工,建成后将与西气东输二线、三线联合运行,进一步完善我国西北能源战略通道,有力提升我国天然气能源供应保障能力,更好保障国家能源安全和经济安全。

西气东输四线,起自中吉边境新疆乌恰县伊尔克什坦,经轮南、吐鲁番至宁夏中卫,管道全长约3 340千米,管径1 219毫米,设计压力12兆帕。

项目建成后,将与西气东输二线、三线联合运行,届时西气东输管道系统年输送能力可达千亿立方米,将有效增强管网系统供气可靠性和灵活性,提高能源输送抗风险能力,进一步促进东西部地区能源结构优化,助力管道沿线经济社会发展和绿色低碳转型。

西气东输四线工程在实施过程中,结合项目特点、难点、重点,全面推广和应用管道建设科技创新成果。

首次大规模应用18米加长管,预计可减少焊口8 000余道,环焊缝降幅达33.3%,有效提升管道本质安全;全线采用数字射线检测技术(DR),实现检测数据采集自动化、存储数字化;推广大口径管道双连管施工法,单千米节约焊接工期4天,大幅提高施工工效;严格执行环境保护设施与主体工程同时设计、同时施工、同时投产"三同时"制度,配套设施与在役管道并行铺设,优先利用既有道路和设施,减少资源浪费和生态破坏。

资料来源　酒泉市自然资源局. 西气"再添"东输通道[EB/OL]. [2022-09-28]. http://www.guandaobaohuchina.com/htm/20229/2_3926.htm.

从引例可见,随着我国经济向绿色低碳、高质量转型发展,对管道运输的需求越来越大,西气东输工程对于我国充分利用国际油气资源、实现开放条件下的能源安全,具有重大战略意义。

学习微平台

同步链接6-1

6.1　管道运输概述

6.1.1　管道运输的概念和特点

1)管道运输的概念

管道运输是将管道作为运输工具的一种长距离输送液体和气体物资的运输方式,是专门由生产地向市场输送石油、煤和化学产品的运输方式,是统一运输网中干线运输的特殊组成部分。管道运输石油产品比水路运输石油产品的费用高,但仍然比铁路运输便宜。管道运输如图6-1所示。

图6-1　管道运输示意图

业务链接6-1

全国长输天然气管道总里程达11.8万千米

《中国天然气发展报告（2023）》显示，2022年，全国长输天然气管道总里程11.8万千米（含地方及区域管道），新建长输管道里程3 000千米以上，西气东输三线中段、西气东输四线（吐鲁番—中卫段）等重大工程快速建设。浙江省天然气管网以市场化方式融入国家管网，持续推动全国油气管网设施公平开放，设施运营效率稳步提升。

资料来源　丁怡婷. 全国长输天然气管道总里程达11.8万千米［EB/OL］.［2023-07-25］. http://www.guandaobaohuchina.com/htm/20237/2_4264.htm.

2）管道运输的特点

在五大运输方式中，管道运输具有独特的优势。与其他运输方式相比，管道运输特别是长距离管道运输，具有下述优点：

（1）运量大。一条输油管线可以源源不断地完成输送任务。根据管径大小的不同，管道每年的运输量可达数百万吨到几千万吨，甚至超过亿吨。一条管径为1 200毫米的原油管道年运输量可达1亿吨。

（2）占地少。运输管道一般埋于地下，占用的土地很少。实践证明，管道运输对土地的永久性占用很少，仅为公路的3%、铁路的10%左右。

（3）基建投资少、建设速度快、施工周期短、建设费用低。由于管道运输的输送系统简单，因此基建投资少。由于管道由厂家订货，工程量相对其他运输方式来说较少，且输送管道多为埋设，主要是土方施工，采用分段施工方式，因此建设速度快、施工周期短。统计资料表明，管道建设费用比铁路建设费用低60%左右。

（4）安全可靠、连续性强。由于石油、天然气等资源易燃、易爆、易挥发、易泄漏，因此采用管道运输方式既安全，又可以减少挥发损耗，还可以大大减少泄漏对空气、水和土壤造成的污染。此外，由于管道基本埋藏于地下，因此运输过程中受气候条件的影响较小，可以确保运输系统的长期稳定运行。

（5）耗能少、运输成本低、效率高。发达国家采用管道运输石油，每吨千米的能耗不足铁路能耗的1/7，在大量运输时的运输成本与水运接近。以运输石油为例，管道运输、水路运输、铁路运输的运输成本之比为1∶1∶1.7。此外，管道运输是一种连续工程，运输系统不存在空载行程的情况，运输效率高。

（6）受地形条件的限制少。管道运输不同于铁路运输或公路运输，其受地形条件的限制较少，因此管道线路没有铁路或公路的迂回曲折问题，易于克服地形障碍，输送路径最短，可以为节约投资、加快建设进度创造有利条件。

管道运输也有一些局限性，具体如下：

（1）运输对象单一。管道运输系统只能输送特定的物料，如特定的石油、天然气、粉状或粒状物料，而不能像其他运输方式那样，可以进行大多数物资的运输。

（2）灵活性差。管道运输系统一般只能运输大宗的、特定的、适宜管道运输的物料。不论是输送石油、天然气，还是粉状或粒状物料，管道对物料的质量均有严格的要求。管道运输系统的敏感性强、应变能力弱，因此要求严格控制物料的特性，如浆体管道运输的物料只能是与水混合后不会产生物理变化和化学变化的颗粒状物料。

（3）输送能力不易改变。每个管道运输系统的输送能力一经确定，输送系统的设备和管道就是确定的，是不能改变的。如果要提高输送能力，就必须提高管道的承压力，设备的输送压力也必须随之提高，而原有的管道和设备在技术上很难达到这一要求。此外，一旦油田产量递减或枯竭，该段原油管道即报废，只能另建管道运输系统。

（4）浆体需要脱水处理。浆体管道输送物料到达终点后，必须进行脱水（过滤甚至干燥），以供用户使用。

（5）占用部分货物资源。管道运输自投产之日起，管道内即充满所运输的介质，直到停止运行之日止，因此有一部分介质会长期积存在管道中，从而占用了部分货物资源。

业务链接6-2

国家管网首个成品油支线反输改造项目完成首批输油任务

国家管网集团兰郑长成品油管道长庆支线反输项目于2023年7月23日完成首个批次输油任务，累计输送高清汽油16 000立方米。该项目是国家管网成立以来首个成品油支线反输改造项目，于7月19日成功投产试运。

该项目是国家管网集团"拓市场、增效益"的重点项目，是提升兰郑长管输效益的重要举措。项目利用现有管线和仓储设施，通过增加两条反输进站管线进行输油工艺改造，每年将国家管网咸阳油库约60万吨汽柴油反输至中国石油长庆石化，进一步增加长庆石化生产调剂库容，提升兰郑长管道负荷率，缓解庆阳石化资源出厂压力，搭建关中地区成品油"蓄水池"，助力基石客户降本节费。

资料来源　中国证券网. 国家管网首个成品油支线反输改造项目完成首批输油任务［EB/OL］.［2023-07-27］. https://news.cnstock.com/news，bwkx-202307-5096958.htm．

6.1.2　运输管道的分类

1）按输送物品的不同分类

（1）输油管道。输油管道可分为原油管道和成品油管道。

原油管道运输主要是将原油自油田输给炼油厂，或输给转运原油的港口、铁路车站，或两者兼而有之。其运输特点是运输量大、运距长、收油点和交油点少。世界上85%以上的原油是用管道输送的。

成品油管道主要输送汽油、煤油、柴油、航空煤油和燃料油，以及从油气中分离出来的液化石油气等成品油（油品）。每种成品油在商业上有多种牌号，通常采用在同一条管道中按一定顺序输送多种油品的工艺，这种工艺能够保证油品的质量，准确将油品分批运到交油点。成品油管道运输的任务是将炼油厂生产的大宗成品油输送到各大城镇附近的成品油库，然后用油罐汽车转运给城镇的加油站或用户。其运输特点是批量多、交油点多。因此，成品油管道的起点段管径大，输油量也大；经多处交油分输以后，输油量减小，管径亦随之变小，从而形成了成品油管道多级变径的特点。

（2）输气管道。输气管道主要输送天然气和油田伴生气，包括集气管道、输气干线和供配气管道。

（3）固体料浆管道。固体料浆管道主要输送煤、铁矿石、磷矿石、铜矿石、铝矾土和石灰石等矿物。配置浆液主要用水，少数采用燃料油或甲醇等液体作为载体。其输送方法是先将固体粉碎，与适量的液体配置成可泵送的浆液，再用泵按液体管道输送工艺进行输送。到达目的地后，将固体与液体分离送给用户。

2）按用途的不同分类

（1）集输管道。集输管道是指从油（气）田井口经集油（气）站到起点压力站的管道，主要用于收集从地层中开采出来的未经处理的原油（天然气）。

（2）输油（气）管道。输油管道是指由油管及其附件组成，并按照工艺流程的需要，配备相应的油泵机组，从而设计安装成的一个完整的管道系统。输气管道是指从气源的气体处理厂或起点压气站到各大城市的配气中心、大型用户或储气库的管道，以及气源之间相互连通的管道。输气管道主要输送经过处理且符合管道输送质量标准的天然气，它是整个输气管道系统的主体部分。

（3）配油（气）管道。配油管道是指在炼油厂、油库和用户之间运输的管道。配气管道是指从城市调压计量站到用户支线的管道。该类管道压力低、分支多、管网稠密、管径小，除大量使用钢管外，低压配气管道口也可使用塑料管或其他材质的管道。

同步思考6-1

背景资料：2023年4月，兰州市举行盾构隧道内管道油品泄漏应急处置演练。此次演练在隧道内进行，难度大、要求高，对油品管道应急救援工作具有重要借鉴意义。演练中，西南管道逐级启动应急响应，紧急组织现场警戒、隔离疏散，对泄漏点进行通风、泡沫覆盖及先期柔性卡具堵漏临时处置，然后对事故管段进行永久性换管处置。西固区应急管理局、发改局、消防大队接到事故报告后，立即按照相关程序启动应急流程，第一时间派出工作组赶赴现场指导应急救援工作。经过现场50多名维抢修及消防人员历时90分钟的全力配合，各个环节做到了紧密衔接，应急处置措施准确到位，使"隐患"及时消除，保证了特殊环境下的管道安全运行。演练采取全过程、高仿真、重实战的情景模拟方式进行，通过视频直观展现隧道内管道应急抢险全过程。

　　资料来源　石建强，刘俊. 兰州市举行盾构隧道油品泄漏应急演练［EB/OL］.［2023-04-14］. https：//baijiahao.baidu.com/s？id=1763042754761812443&wfr=spider&for=pc.

　　问题：管道泄漏演练为什么要坚持全过程、高仿真、重实战？

　　理解要点：管道作为油气行业承上启下的关键一环，一旦发生泄漏对生产和生活带来的影响都非常大，坚持全过程、高仿真、重实战演练也是强化日常准备，牢固树立"居安思危、常备不懈"的思想意识的具体要求。

6.1.3　长距离输油管道的组成和管道运输系统的基本设施

1）长距离输油管道的组成

长距离输油管道由输油站和线路两大部分组成。

长距离输油管道起点的输油站又称首站，其主要组成部分是油罐区、输油泵房和油品计量装置。长距离输油管道终点的输油站又称末站，它可能是长距离输油管道的转运油库，也可能是其他企业的附属油库。

长距离输油管道的线路部分包括管道本身，沿线阀室，通过河流、公路、山谷的穿（跨）越构筑物，阴极保护设施，以及沿线的简易公路、通信与自控线路、巡逻人员住所等。

2）管道运输系统的基本设施

管道运输系统的基本设施包括管道、储存库、压力站（泵站）和控制中心。

（1）管道。管道是管道运输系统中最主要的部分，它的制造材料可以是金属、混凝土或塑胶，管道制造材料的选择应根据输送的货物种类及输送过程中所要承受压力的大小来决定。

（2）储存库。管道运输的过程是连续进行的，管道两端必须建造足够容纳其所承载货物的储存库。

（3）压力站（泵站）。压力站是管道运输动力的来源，货物靠压力推动经管道从甲地输送到乙地。管道运输压力的来源主要包括气压式、水压式、重力式及最新的超导体磁力式。

（4）控制中心。管道运输需要有良好的控制中心，并配备最先进的监测器及熟练的管理与维护人员，随时检测、监视管道运输设备的运转情况，以防止发生意外事故。

职业素养6-1

兰州一路段施工挖断天然气管道

背景与情境：2023年10月17日13时左右，甘肃兰州南滨河路段发生施工事故，导致现场天然气泄漏。兰州市南滨河中路雨污水管道施工负责人郑先生称，导致天然气泄漏的原因是在施工中不慎将天然气管道打破。他表示天然气公司给施工方指认了天然气管道走向，施工方也通过施工围挡进行了安全防护，但在打桩的时候还是给管道打破了。出现事故后，施工方立即采取应急措施，把两侧车道封闭，对两侧人员进行疏散。相关部门赶到现场抢修，关闭管道阀门并放散管道内余气。

甘肃昆仑燃气公司工作人员反馈的信息表示，管道是第三方施工的时候挖断的，万幸的是因为事故处置及时，除导致周边几个小区停气外，没有造成大的损失。

资料来源　澎湃新闻．兰州一路段施工挖断天然气管道［EB/OL］．［2023-10-17］．https：//www.thepaper.cn/newsDetail_forward_24964247．

问题：施工方做了防护措施后，为什么还是出现挖断燃气管道的事故？

学习微平台

延伸阅读6-1

研判提示： 在施工过程中出现挖断管道的事故时有发生，事后分析大部分原因是沟通不畅、措施不当、施工不当导致，因此在管道附近施工时，必须要加强部门间沟通协调，做好防范措施，谨慎施工，同时要做好应急预案。

6.2　管道运输工艺及生产管理

6.2.1　管道运输工艺

1）管道输油工艺

管道输油工艺是指实现管道油品输送的技术和方法，即根据油品性质和运输量，确定输送方法和流程、输油站类型和位置，选择管材和主要设备，制订运行方案和输量调节措施等。

（1）油品输送方法。油品输送方法需要根据油品的性质和管道所处的环境来确定。轻质成品油和低凝固点、低黏度的原油常采用等温输送方法；易凝高黏油品目前常采用加热、掺轻油稀释、水悬浮、加改性剂和减阻剂等输送方法。

（2）输油流程。输油流程是指管道沿线上下两泵站之间的连接方式。输油流程包括开式流程和密闭流程两种，如图6-2所示。

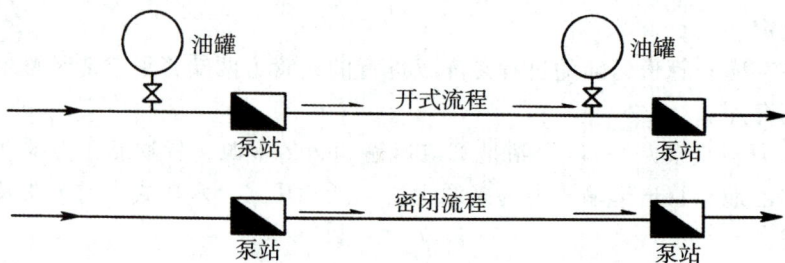

图6-2　两种输油流程图

① 开式流程。开式流程是指上站来油通过中间泵站的常压油罐输往下站的输送流程。目前采用的开式流程是上站来油直接进入油泵的进口汇管，汇管旁接的常压油罐仅用于缓冲上、下游泵站输量的不均衡，根据旁接罐油面的升降来调节输量，不做计量用。

② 密闭流程。密闭流程是指在中间泵站不设油罐，上站来油直接进泵，油品沿管道全线在密闭状态下输送。同开式流程相比，密闭流程有如下优点：避免了油品在常压油罐中蒸发损耗；减少了能量损失，站间的余压可与下站进站压力叠加；简化了泵站流程；便于全线集中监控；在所要求的输量下，可统一调配全线运行的泵站数和泵机组的组合，从而最经济地实现输油目的。需要注意的是，密闭流程运行时，任何一个泵站或站间管道工作状况的变化，都会使其他泵站和管段的输量及压力发生变化，这就要求管道、泵机组、阀件、通信和监控系统具有更高的可靠性。

业务链接6-3

全球首条双工艺新能源焊管生产线投产

2023年8月，全球首条18.3米螺旋、直缝双工艺新能源焊管生产线暨中国石油宝鸡石油钢管公司新能源管材制造项目在位于河北秦皇岛的中油宝世顺（秦皇岛）钢管有限公司投产。该项目填补了国内新能源焊管领域的空白，将为我国氢能、二氧化碳等新能源输送和重大能源项目管道建设提供强有力支撑，是落实国家"双碳"目标和中国石油新能源规划部署、推进产业布局优化和产品结构调整的一项重要举措。

新能源管材制造项目生产线首次在焊管领域采用了"两头一尾"直缝、螺旋双工艺的创新工艺布局，实现了直缝焊管、螺旋焊管两种工艺柔性切换，可以灵活应对新能源市场和传统油气输送市场的需求。该项目创造了两项世界第一：世界第一条实现直缝、螺旋焊管双工艺的生产线、第一台18.3米模片式结构成型机生产核心设备。

资料来源　卢纪锋，安森，李楠. 全球首条双工艺新能源焊管生产线投产［EB/OL］.［2023-07-22］. https://baijiahao.baidu.com/s？id=1772086200090185384&wfr=spider&for=pc.

（3）泵站布置。油品在输油首站加压进入管道后，在流动中要克服摩擦阻力，能量不断减少，因此长距离输送油品必须建立中间加压泵站。输送距离越长，所需的中间泵站越多。确定泵站位置的步骤是：

① 在室内用作图法在线路纵断面上初步确定站址或可能的布置区；

② 进行现场实地调查，与当地有关方面协商后决定站址；

③ 核算站址调整后是否能够满足要求。

（4）管道事故防护。输油管道上常会因为一些突发事故导致进站压力突然增大，从而破坏管道和设备，因此进站处必须设立超压保护装置。比如，常用的自动泄压阀，在压力上升到控制值时自动开启，将部分油流放入事故放空罐，从而避免了压力继续上升。又如，中间泵站上设置的自动越站流程，当进站压力略大于出站压力时，越站单向阀自动开启，使得油流越站输送，从而起到一定的保护作用。

2）管道输气工艺

管道输气工艺是指实现天然气管道输送的技术和方法，即根据气源条件及天然气组分，确定输气方式、流程和运行方案，确定管材、管径、设备、沿线设站的类型及站距等。现代天然气管道输送普遍采用压气机提供压力能，对所输送的天然气的质量也有严格的要求。

（1）输气流程。来自气井的天然气先在集气站进行加热、降压、分离，计量后进入天然气处理厂，脱除水、硫化氢、二氧化碳，然后进入压气站除尘、增压、冷却，再输入输气管道。在沿线输送过程中，压力逐渐下降，经中间压气站增压，输至终点调压计量站和地下储气库，再输往配气管网。输气流程如图6-3所示。

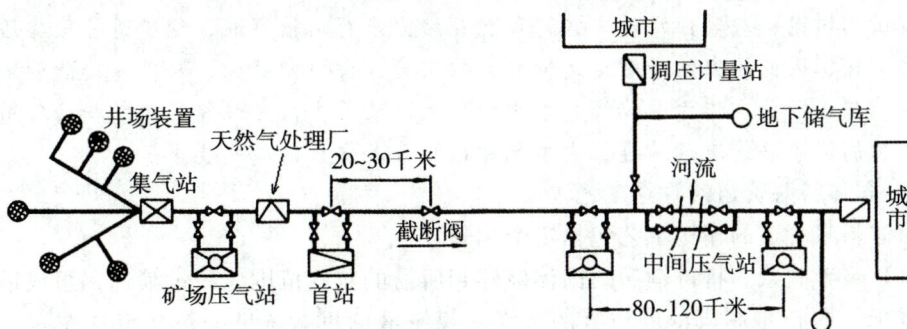

图6-3　输气流程图

（2）输气管道计算。这包括输气管道的管径、壁厚、起点压力、压缩比（压气机出口与进口压力之比）和压气站间距等参数的计算，参数间的相互关系反映在输气量的计算公式上。大管径、高压输气管道输气量的计算和中小管道、矿场集气管道输气量的计算应分别采用不同的计算公式。

（3）压气站设置。为了提高天然气压力或补充天然气沿管道输送所消耗的压力，需要设置压气站。长距离输气管道必须在沿线建设若干个中间压气站。中间压气站的数目主要由输送距离和压缩比决定。在确定站距时，应根据通过该站的实际输气量和进出口压力值，按输气量公式计算，同时应综合考虑压气站的地理位置、水源、电力、交通等条件。

（4）末端储气。这是指利用输气管道末端的工作特点进行临时储气。输气管道末端与中间各段工作条件的差别是：中间各段的起终点天然气流量基本相同，末端的起终点天然气流量和压力随终点外输量的变化而变化。

深度剖析6-1

背景资料：2022年11月18日，随着4台17兆瓦压缩机组正式投入运行，沈阳联络压气站日增输能力提升至1亿立方米左右，成为我国东北地区最大的天然气枢纽压气站。

沈阳联络压气站是联通秦沈线、哈沈线、大沈线、中俄东线等天然气长输管道的重要枢纽站场。本次压缩机组的投运，将进一步提升东北管网系统调峰调压和灵活调配能力，为以中俄东线天然气管道为主、哈沈线和秦沈线为辅的"北气南下"通道建设和今冬明春东北天然气管网系统增输上量奠定了坚实基础，对保障沿线居民生活和工业用气，推动沿线产业结构调整和能源结构优化，实现"碳达峰、碳中和"目标具有战略意义。

本次投产的4台压缩机由沈阳鼓风机集团设计制造，相比进口设备综合成本降低了约30%；在机组控制方面，采用国内自主创新技术，具备远程一键启停机和全面一键启停站功能。

资料来源 管道保护网. 东北地区最大天然气枢纽压气站——沈阳联络压气站正式投运［EB/OL］.［2022-11-18］. http://www.guandaobaohuchina.com/htm/202211/2_3985.htm.

问题：为什么沈阳联络压气站要大型化？

解析与讨论：与其他运输方式通过自身动力进行运输不同，管道运输依靠压力进行货物运输，因此压力站是管道运输动力的来源，压力站越大，与其连接的管道的运输能力越强。因此，作为秦沈线、哈沈线、大沈线、中俄东线等天然气长输管道重要枢纽站场的沈阳联络压气站进行大型化建设是业务发展的必然要求。

3）固体料浆管道的输送工艺

固体料浆管道的输送工艺包括三个步骤：

（1）破碎制浆。将待输送的固体破碎到所需的粒度范围，经过筛选，组成适当的颗粒级配，再掺水制成浓度适宜的浆液。煤浆液的重量浓度一般在50%左右，铁矿浆液的重量浓度约为66%。

学习微平台

延伸阅读 6-2

（2）管道输送。根据年输送量选择适宜的管径，确定临界流速，以高于临界流速的速度输送配制好的浆液。只有采用高于临界流速的速度输送浆液，才能使浆液稳定流动，才不会形成沉淀层。

（3）固液分离。对由管道输送至末站的浆液进行脱水处理，分离出固体，然后供给用户。

以煤浆管道的输送为例，其流程如图 6-4 所示。

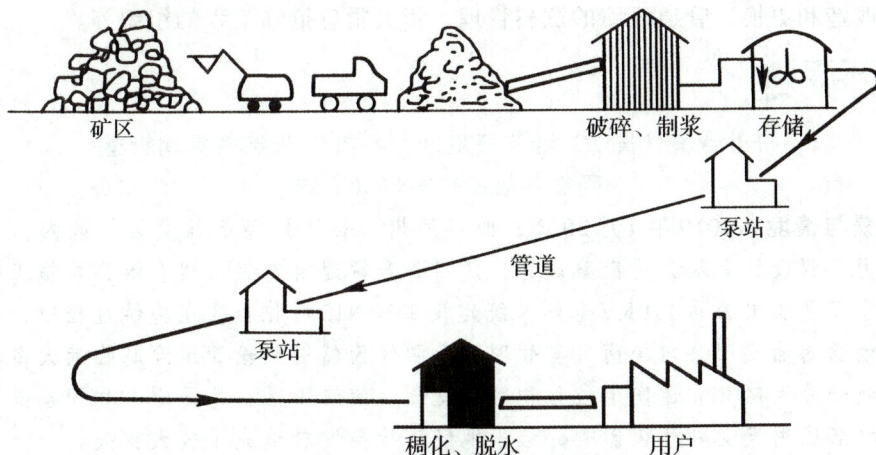

矿区　　　破碎、制浆　存储

泵站

管道

泵站

稠化、脱水　　用户

图6-4　煤浆管道输送流程图

6.2.2　管道运输生产管理

管道运输生产管理是指管道运行过程中，利用技术手段对管道运输实行统一的指挥和调度，以保证管道在最优的状态下长期安全而平稳地运行，从而获得最佳经济效益的过程。管道运输生产管理包括管道输送计划管理、管道输送技术管理、管道输送设备管理和管道线路管理。

1）管道输送计划管理

根据管道承担的运输任务和管道设备的状况，编制合理的运行计划，以便有计划地进行生产。管道输送计划管理首先是编制管道输送的年度计划，根据年度计划编制管道输送的月计划、批次计划、周期计划等；然后根据这些计划编制管道全线的运行计划，管道站、库的输入和输出计划，以及分输和配气计划；最后还要根据输送任务和管道设备状况，编制设备维护检修计划和辅助系统作业计划。

2）管道输送技术管理

根据管道输送货物的特性，确定输送方式、工艺流程和管道运行的基本参数等，以实现管道生产最优化。管道输送技术管理的内容包括：随时检测管道运行状况的参数，分析输送条件的变化，采取各种适当的控制和调节措施调整运行参数；对于输送过程中出现的技术问题，要随时予以研究解决。

3）管道输送设备管理

管道输送设备管理是对管道站、库的设备进行维护和修理，以保证管道的正常运行。管道输送设备管理的内容主要包括：对设备状况进行分级、登记，记录各种设备的运行状况，制订设备日常维修和大修计划，改造和更新陈旧、低效能的设备，在线设备保养等。

4）管道线路管理

对管道线路进行管理，是为了防止管道线路受到自然灾害或其他因素的破坏。管道线路管理的内容主要包括：日常的巡线检查，线路构筑物和穿越、跨越工程设施的维修，管道防腐层的检漏和维修，清管作业和管道沿线的放气、排液作业，管道线路设备的改造和更换，管道线路的抗震管理，管道紧急抢修工程的组织等。

同步案例6-1

四川泸州（长江）经济开发区"4·20"天然气集输管道受损事故调查报告（节选）

背景与情境：2019年4月20日，四川泸州（长江）经济开发区辖区内，由乐山城电电力工程设计有限公司勘察设计、四川省升辉建筑安装工程有限公司施工的泸州北方化学工业有限公司110KV电网系统建设工程N13塔位D孔在施钻过程中，钻穿了中国石油西南油气田公司蜀南气矿管理的泰阳线天然气集输管道穿越临港大道段的涵洞，导致部分天然气管道发生位移和管壁受损，使江阳区、龙马潭区和泸县范围内部分企业和居民用气受到严重影响，给当地经济社会发展造成了较大损失。

经调查，造成该事故的直接原因是旋挖钻机操作员倪明全在N13塔位D孔施钻过程中发现钻进困难、钻头异响时，未及时停钻查明情况，违规强行施钻；间接原因是有关单位未按规定将泰阳线天然气集输管道穿越临港大道段作为必检点，未对管道巡护业务承揽单位实施有效统一管理，泰阳线天然气集输管道巡线员未按规定巡护等。

资料来源　四川泸州（长江）经济开发区"4·20"天然气集输管道受损事故调查组. 四川泸州（长江）经济开发区"4·20"天然气集输管道受损事故调查报告［EB/OL］.［2020-02-16］. http://www.longmatan.gov.cn/ztzl/aqsczl/aljx/content_49515.

问题：在施工时，如何避免地下输油气管道受损？

分析提示：施工前认真开展现场查勘和安全技术交底，确保设计规范、施工有序、监理履职；加强对沿线管道的巡查、巡护和管理，设置明显的标牌、标桩，及时发现违法违规行为。

6.3　管道运输安全管理

管道运输安全管理是为了保证管道运输正常进行，防止发生伤亡事故，确保管道运输安全生产而采取的各种对策、方针和行动的总称。

深度思考6-1

疑点：管道运输生产管理是企业内部行为，管道运输安全管理是企业外部行为。

释疑提示：管道运输生产管理是管道运输企业在管道运输安全的前提下，尽可能提高管道运输的效益而采取的包括管道运输计划管理、管道输送技术管理、管道输送设备管理和管道线路管理等，是管道运输企业的内部行为；而管道运输安全管理是为了保证管道运输正常进行，防止发生伤亡事故，确保管道运输安全生产而采取的各种对策、方针和行动的总称，涉及的部门既包括管道运输企业也包括政府管理部门以及其他生产部门。

6.3.1 管道运输安全事故

1）管道运输外部安全事故

造成管道运输外部安全事故的因素主要有以下几个方面：

（1）盗气、盗油对管道运行造成严重破坏。由于利益的驱使及法律的不健全，盗气、盗油事件屡禁不止，尤其是开孔盗气、盗油，对管道造成的危害极大。

（2）第三方施工及非法占压。第三方施工及非法占压会引发管道安全距离不足、管线损伤以及爆炸等安全隐患。

（3）自然地质灾害或犯罪分子对长输管道的破坏。长输管道常常途经自然地质灾害严重的地区，而自然地质灾害会对管道造成严重破坏；恐怖袭击和故意破坏也是影响管道安全的潜在因素。

（4）市场供应及管网建设问题。我国的管道运输尚未建成全国性网络，各管网资源无法实现共享。

2）管道运输内部安全事故

造成管道运输内部安全事故的因素主要有以下几个方面：

（1）设计、施工缺陷和操作失误。由于设计缺陷，造成管道压力偏低等；由于施工质量不合格，造成管道母材等级较低，或焊接质量差，或管道防腐层被破坏等；由于管道运行过程中的操作失误，造成管道阴极保护失效等。

（2）凝管事故。长输燃油管道发生凝管事故，不仅会造成管线停输，影响油田、炼厂、装油码头的正常生产，而且要消耗大量的人力、物力解堵，其经济损失是相当惊人的。

（3）设备事故。输油站内的泵机组、阀门、加热炉、油罐、锅炉等设备都存在发生事故的可能性。

（4）违规操作事故。操作人员因违反操作规程，造成跑油、憋压、冒罐等事故。

6.3.2 管道运输安全事故预防和输油管道抢修

1）管道运输安全事故预防

管道运输安全事故预防应重点做好以下几个方面的工作：

（1）加强法律制度建设。《中华人民共和国石油天然气管道保护法》（以下简称《石油天然气管道保护法》）的颁布，使得油气管道的安全保护工作有法可依，但必须对该法做一些必要的司法解释，从而使该法更具有可操作性。

（2）加强对《石油天然气管道保护法》等法律法规及相关知识的宣传。

（3）深入开展安全生产专项整治工作，强化内部安全保卫工作。定期开展油气田及输油气管道生产治安秩序专项行动，严厉打击各类涉油气违法犯罪活动，改善油气区的治安环境。

（4）加强油气管道设计、建设及运营全过程的安全管理。在油气管道的设计、建设工作中，应充分考虑管道沿线地质及社会环境等情况对管道安全的影响，认真完成管道项目的安全评价工作。在油气管道运营过程中，应严格执行安全管理规章制度和设备操作规程，合理组织生产。设备操作规程是操作人员正确掌握操作技能的技术性规范，其内容是根据设备的结构、运行特点及安全运行等要求，对操作人员在操作过程中的程序及动作等做出的规定。

（5）建立油气管道应急预案，在发生紧急情况时，能够将人员伤亡和财产损失等降到最低，尽可能缩短抢修时间，保证油气供应。

（6）保障资源供应和市场供应安全。

（7）制定设备完好标准，使设备在良好的技术状态下运行，这也是预防设备事故发生的手段之一。设备完好的标准包括：

① 设备性能良好；

② 设备运转正常；

③ 设备消耗正常。

（8）做好安全教育工作。

（9）推行管道完整性管理，保障管道运行安全。

管道完整性管理的内容包括：

① 含缺陷管道本体完整性管理；

② 管道地质灾害与周边环境完整性管理；

③ 防腐有效性完整性管理；

④ 输气管网生产运行各专业完整性管理。

管道完整性管理涉及的工作包括：

① 对油气管道定期进行智能检测，对所发现的缺陷进行评价和补强；

② 加强对自然地质条件恶劣地段管道的安全防护，每年对这些地段的管道进行实地勘测和调查；

③ 定期对管道、站场设备进行内外防腐检测和评价，强化设备监测、评价和完好率管理；

④ 对管网运行工况进行优化模拟和分析；

⑤ 开展水合物抑制、管道泄漏监测等专项课题研究。

2）输油管道抢修

当输油管道发生穿孔、破裂、蜡堵、凝管或其他设备事故时，跑油或火灾事故都可能伴随发生，这将造成严重的后果。因此，一旦发生事故，相关人员必须迅速组织力量进行抢修。若因管道穿孔、破裂导致跑油，则应选择适当的位置开挖储油池，防止原油泄漏污染农田、河流、湖泊等。若长输管道发生事故，则应根据具体情况采取不同的措施和方法进行处理。

（1）管道穿孔的抢修。常见的管道穿孔有腐蚀穿孔、砂眼孔、缝隙孔等。其特点是漏油量较小，初始阶段对输油生产的影响较小，也不易被发现，但随着时间的延续，漏油量会逐渐增加，进而影响输油生产。这类事故在初始阶段的处理较为简单，应抓紧时机，及时排除故障。

（2）管道破裂的抢修。管道由于强度不够、韧性不好、焊缝有裂纹，或受到意外的载荷而发生破裂时，就会导致原油大量外泄。这种事故的抢修可根据管道破裂的不同情况，采取不同的措施。

① 管道裂缝较小时，可用带有引流口的引流封堵器进行封堵。

② 管道裂缝较大时，可用 DN 型管道封堵器进行封堵。

（3）凝管事故的抢修。凝管事故是石油长输管道发生的最严重的事故，这种事故的抢修可根据凝管的不同程度，采取不同的措施。

① 当管道出现凝管苗头时，说明管道处于初凝阶段，此时可以采用升温加压的方法进行顶挤。

② 当在最高允许顶挤压力下管内流量仍继续下降时，可在管道下游若干位置开孔，排除凝管事故。

③ 如果管道开孔后，管内流量仍继续下降，说明管道已进入凝结阶段，此时应采取沿线开孔、分段顶挤的方法，还可采用电热解堵的方法。

教学互动6-1

互动问题：

1）随着城市的快速扩张，居民区离运输管道越来越近，在这种背景下，如何做好管道运输的安全生产工作？

2）进行管道运输维修作业时，需要提前做好哪些准备？

要求：同"教学互动 1-1"的"要求"。

6.3.3 站库安全技术

在油品的收、发、储、运过程中，必须加强安全管理，严格遵守操作规程和有关规章制度，最大限度地消除能引起火灾、爆炸和中毒事故的一切因素，以保证输油的平稳安全。

1）防火防爆

油库发生爆炸和火灾事故的主观原因包括油库工作人员思想麻痹大意或违章作业，油库制度不健全或管理不善等；客观原因包括电气设备短路、触头分离、泵壳接地、金属撞击等引起火花，可燃物自燃等。

防火防爆措施包括隔绝火源与油品蒸气的接触；当站库内有工业用火作业时，应严格执行工业用火审批制度；进行明火作业前，应提出用火施工方案，经批准后方可用火；用火后应处理好可燃物。

高度重视并切实做好油库的防火防爆工作。根据燃烧三要素和构成燃烧的其他条件，站库消防中常采用冷却法、窒息法和隔离法进行灭火。

2）防雷电

雷电的危害可分为直接雷电危害和间接雷电危害两大类。避雷针是一种最常用的防雷电保护装置，由受雷器、引下线和接地装置三部分组成。

3）防静电

在长输管道中，由于静电放电会引起火灾和爆炸，因此应采取防静电措施，防止静电产生及积聚，以消除引起火灾和爆炸的条件。

4）防毒

油品及其蒸气具有毒性，含硫油品及加铅汽油毒性更大。油品蒸气可经口、鼻进入人体呼吸系统，从而引起急性中毒或慢性中毒。轻质油品的毒性虽然比重质油品的毒性小些，但其挥发性强，在空气中的浓度相应也大，因此危害性更大。为了保证站库工作人员的身体健康，必须严格控制工作场地空气中有毒气体的含量，多通风，使其不超过最大允许浓度。

同步案例6-2

恩施市崔家坝镇"7·20"川气东送天然气泄漏爆燃事故

背景与情境：2016年7月19日，一场百年不遇的特大暴雨袭击了恩施市崔家坝镇，24小时累计降雨量达到360毫米。暴雨导致该镇多个村山体滑坡、交通中断、房屋垮塌，导致川气东送天然气管道断裂，气体泄漏发生燃爆。燃爆事故造成2人死亡、9人受伤，临时安置灾民144人，直接经济损失近3000万元，间接经济损失达2300余万元；爆燃核心区方圆1000米内的农作物、林木、茶叶等大面积烧毁；下游湖北、江西、江苏、浙江、上海大量用户供气受到影响，上游气田大幅压产，利川市以东的供气量每日压减1700万立方米。

接到灾情报告后，恩施州迅速开展救援行动，成立抢险救灾指挥部，有序推进各项工作。第一，川气东送天然气管道有限公司第一时间参与救援，从周边省份、地区调集人员、物资，并从中国地质大学（武汉）等科研院所聘请专家制订方案，全程参与全部救援处置事宜。第二，按照川气东送天然气管道有限公司的规划设计，恩施州配合组建专班服务改线建设，开展定灾补偿等相关协调工作，采取边协调边施工、土地先用后征的方式，确保重建的820米天然气管道于7月29日凌晨试压恢复供气。第三，崔家坝镇村干部及当地群众大力支持管道新线建设，为灾后赔付、恢复重建提供了强有力的保障。第四，恩施州在全州范围内开展天然气管道全面排查工作，彻底清除存在的隐患。

资料来源 应急办. 恩施市崔家坝镇"7·20"川气东送天然气泄漏爆燃事件应急处置情况及思考［EB/OL］.［2016-08-10］. http://www.pujiang.gov.cn/pjxzf/c120419/2016-08/10/content_e093593d99 1f4bacaccad37429df770e.shtml.

问题：管道运输事故发生后的应急处理为什么非常重要？

分析提示：管道运输事故经常会导致人员伤亡，因此及时、迅速、科学地组织应急救援是妥善处理管道运输事故的关键。

本章概要

☐ 内容提要与结构

▲ 内容提要

● 管道运输是将管道作为运输工具的一种长距离输送液体和气体物资的运输方

式，是专门由生产地向市场输送石油、煤和化学产品的运输方式，是统一运输网中干线运输的特殊组成部分。管道运输具有运量大、占地少、基建投资少、安全可靠、耗能少、受地形条件的限制少等优点，同时也存在运输对象单一、灵活性差、输送能力不易改变、浆体需要脱水处理、占用部分货物资源等局限。管道运输系统的基本设施包括管道、储存库、压力站（泵站）和控制中心。

● 管道运输生产管理是指管道运行过程中，利用技术手段对管道运输实行统一的指挥和调度，以保证管道在最优的状态下长期安全而平稳地运行，从而获得最佳经济效益的过程。管道运输生产管理包括管道输送计划管理、管道输送技术管理、管道输送设备管理和管道线路管理。

● 管道运输安全管理是为了保证管道运输正常进行，防止发生伤亡事故，确保管道运输安全生产而采取的各种对策、方针和行动的总称。造成管道安全事故的因素包括内部因素和外部因素。管道运输安全管理必须重点加强对管道运输安全事故的预防。当输油管道发生穿孔、破裂、蜡堵、凝管或其他设备事故时，相关人员必须迅速组织力量进行抢修。在油品的收、发、储、运过程中，必须加强安全管理，严格遵守操作规程和有关规章制度，最大限度地消除能引起火灾、爆炸和中毒事故的一切因素，以保证输油的平稳安全。

▲ 内容结构

本章内容结构如图6-5所示。

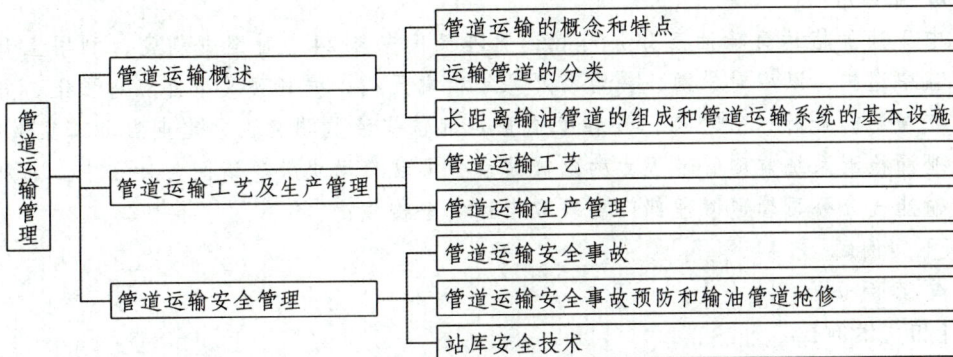

图6-5　本章内容结构

□ 主要概念和观念

▲ 主要概念

管道运输　管道输油工艺　管道输气工艺　管道运输生产管理　管道运输安全管理

▲ 主要观念

管道运输的特点　运输管道的分类　管道运输安全事故预防

□ 重点实务和操作

▲ 重点实务

管道运输生产管理　管道运输安全管理

▲ 重点操作

管道运输生产管理运作　管道运输安全管理运作

━ 基本训练 ━➤

□ 理论题

▲ 简答题

1）管道运输的含义是什么？

2）管道运输有哪些优缺点？

3）常见的运输管道有哪几种？

▲ 讨论题

1）为什么输油管道要分为原油管道和成品油管道？

2）阐述管道输油工艺与管道输气工艺的异同点。

3）为什么要加强管道输送技术管理？

□ 实务题

▲ 规则复习

1）简述管道运输生产管理的内容。

2）简述管道运输的安全事故。

3）简述管道运输安全事故的预防措施。

▲ 业务解析

中石油加格达奇输油气分公司管道管理部门采取24小时巡查制度，利用直升机进行空中巡护，以应对暴雨、暴雪、严寒等极端天气；编制突发事件应急预案，并定期组织演练。此外，管理部门还在管道重点部位安装监测装置，定期自动采集数据，利用泄漏检测系统监测管道压力的细微波动，实现自动报警。请问为什么中石油加格达奇输油气分公司管道管理部门要采取上述安全措施？

□ 案例题

▲ 案例分析

【相关案例】

陕西榆林一装载机司机挖断天然气管道被拘留

背景与情境： 2023年4月某天，榆林神木市公安局接到陕西输油气分公司报警称，位于大保当镇野鸡河村的天然气管道被损坏，造成巨大损失。

接到报案后，刑侦大队民警迅速展开调查，经过调查将犯罪嫌疑人王某抓捕归案。经查明，2023年4月10日，王某接到委托人杜某的电话，称其位于神木市大保当镇野鸡河村四通加油站附近的一处空地需要平整。当晚20时许，王某驾驶自己的装载机来到指定位置开始施工。此时旁边的住户提醒在一旁监工的杜某，该处土地下方有天然气管道，随后杜某将这一情况告知王某。王某在得知此处有天然气管道的情况下，自认为天然气管道埋藏较深，并未当回事，便驾驶装载机继续施工，后不慎将该处的天然气管道损坏，造成的直接经济损失高达240余万元。随后王某因涉嫌过失损坏易燃易爆设备罪，被神木市公安局依法刑事拘留。

资料来源 陕西警方. 陕西榆林一装载机司机挖断天然气管道损失240万被拘留［EB/OL］. ［2023-04-18］. https：//baijiahao.baidu.com/s？id=1763496163794716326&wfr=spider&for=pc.

问题：

1）天然气管道被挖断的主因是什么的？

2）应如何避免施工导致的管道事故发生？

【训练要求】

同第1章"基本训练"中本题型的"训练要求"。

分析提示6

▲ 职业素养训练

【相关案例】

四川省组织开展油气田及输油气管道安全保护综合应急演练

背景与情境： 2023年6月，为切实做好四川省油气能源安全工作，督促油气企业全面落实安全生产主体责任，提高应对恐怖袭击、突发火险、管道油气泄漏等突发事件的快反、处突和协作能力，切实保障成都大运会期间全省能源安全，四川省公安厅、四川省经济和信息化厅、四川省应急管理厅、四川省能源局联合中石油西南油气田分公司、中石化西南油气分公司、国家管网西南管道公司、中石油四川销售分公司以及攀枝花市公安局、攀枝花市消防救援支队、攀枝花市森林消防支队、中石油攀枝花销售分公司、中石化销售四川攀枝花石油分公司、国家管网西南管道兰成渝输油公司、攀枝花川港燃气有限公司在攀枝花市举行2023年四川省油气田及输油气管道安全保护综合应急演练。

此次综合应急演练，以"护航大运共参与 警企联合保安全"为主题，紧扣"多科目、全链条、全要素"的实战要求，立足工作实际，科学设置了输油管道打孔盗油案件处置、川港天然气管道泄漏安全事故处置、中石化大沙坝油库防山火进库演练、中石油四川攀枝花金江油库暴恐袭击演练等四个科目，全面检验四川省油气田及输油气管道安全保护的应急处置和快速反应能力，充分彰显各参加演练单位与一切涉油违法犯罪斗争到底的坚定信心和责任担当。

通过演练复盘总结、内部培训等方式，不断扩大演训的边际效应，让本地区、本单位、本行业全覆盖受益，把油气安保工作做深做实做细，切实把本次演练成果转化为提升油气安保管理水平的新动能。要始终站在拥护"两个确立"，做到"两个维护"的政治高度，坚决扛起重大政治责任，坚持"中心居中""大事大抓"，锚定"四个绝不能发生、两个万无一失"的工作目标，全力打赢大运会油气能源领域安保硬仗。

资料来源 管道保护网. 四川省组织开展油气田及输油气管道安全保护综合应急演练［EB/OL］. ［2023-06-29］. http：//www.guandaobaohuchina.com/htm/20236/2_4222.htm.

问题：

1）四川省组织开展油气田及输油气管道安全保护综合应急演练体现了哪些责任意识？

2）结合上述责任意识，管道运输从业者应如何提高管道运输安全？

【训练要求】

同第1章"基本训练"中本题型的"训练要求"。

价值引导6

☐ 实训题

【实训目的】

管道运输管理技能训练。

【情境设计】

将学生分成若干实训团队，各团队分别选择一家燃气公司（或本校专业实训基地，或毕业生创业团队），从"'管道运输管理'技术应用"视角，参与企业该项目的运作，撰写《×××公司管道运输生产管理组织方案》或《×××公司管道运输安全管理组织方案》。

【组织形式】

1）以小组为单位组成管道运输管理团队。

2）各管道运输管理团队结合实训任务进行恰当的角色分工，确保组织合理和每位成员的积极参与。

【训练要求】

同第1章"基本训练"中本题型的"训练要求"。

【成果形式】

训练课业：《×××公司管道运输生产管理组织方案》或《×××公司管道运输安全管理组织方案》。

课业要求：

1）"实训课业"的结构与体例参照本教材"课业范例"中的范例-3。

2）将《×××公司管道运输生产管理组织方案》或《×××公司管道运输安全管理组织方案》。以"附件"形式附于《训练报告》之后。

3）在校园网平台上展示经过教师点评的班级优秀《训练报告》，并将其纳入本课程的教学资源库。

━ 单元考核 ━▶

考核评价要求：同第1章"单元考核"的"考核评价要求"。

第7章
多式联运管理

● 学习目标
引例　民营企业面临的外贸运输问题
7.1　多式联运概述
7.2　多式联运的组织与运作
7.3　多式联运的责任划分
● 本章概要
● 基本训练
● 单元考核

学习目标

知识目标：

- 掌握多式联运的概念和特点；
- 熟悉多式联运经营人的概念和类型；
- 熟悉多式联运的组织方式和业务流程；
- 熟悉多式联运的责任划分和责任期间。

能力目标：

- 能辨析多式联运经营人的身份；
- 能根据托运人的托运要求设计多式联运的组织方式；
- 会缮制多式联运提单；
- 会辨析多式联运的责任划分和责任期间。

素质目标：

- 培养团队合作、诚信从业的物流运输职业理想和职业操守；
- 培养敢于迎接组织变革、主动适应数字时代挑战的勇气；
- 树立遵纪守法、遵守各种货物运输法律法规的正确态度。

引例　民营企业面临的外贸运输问题

背景与情境：李先生经营一家针织企业，经过十几年的努力，企业从最初的小家庭作坊发展为现在拥有几百名员工的大厂，产品也从家乡金华销往全国各地。最近，李先生与南非一家公司签订了一份价值几百万美元的合同。对于组织生产、保证产品质量，李先生很有信心，但是他却为运输的事情发愁。创业初期，他自己把生产出来的袜子拉到金华出售，随着生产规模的不断扩大，他委托汽车运输公司把产品运往省内销售，进而又与铁路局集团公司签订合同，把产品运往全国各地销售。现在，谁能把他的产品安全快捷地运往南非呢？经过多方调研和了解，他的朋友告诉他多式联运公司可以很方便地解决运输问题。那么，什么是多式联运？多式联运有哪些特点？多式联运如何组织？多式联运有哪些风险？李先生对这些问题产生了浓厚的兴趣。

资料来源　作者根据相关资料整理.

学习微平台

同步链接 7-1

多式联运是将不同的运输方式有机结合在一起所构成的连续的、综合性的一体化货物运输方式。多式联运的合理组织、运输方式的选择是涉及全程运输成本、运输时间、运输安全性和提高运输综合效率的关键问题。只有充分发挥各种运输方式的优势，合理组织优化运输方案，才能提高运输效率、降低运输成本，从而使企业获得更好的经济效益。

7.1　多式联运概述

随着国际贸易的不断发展和国内产品的快速流通，货主对运输服务的要求也越来越高，单一运输方式提供的不连贯的运输服务已无法满足货主的要求。在这样的需求背景下，多式联运便迅速发展起来。多式联运是将多种运输工具有机结合在一起，从而最合理、最有效地实现货物位移的一种运输方式。多式联运是一种高级的运输组织形式，它不仅可以最大限度方便货主，实现全程服务，而且能够充分发挥各种运输方式的优势，提高运输工作的效率，进一步实现物流合理化。

7.1.1　多式联运的概念和特点

1）多式联运的概念

根据《物流术语》（GB/T 18354—2021），**多式联运**是指货物由一种运载单元装载，通过两种或两种以上运输方式连续运输，并进行相关运输物流辅助作业的运输活动。

多式联运在国际上没有通用的定义，多式联运的定义有广义和狭义之分。狭义的多式联运是指使用连续的运输方式进行的货物移动，并且在运输方式转换时不对货物本身进行单独处理（使用同一装载单位或工具）。广义的多式联运是指使用至少两种不同的运输方式进行的货物移动。《联合国国际货物多式联运公约》将多式联运定义为按照多式联运合同，以至少两种不同的运输方式，由多式联运经营人将货物从一国境内接管货物的地点运到另一国境内指定交付货物的地点。

2）多式联运的特点

在多式联运工作中，不仅要考虑各种运输方式的特点和优势，合理选择各区段的运输方式，而且要考虑各种运输方式组成的运输线路的整体功能，以充分发挥各种运输方式的优势。只有综合利用各种运输方式的技术和经济特性，扬长避短、相互补充，才能提供优质、方便、高效、快捷的运输服务。多式联运有以下几个基本特征：

（1）全程性。多式联运是由多式联运经营人完成和组织的全程运输。无论运输中包含几个运输段，包含几种运输方式，有多少个中转环节，多式联运经营人均要对运输的全程负责，完成或组织完成全程运输中所有的运输及相关的服务业务。

（2）简单性。多式联运实行一次托运、一份合同、一张单证、一次保险、一次结算费用、一票到底的方式。多式联运比传统分段运输的手续简便，不仅大大方便了货主，而且可以提前结汇，从而缩短了货主资金占用的时间，提高了社会效益和经济效益。

（3）通用性。多式联运涉及两种或两种以上运输方式的衔接和配合，不能仅按一种运输方式的货运法规来办理业务。所使用的运输单证、商务法规、货运合同、协议等必须能够适用两种或两种以上的运输方式。

（4）多式联运经营人具有双重身份。多式联运经营人在完成或组织完成全程运输的过程中，首先要以本人身份与托运人订立联运合同，在该合同中，多式联运经营人是承运人；然后要与各区段不同方式的承运人分别订立各区段的分运合同，在这些合同中，多式联运经营人是托运人和收货人。这种做法使多式联运经营人具有了双重身份。就其业务内容和性质来看，多式联运经营人的运输组织业务主要是各区段运输的衔接组织，是服务性工作，这又与传统的货运代理人的业务较为相似。

业务链接7-1

多式联运"加速跑"发展新机遇涌入山城

交通运输部等多部门联合印发《关于加快推进多式联运"一单制""一箱制"发展的意见》，进一步推进多式联运高质量发展，推动交通物流提质增效升级。

在重庆两江新区，中新（重庆）多式联运示范基地不时有满载货物的大卡车驶入。新能源电动叉车正在转运货物，汽车、化肥、铝材等货物被放置在集装箱里，将通过铁水、公水、公空等多式联运方式出口到海外。

中新（重庆）多式联运物流发展有限公司总经办主任陈峻峰表示，自2022年6月17日正式启动以来，基地引入新加坡交通物流领域先进技术和管理经验，整合中欧班列、长江黄金水道、果园港、江北国际机场等国际国内资源要素，联动境内外港口航运、仓储物流、供应链管理、信息服务等关联产业，重点打造仓储服务、货运代理和贸易代采三大核心业务，提升国际货物多式联运协作能力和中转效率。

资料来源 王绍绍. 多式联运"加速跑"发展新机遇涌入山城［EB/OL］.［2023-08-25］. http：//finance.people.com.cn/n1/2023/0825/c1004-40064196.html.

3）多式联运的优点

多式联运是货物运输的一种较高的组织形式，它集中了各种运输方式的优点，实现了连贯运输，达到了简化货运环节、加速货运周转、减少货损货差、降低运输成本、实现合理运输的目的。多式联运与传统的单一运输方式相比，具有无可比拟的优越性，主要表现在：

（1）责任统一，手续简便。在多式联运方式下，不论全程运输距离多么遥远，也不论途中需要使用多少种不同的运输工具，更不论途中要经过多少次转换，一切运输事宜统一由多式联运经营人负责办理，货主只需要办理一次托运，订立一份运输合同，办理一次保险。在运输过程中一旦发生货物损害，由多式联运经营人全程负责。与单一运输方式的分段托运相比，多式联运不仅手续简便，而且责任更加明确。

（2）减少中间环节，提高货运质量。多式联运通常以集装箱为运输单元，实现"门到门"运输。货物从发货人仓库装箱，验关铅封后直接运至收货人仓库交货，中途不需要拆箱，减少了很多中间环节。即使经多次换装，也是使用机械装卸，丝毫不触及箱内货物，货损货差和偷窃丢失事故大为减少，从而较好地保证了货物安全和货运质量。此外，由于多式联运是连贯运输，因此各个运输环节和各种运输工具之间配合密切，衔接紧凑。

（3）降低运输成本，节省运输费用。多式联运是实现"门到门"运输的有效方法。对货方来说，货物装箱或装上第一程运输工具后就可取得联运单据进行结汇，结汇时间提早，有利于加速货物资金周转，减少利息支出。采用集装箱运输，还可以节省货物的包装费用和保险费用。此外，多式联运全程使用的是一份联运单据和单一运费，这就大大简化了制单和结算手续，节省了大量人力和物力，便于货方事先核算运输成本，选择合理的运输路线，为开展国际贸易提供了有利条件。

（4）扩大业务范围，实现合理运输。在开展多式联运以前，各种运输方式的经营人都是自成体系、各自为政，只经营自己的运输工具能够涉及的运输业务。因此，其经营业务范围受到很大制约，货运量也受到了限制。在多式联运方式下，多式联运经营人或多式联运参加者的经营业务范围扩大，各种运输方式的优势能够得到充分发挥，其他与运输有关的行业及机构，如仓储、代理、保险等，也可以通过参加多式联运扩大业务范围。

同步案例7-1

海铁联运"一箱到底"上海港打通出海新通道

背景与情境： 一批装有上汽大通新能源汽车的集装箱，搭乘海铁联运班列，从无锡西站铁路货场出发，于2023年8月30日凌晨抵达上海芦潮港集装箱中心站，再登上已靠泊在洋山港的远洋货轮长旺号，即将远赴美洲。该批货物是洋山关区首批采用国内铁路运输方式到港的出口新能源汽车，洋山海关主动对接企业、集装箱中心站等多个单位，提前做好预案，配合企业完成危险货物海关申报，确保货物到港后第一时间装船出运。这标志着，继江海联运后，上海港又打通了海铁联运新能源汽车快速出口通道。

据上海海关统计，2023年前7个月，上海口岸出口汽车102.2万辆，同比增长54.8%，居全国各口岸之首。其中，外高桥港区海通码头几乎每天都有2~3艘汽车滚装轮离港，而位于临港新片区的南港码头也努力承接汽车滚装轮业务，出口新能源汽车占比高达80%。随着上海口岸汽车出口量持续增长，滚装轮运力日益吃紧，滚装轮码头泊位、滚装轮内车位均供不应求，国内新能源汽车急盼新的出口运输通道。

资料来源 李晔．海铁联运"一箱到底"[EB/OL]．[2023-08-31]．https://baijiahao.baidu.com/s? id=1775704972255514047&wfr=spider&for=pc.

问题："陆海联动海铁直运"模式的优势体现在哪里？

分析提示：与传统模式相比，"陆海联动海铁直运"模式具有"港口延伸、便捷通关、关港互动"的特点。内陆港与码头作业系统进行数据互通，海关放行对接码头配载作业，船运企业对接场站备箱，避免了内陆企业出口货物集港困难和甩船风险，实现了出口货物的"内陆申报、园区查验、属地放行，提前集港"，进一步放大了铁路运输便捷安全的优势。

学习微平台

延伸阅读7-1

7.1.2 多式联运经营人及相关人员

1）多式联运经营人

《中华人民共和国海商法》（以下简称《海商法》）规定，**多式联运经营人**是指本人或者委托他人以本人名义与托运人订立多式联运合同的人。根据是否参加海上运输，多式联运经营人可分为以下两种类型：

（1）以船舶运输经营为主的多式联运经营人，或称有船多式联运经营人。有船多式联运经营人通常承担海运区段的运输，通过与有关承运人订立分合同来安排公路、铁路、航空等其他方式的货物运输。

（2）无船多式联运经营人。无船多式联运经营人可以是除海上承运人以外的运输经营人，也可以是没有任何运输工具的货运代理人、报关经纪人或装卸公司。

无论是有船多式联运经营人，还是无船多式联运经营人，其法律地位并无差异。

2）区段承运人

区段承运人是指与多式联运经营人签订合同，履行多式联运某一区段运输任务的人。区段承运人与托运人并无直接的合同关系，只是参与多式联运合同的履行。

3）履行辅助人

多式联运中的代理人、受雇人、经营人，以及为履行多式联运合同而提供服务的任何其他人都属于履行辅助人，具体包括多式联运经营人的代理人、受雇人和独立的订约人（包括区段承运人、港站经营人、货运代理人等）。

业务链接7-2

浏阳彩虹烟花厂货物运输方案

中国浏阳彩虹烟花厂有10个集装箱的烟花制品要出口美国，这批货物委托太平洋物流公司运输。货物从中国长沙报关出口，太平洋物流公司与中国铁路广州局集团签订运输合同，用火车将货物运往中国广州转船，由广州远洋运输公司完成海上运输，在美国纽约港交货。本方案中，太平洋物流公司是多式联运经营人，中国铁路广州局集团和广州远洋运输公司为区段承运人，各车站、码头及其相关工作人员为履行辅助人。

教学互动7-1

互动问题：

1）目前，物流公司都能提供一体化物流服务，试问物流公司与多式联运经营人的区别是什么？

2）在多式联运中，当发生货损货差时，托运人或收货人应如何索赔？

要求：同"教学互动1-1"的"要求"。

7.1.3　多式联运经营人的法律地位

在多式联运中，至少存在如下几种法律关系：多式联运经营人与货方（包括发货人、收货人）的法律关系；多式联运经营人与海上运输承运人、公路运输承运人、铁路运输承运人或航空运输承运人等区段承运人的法律关系；多式联运经营人与其他履行辅助人如装卸公司等第三方的法律关系。在众多复杂的关系中，认清多式联运经营人的法律地位具有非常重要的意义。多式联运经营人的法律地位有如下特点：

1）多式联运经营人是多式联运合同的主体

多式联运经营人一般不包揽全部运输，而是仅履行其中一部分运输，有的多式联运经营人甚至不参与实际运输，仅负责组织运输。因此，多式联运经营人一方面要与托运人订立多式联运合同，负责全程运输，收取全程运费；另一方面要与各区段承运人订立各区段的分运合同，向各区段承运人支付运费。但是，与托运人订立多式联运合同的只有多式联运经营人，托运人与各区段承运人并不存在任何合同关系，只有多式联运经营人才是多式联运合同法律关系的相对人。因此，多式联运经营人的本质特征在于其是多式联运合同中与托运人相对的合同主体。

2）多式联运经营人负责完成或组织完成多式联运合同

《中华人民共和国民法典》（以下简称《民法典》）规定，多式联运经营人负责履行或者组织履行多式联运合同，对全程运输享有承运人的权利，承担承运人的义务。虽然我国《海商法》和《民法典》对多式联运的定义不同，但两者对多式联运经营人职能的规定是一致的，即多式联运经营人的职能是负责完成多式联运合同或组织完成多式联运合同。

3）多式联运经营人负有履行多式联运合同的义务

一般而言，多式联运经营人的义务包括两个方面：第一，合理谨慎地选择和监督区段承运人；第二，照管运输期间的货物。多式联运经营人对多式联运货物的责任期间，自接收货物时起到交付货物时止。在此期间，多式联运经营人有义务了解所接管货物的性质并对货物予以必要的照管，同时应依据托运人的指示履行合同。

4）多式联运经营人对责任期间所发生的货物的灭失、损坏或迟延交付承担责任

多式联运经营人应对运输全程负责，对在整个运输过程中发生的货物的灭失、损坏或迟延交付负责。多式联运的特点使得货物在发生灭失、损坏或迟延交付的情况下，货方只能起诉多式联运经营人要求赔偿，或者起诉其他直接责任方要求承担侵权责任。在司法实践中，也有货方起诉多式联运经营人和区段承运人的情况，但这在法律上是没有依据的，因为托运人和区段承运人之间不存在合同关系，并且法律也没有赋予多式联运中的货方对区段承运人像海运的货方对实际承运人那样直接起诉的法定权利。

通过以上论述我们可以得出如下结论：多式联运经营人是与托运人或发货人订立多式联运合同，且对运输全程承担责任的自成一类的多式联运合同主体。

深度思考7-1

疑点：多式联运经营人与承运人的责任相同。

释疑提示：《民法典》规定，多式联运经营人负责履行或者组织履行多式联运合同，对全程运输享有承运人的权利，承担承运人的义务。虽然多式联运经营人一般不包揽全部运输，而是仅履行其中一部分运输，甚至不参与实际运输，仅负责组织运输。但是对于货方来说，多式联运经营人是其唯一的承运人，而各区段的实际承运人则为多式联运经营人的承运人。如果发生货物运输合同纠纷，多式联运经营人首先对货方负责，然后再向实际责任方索责。

7.2　多式联运的组织与运作

多式联运是由专业人员组织的全程运输，多式联运经营人对交通运输网、各类承运人、代理人、相关行业和机构都有较深的了解，能够选择最优的运输路线，使用合理的运输方式，选择合适的承运人，实现最佳的运输衔接与配合，从而大大提高了运输组织效率，充分发挥了现有设施和设备的作用。

7.2.1　多式联运的业务程序

多式联运的业务程序主要有以下几个环节：

1）接受托运申请，订立多式联运合同

多式联运经营人根据货主提出的托运申请和自己的运输路线等情况，判断是否接受该托运申请。如果能够接受，则双方议定有关事项后，多式联运经营人在交给发货人或其代理人的场站收据副本上签章，证明接受托运申请，此时多式联运合同已经订立并开始执行。

2）发放、提取及运送集装箱

多式联运中使用的集装箱一般由多式联运经营人提供。这些集装箱根据来源的不同，大概可分为三类：一是多式联运经营人自己购置的集装箱；二是多式联运经营人租用的集装箱，这类集装箱一般是在货物的起运地附近提箱，在货物的交付地附近还箱；三是全程运输中某一区段的承运人提供的集装箱，这类集装箱的使用权一般在多式联运经营人与该区段承运人订立分运合同以后获得。

如果双方协议由发货人自行装箱，则多式联运经营人应将其签发的提箱单，或者将租箱公司或区段承运人签发的提箱单交给发货人或其代理人，由发货人或其代理人在规定日期到指定的堆场提箱并自行将空箱运到货物装箱地点准备装货。如果是拼箱货物且发货人无装箱条件，不能自行装箱，则多式联运经营人应将所用集装箱调运至集装箱货运站，并做好装箱准备。

3）出口报关

若多式联运从港口开始，则在港口报关；若多式联运从内陆地区开始，则应在附近海关办理报关。出口报关事宜一般由发货人或其代理人办理，也可委托多式联运经营人代为办理。报关时应提供场站收据、装箱单、出口许可证等有关单据和文件。

4）货物装箱及接收货物

如果由发货人自行装箱，则发货人或其代理人提取空箱后，应在自己的工厂和仓库组织装箱。装箱工作一般在报关后进行，并请海关派员到装箱地点监装和办理加封事宜。如果需要理货，还应请理货人员现场理货，并与之共同制作装箱单。如果发货人不具备装箱条件，则可以委托多式联运经营人或货运站装箱。如果是整箱货物，则发货人应将货物以原来形态运至指定的集装箱货运站，由其代为装箱；如果是拼箱货物，则发货人应将货物运至指定的集装箱货运站，由集装箱货运站按多式联运经营人的指示装箱。无论装箱工作由谁负责，装箱人均需要制作装箱单，并办理海关监装与加封事宜。

对于由货主自行装箱的整箱货物，发货人应负责将货物运至双方协议规定的地点，多式联运经营人或其代理人应在指定地点接收货物。对于由货主自行装箱的拼箱货物，多式联运经营人或其代理人应在指定的集装箱货运站接收货物；验收货物后，多式联运经营人或其代理人在场站收据正本上签章，并将其交给发货人或其代理人。

5）订舱及安排货物运送

多式联运经营人在多式联运合同订立之后，应制订货物运输计划。该计划包括货物的运输路线、区段的划分、各区段实际承运人的选择，以及各区段衔接地点的到达、起运时间等内容。这里所说的订舱，泛指多式联运经营人应按照运输计划安排各区段的运输工具，与选定的各实际承运人订立各区段的分运合同。这些合同的订立由多式联运经营人或其代理人办理，也可请前一区段的实际承运人作为代表向后一区段的实际承运人订舱。

6）办理保险

发货人应投保货物运输险。该保险可以由发货人自行办理，也可以由发货人承担费用，由多式联运经营人代为办理。货物运输险可以全程投保，也可以分段投保。

多式联运经营人应投保货物责任险和集装箱保险，这两类保险由多式联运经营人或其代理人向保险公司办理或以其他形式办理。

7）签发多式联运提单，组织完成货物的全程运输

多式联运经营人收取货物后，应向发货人签发多式联运提单。在把提单交给发货人之前，多式联运经营人应注意按双方议定的付费方式、数量向发货人收取全部应付费用。

多式联运经营人有完成或组织完成全程运输的责任和义务。在接收货物后，多式联运经营人应组织各区段的实际承运人、各派出机构的代表共同协调工作，从而完成各区段的运输工作、各区段之间的衔接工作、运输过程中涉及的各种服务性工作，以

及运输单据、文件、有关信息等的组织和协调工作。

8) 运输过程中的海关业务

按照惯例，国际多式联运的全程运输均应视为国际货物运输。因此，该环节的工作主要包括货物或集装箱进口国的通关手续，进口国内陆段保税运输及结关手续等内容。当陆上运输要通过其他国家海关和内陆运输线路时，该环节的工作还应包括这些国家海关的通关及保税运输手续。这些涉及海关的手续一般由多式联运经营人或其代理人办理，也可由各区段的实际承运人作为多式联运经营人的代表办理，由此产生的全部费用应由发货人或收货人负担。如果货物在目的港交付，则应在港口所在地海关办理结关手续。如果货物在内陆地区交付，则应在口岸办理保税运输手续，海关加封后方可运往内陆目的地，然后在内陆海关办理结关手续。

9) 交付货物

当货物运至目的地后，目的地代理应通知收货人提货。收货人需凭多式联运提单提货，经营人或其代理人须按合同规定，收取收货人应付的全部费用。收回多式联运提单后签发提货单，提货人凭提货单到指定堆场或集装箱货运站提取货物。如果是整箱提货，则收货人应负责货物至掏箱地点的运输，并在货物掏出后将集装箱运回指定的堆场，此时运输合同终止。

10) 处理货运事故

如果全程运输中发生了货物的灭失、损坏或迟延交付，无论是否能够确定发生区段，发（收）货人均可向多式联运经营人提出索赔，多式联运经营人应根据合同条款及双方协议确定责任并做出赔偿。如果已对货物及责任投保，则存在要求保险公司赔偿或向保险公司进一步追索的问题。如果受损人和责任人之间不能取得一致，则应在诉讼时效内通过提起诉讼来解决。

同步思考7-1

承运人应具备完成运输合同的资质

背景资料：安通货运公司与明珠化工厂签订出口货物运输协议，安通货运公司负责安排货物从明珠化工厂仓库至北海港的汽车运输，以及北海港至中国香港、中国香港至德国汉堡的船舶运输。9月17日，安通货运公司与城东运输有限公司签订集装箱货物运输协议。第二天，城东运输有限公司依安通货运公司的通知，派汽车将已装入集装箱的危险品从明珠化工厂仓库运至北海港装船。在装车时，汽车司机发现所运货物为危险品，曾表示拒绝运输，但安通货运公司称，若拒绝运输则要追究违约责任，司机遂接受了运输任务。当日17时许，司机驾驶装载40英尺集装箱的平板车，在通过北海港铁路专用线时被火车撞上，造成汽车及车上的集装箱和所装危险品燃烧报废。事故原因是汽车司机抢越铁道，因此应由汽车司机承担全部责任。另查明，被告的道路运输经营许可证载明的经营范围为普通货运。事故发生后，明珠化工厂以城东运输有限公司和安通货运公司为被告，向北海海事法院提起多式联运合同货物损害赔偿诉讼，要求赔偿损失。

问题：原告及被告是否各自履行了法定的危货承托义务？货损应由谁负责？

理解要点：危险品的特性决定了危货运输的主体必须具备相应的资质和技术条件，否则极有可能在运输途中发生危害公共安全的重大事故，而不仅仅是货物及运输工具的损失，因此危货运输合同必须由具备相应资质和技术条件的运输主体与危货托运人签订。

深度剖析7-1

多部门：加快推进多式联运"一单制""一箱制"发展

背景资料：2023年8月21日，交通运输部、商务部、海关总署等八部门联合发布《关于加快推进多式联运"一单制""一箱制"发展的意见》（以下简称《意见》）。

《意见》要求，力争通过3~5年的努力，多式联运"一单制""一箱制"法规制度体系进一步完善，多式联运信息加快开放共享，多式联运单证服务功能深化拓展，多式联运龙头骨干企业不断发展壮大，托运人一次委托、费用一次结算、货物一次保险、多式联运经营人全程负责的"一单制"服务模式和集装箱运输"不换箱、不开箱、一箱到底"的"一箱制"服务模式加快推广，进一步推动交通物流提质增效升级，更好服务支撑实现"物畅其流"。明确推进国内多式联运信息互联共享、推进国际多式联运单证应用创新、拓展多式联运"一单制"服务功能、健全多式联运"一箱制"服务体系、大力培育多式联运经营人和完善多式联运标准规则六大任务。

资料来源　新华社．多部门：加快推进多式联运"一单制""一箱制"发展［EB/OL］．［2023-08-24］．https://www.gov.cn/zhengce/jiedu/tujie/202308/content_6899990.htm．

问题：八部门为什么要加快推进多式联运"一单制""一箱制"发展？

解析与讨论：多式联运往往涉及两种以上运输方式，涉及多个部门，因此如何让货物在不同运输方式和多部门间快速高效完成运输对于多式联运效率和质量的提升至关重要。因此，八部门推进"一单制""一箱制"的发展，无疑对多式联运效率和质量的提升起到积极的作用，进而降低社会物流成本和提高经济效益。

7.2.2　多式联运的组织

多式联运为货主提供了极大的方便，实现了理想的"门到门"服务方式。多式联运经营人在履行多式联运合同所规定的运输责任的同时，可将全部或部分运输委托区段承运人完成，并与区段承运人订立分运合同。多式联运经营人通过承担货物全程运输的组织工作，使货方只要订立多式联运合同并在货方认为合适的地点将货物交给多式联运经营人，就可以完成货物的全程运输。发展多式联运，不仅可以为货方提供方便，也可以促进交通运输业的发展。

1）多式联运的组织方式

多式联运的全过程根据工作性质的不同，可分为实际运输过程和全程运输组织业务过程两部分。实际运输过程由参加多式联运的各种运输方式的实际承运人完成，其运输组织工作属于各运输企业内部的技术、业务组织。全程运输组织业务过程由多式联运的组织者——多式联运经营人完成，主要包括全程运输涉及的所有商务性事务和衔接服务性工作的组织实施。

多式联运就其组织方式来说，基本上可以分为协作式多式联运和衔接式多式联运两大类。

（1）协作式多式联运。协作式多式联运的组织者是在各级政府主管部门的协调下，由参加多式联运的各运输企业和中转港站共同组成的联运办公室（或其他名称）。货物的全程运输计划由该机构制订。

在这种组织方式下，需要使用多式联运方式运输整批货物的发货人应根据运输货物的实际情况，向联运办公室提出托运申请，并按月申报整批货物的运输计划。联运办公室应根据多式联运线路及各运输企业的实际情况制订该批货物的运输计划，并把该计划批复给托运人，同时转发给各运输企业和中转港站。发货人根据计划安排向多式联运第一程运输企业提出托运申请并填写联运货物托运委托书，第一程运输企业接收货物后经双方签字，联运合同即告成立。第一程运输企业组织并完成自己承担区段的货物运输至与后一区段的衔接，直接将货物交给中转港站，换装后由下一程运输企业继续运输，这样直到最终目的地，由最后一程运输企业向收货人直接交付。运输过程中交接货物时，前程承运人与后程承运人需要填写货物运输交接单和中转交接单。联运办公室或第一程运输企业负责按全程费率向托运人收取运费，然后将运费按商定的比例分配给各运输企业及港站。

协作式多式联运的全程运输组织是建立在统一计划、统一技术作业标准、统一运行图和统一考核标准的基础上的，在货物运输、中转换装、货物交付等业务中使用的技术标准、衔接条件等也需要在统一协调下同步建设或协议解决，以保证全程运输的协同性。这种多式联运的组织方式，在有些资料中也称为"货主直接托运制"。协作式多式联运是计划经济体制下特有的一种形式，一般是为了保证指令性计划的货物运输，以及重点物资和国防、抢险、救灾等急需物资的运输而开展的，是在国家统一计划指导下的全程性协作运输。

（2）衔接式多式联运。衔接式多式联运的全程运输组织业务是由多式联运经营人完成的。

在这种组织方式下，需要使用多式联运方式运输成批或零星货物的发货人首先应向多式联运经营人提出托运申请，多式联运经营人根据自己的条件考虑是否接受申请。如果多式联运经营人接受申请，则双方可以订立货物全程运输的多式联运合同，并在合同指定地点办理货物交接，由多式联运经营人签发多式联运单据。接受托运后，多式联运经营人首先要选择货物的运输路线，划分运输区段，确定中转、换装地点，选择各区段的实际承运人，确定零星货物集运方案，制订货物全程运输计划，并把计划转发给各中转衔接地点的分支机构或委托的代理人，然后根据计划与第一程、第二程……第N程的实际承运人分别订立各区段的运输合同，通过这些实际承运人来完成货物的全程位移。全程各区段之间的衔接，由多式联运经营人或其代理人采用从前程实际承运人手中接收货物再向后程实际承运人发送货物的方式完成。在最终目的地，多式联运经营人或其代理人应从最后一程实际承运人手中接收货物，再向收货人交付货物。

在与发货人订立运输合同后，多式联运经营人应根据双方协议费率收取全程运费和各类服务费、保险费等。多式联运经营人在与各区段实际承运人订立分运合同时，需要向各实际承运人支付运费及其他必要的费用；在各衔接地点委托代理人完成衔接服务工作时，也需要向代理人支付委托代理费用。

衔接式多式联运在有些资料中也称"运输承包发运制"。目前，国际多式联运主要采用这种组织方式，国内多式联运也较多采用这种组织方式。随着我国经济体制改革的深入，衔接式多式联运将成为多式联运的主要组织方式。

2）多式联运的组织业务

多式联运的组织业务主要包括以下几个方面：

（1）组织货源。这主要包括收集和掌握货源信息，加强市场调查和预测，建立与货主的联系机制，组织货物按期发运、均衡发运及合理发运。

（2）制订运输计划。这主要包括选择各票货物的运输路线及运输方式、各区段的实际承运人及代理人，确定运输批量，编制订舱计划、集装箱调运计划、装箱及接货计划、各批货物的运输日程计划等。

（3）组织各项计划的实施。这主要包括与各区段的实际承运人签订分运合同，将计划下达给有关人员或机构并监督其按计划进行工作，组织相关信息的传递工作。

（4）检查计划执行情况及调整计划。根据计划执行的反馈信息，检查各区段、各转接点的工作情况。如果出现问题，应对计划进行调整，并把相关信息及时传递给有关人员与机构，以便执行新的指令。

（5）组织货物交付、事故处理及集装箱回运工作。

业务链接7-3

西部陆海新通道海铁联运持续向好

2023年9月5日凌晨，一批汽车、摩托车零配件搭乘货运班列经西部陆海新通道顺利到达钦州中心站，准备乘船出海运往东盟国家。2023年1—8月，西部陆海新通道海铁联运班列累计运输货物56.2万标箱，同比增长12.8%。西部陆海新通道海铁联运班列货物运输品类达940多种，运输范围辐射我国18个省区市的61个城市、120个站点，通达全球119个国家和地区的393个港口。

7月下旬以来，西部陆海新通道运输需求持续旺盛，广西沿海铁路货物装卸频率保持高位。中国铁路南宁局集团有限公司着力优化班列运输组织，组织中铁联集中心站、广西联运、北港物流召开四方协调会，建立完善一体化管理机制，压缩货物取送作业时间，全力满足西部陆海新通道运输需求。

资料来源　中国铁路集团有限公司. 西部陆海新通道海铁联运持续向好 今年1月至8月运输货物56.2万标箱，同比增长12.8% ［EB/OL］.［2023-09-08］. https：//www.chnrailway.com/index/shows? catid=10&id=8521.

7.2.3 多式联运单据

在多式联运中，多式联运经营人使用的运输单证为多式联运单据。它既是货物多式联运的证明，也是多式联运经营人接收货物及在目的地交付货物的凭证。多式联运单据应在多式联运经营人接管货物后，由多式联运经营人或经其授权的人签发。当国际多式联运的运输方式之一是海运，特别是第一程运输是海运时，多式联运单据大多表现为多式联运提单。多式联运单据记载的主要内容如下：

（1）多式联运经营人的名称和营业处所。

（2）托运人和收货人。

（3）货物的品名、件数、重量或数量、外表状态和主标志。

（4）单证的签发日期和地点、签发人的签章。

（5）多式联运经营人接管货物的日期和地点。

（6）多式联运经营人交付货物的期限和地点。

（7）运费及支付方式。

（8）预期运输经由路线、运输方式及换装地点。

（9）履行合同的法律依据等。

学习微平台

延伸阅读 7-2

7.3 多式联运的责任划分

7.3.1 多式联运的责任制度

多式联运的发展改变了传统的货物交接方式，也从根本上改变了多式联运经营人的承运责任范围。因此，传统单一运输方式有关承运人的责任制度已不能满足其要求，新的责任制度不断形成。多式联运中出现了两层赔偿关系：第一层是多式联运经营人与货方之间的赔偿关系；第二层是多式联运经营人与各区段实际承运人之间的赔偿关系。相应的法律依据主要有以下几种：

（1）公路运输的法律依据主要是《国际公路货物运输合同公约》及我国相关法律。

（2）铁路运输的法律依据主要是《国际铁路货物运输公约》及我国相关法律。

（3）水路运输的法律依据主要是《海牙规则》、相关国际货物运输公约及我国相关法律。

（4）航空运输的法律依据主要是《华沙公约》及我国相关法律。

由于货物多式联运至少需要采用两种运输方式，而每一种运输方式所在区段所适用的法律对承运人的责任规定往往不同，因此多式联运的责任划分比较复杂。一方面，多式联运由各种单一运输方式组合而成，是建立在各种单一运输方式基础上的，具有"复合性"，无法脱离调整单一运输方式的法律的影响；另一方面，多式联运是由各种单一运输方式组合成的新的运输方式，有其自身的特点，需要新的法律来规范。多式联运的责任制度主要有以下几种：

1）责任分担制

责任分担制是指多式联运经营人和各区段承运人在合同中事先划分运输区段，货物发生灭失、损坏或迟延交付时，多式联运经营人依约只承担自己直接负责的运输方式及区间的责任，货物灭失、损坏或迟延交付发生在其他承运人负责的运输方式及区间的，由该承运人直接向托运人负责。责任分担制实际上是对单一运输方式的简单组合，并没有真正发挥多式联运的优越性，故目前很少被采用。

2）网状责任制

网状责任制是指多式联运经营人对货物的全程运输负责，货物的灭失、损坏或迟延交付发生于多式联运的某一区段的，多式联运经营人的赔偿责任和责任限额应按适用于该区段的有关法律予以确定。例如，如果货损发生在海上，则按照海运的法律赔偿；如果货损发生在公路上，则按照公路运输的法律赔偿。也就是说，多式联运经营人的责任及其责任限额取决于货损发生的区段。网状责任制充分认识到了多式联运的"复合性"，对现存的运输公约和相关的法律给予了充分考虑，保留了某一特殊运输区段的法律。然而，网状责任制倾向于对多式联运经营人的保护，当货物灭失、损坏或迟延交付发生的区段不能确定时，会给货方造成风险分摊的不确定性。

3）经修正的网状责任制

经修正的网状责任制是指在网状责任制的基础上，如果货物灭失、损坏或迟延交付发生的区段不能确定，多式联运经营人应按照合同规定的某一标准来确定赔偿责任和责任限额。《国际商会调解与仲裁规则》和《国际商会仲裁规则》均采纳了该责任制，我国的《海商法》和《民法典》也采用了这种责任制。经修正的网状责任制虽然有效克服了货损无法确定和"责任间隙"的问题，但是并没有产生任何更大的可预见性。在某些情况下，货方仍然无法预见多式联运经营人应对其承担的赔偿责任和责任限额。

4）统一责任制

统一责任制是指多式联运经营人对全程运输负责，不论货损发生在哪一个区段，多式联运经营人承担的赔偿责任和责任限额都是一样的。在统一责任制下，规定的赔偿责任和责任限额适用于整个运输区段。也就是说，多式联运经营人对全程运输中发生的货物灭失、损坏或迟延交付负全部责任，无论事故是隐蔽的还是明显的，是发生在海运区段还是发生在内陆区段，均由多式联运经营人按照统一的限额赔偿。统一责任制很好地解决了货损区段不能确定时的赔偿责任和责任限额，以及网状责任制下可能出现的法律真空问题。然而，统一责任制也存在一些无法回避的问题，如多式联运经营人向货方承担赔偿责任后，面临着不能向造成货物损害的区段承运人全额追偿的风险，多式联运经营人最终承担的责任无法预见等。这实际上是将货方对运输风险的不可预见性转移给了多式联运经营人。

5）经修正的统一责任制

经修正的统一责任制是指多式联运经营人对全程运输负责，并且原则上全程运输采用单一的归责原则，但保留适用于某种运输方式的较为特殊的责任限额的规定。经修正的统一责任制通常针对多式联运的海运区段，并且有利于多式联运经营人。经修正的统一责任制最大限度保留了统一责任制的优点，缓和了统一责任制下各区段运输方式责任体制之间存在的差异和矛盾，较好地适应了运输法律发展的现状，使多式联运中的运输风险在承托双方间得到了较为合理的分配。《联合国国际货物多式联运公约》采用的就是经修正的统一责任制。

7.3.2 多式联运的责任期间

责任期间是指行为人履行义务、承担责任在时间上的范围。《国际商会调解与仲裁规则》《联合国国际货物多式联运公约》《国际商会仲裁规则》均规定，多式联运经营人的责任期间，自多式联运经营人接管货物时起到交付货物时止。我国《海商法》规定："多式联运经营人对多式联运货物的责任期间，自接收货物时起至交付货物时止。"这一责任期间包括了多式联运经营人接管货物后至货物装运前在仓库或堆场的时间、全程运输的时间，以及货物运抵目的地之后至交付货物之前的时间。

同步思考7-2

背景资料：洋明公司有一批货物，需要由印度的钦奈港装船，经新加坡转船运往中国沈阳，总承运人德润公司签发了全程运输提单。到达新加坡后，在码头等候华海公司装船时，货物在露天货场受雨遭损。洋明公司向承运人德润公司索赔损失，德润公司以货物不在船上而是在陆上受损，不属于海上运输为由而拒绝赔偿。

问题：承运人德润公司拒绝赔偿的理由是否充分？损失应由谁承担？

理解要点：多式联运经营人的责任期间是自多式联运经营人接管货物时起到交付货物时止。德润公司应对洋明公司的货物损失负责，洋明公司与其他公司没有合同关系。

7.3.3 多式联运经营人的赔偿责任限制

1）赔偿责任基础

关于赔偿责任基础，不同国际货物运输公约的规定不一致，但大致可分为过失责任制和严格责任制两种，并以过失责任制为主。《联合国国际货物多式联运公约》规定，多式联运经营人的赔偿责任基础包括以下内容：

（1）如果货物的灭失、损坏或迟延交付所造成的损失发生在货物由多式联运经营人掌管期间，则多式联运经营人应负赔偿责任，除非多式联运经营人能证明其本人、受雇人、代理人，或其他有关的人为避免事故的发生已经采取了一切能符合要求的措施。

（2）如果货物未在明确约定的时间内交付，或者无此种协议，货物未在合理的时间内交付，即为迟延交货。

（3）如果货物未在上述条款确定的交货日期届满后连续90日内交付，索赔人即可认为这批货物业已灭失。

从上述内容可以看出，《联合国国际货物多式联运公约》对多式联运经营人所规定的赔偿责任基础采用的是过失责任制，即多式联运经营人除了对自身的过失负有赔偿责任外，对其受雇人或代理人的过失也负有赔偿责任。

在国际货物运输中，不同国际货物运输公约对迟延交货责任一般都有规定，只是有的规定明确，有的规定模糊。比如海上货物运输，由于影响运输的原因较多，很难确定是在什么情况下构成迟延交货，因此《海牙规则》对迟延交货的规定较模糊。相比之下，《联合国国际货物多式联运公约》对迟延交货的规定是明确的。

在运输实务中，迟延交货情况一旦发生，收货人通常会采取以下处理方法：

① 接收货物，再提出由于迟延交货而造成的损失并要求赔偿。

② 拒收货物，并提出全部赔偿要求。

2）赔偿责任限制

赔偿责任限制是指多式联运经营人对每件或每单位货物损失的最高赔偿额。关于货物的最高赔偿额，不同国际货物运输公约均有不同的规定。《海牙规则》规定，每件或每单位货物损失的最高赔偿额为100英镑。《维斯比规则》将每件或每单位货物损失的最高赔偿额提高到10 000金法郎，同时还增加了一项以受损货物毛重为标准的计算方法，即每千克为30金法郎，以两者中较高者为准。此外，《维斯比规则》对集装箱、托盘或类似装运器具的集装运输也做了规定。如果提单上载明了这种装运器具中的包数或件数，则应按载明的包数或件数赔偿。《汉堡规则》规定，每件或每单位货物损失的最高赔偿额为835特别提款权（SDR），或按毛重每千克2.5特别提款权，以两者中较高者为准。《汉堡规则》对货物用集装箱、托盘或类似的装运器具在集装运输时所造成的损失的赔偿也做了与《维斯比规则》相似的规定。《联合国国际货物多式联运公约》规定，货物灭失或损坏造成的赔偿责任按每件或每单位计，不得超过920特别提款权，或按毛重每千克计，不得超过2.75特别提款权，以两者中较高者为准。如果货物是用集装箱、托盘或类似的装运器具集装运输，则相应的赔偿按多式联运单证中已载明的该种装运器具中的包数或件数计算，否则这种装运器具的货物应视为一个货运单位。

不同国际货物运输公约关于赔偿责任限制的规定见表7-1。

表7-1　　　　　　　　不同国际货物运输公约关于赔偿责任限制的规定

国际货物运输公约	每件或每单位赔偿责任限额（SDR）	毛重每千克赔偿责任限额（SDR）	备注
《联合国国际货物多式联运公约》	920	2.75	包括海上或内河运输
		8.33	不包括海上或内河运输
《汉堡规则》	835	2.50	
《国际公路货物运输合同公约》		8.33	
《国际铁路货物运输公约》		16.67	
《华沙公约》		17.00	

对于迟延交货的责任限制，《汉堡规则》规定，承运人对迟延交付的赔偿责任，以相当于迟延交付货物应支付运费的2.5倍的数额为限，但不得超过海上货物运输合同规定的应付运费总额。

不同国际货物运输公约关于货物迟延交付的赔偿责任限额及总额的规定见表7-2。

表7-2　不同国际货物运输公约关于货物迟延交付的赔偿责任限额及总额的规定

国际货物运输公约	赔偿责任限额	赔偿责任总额
《联合国国际货物多式联运公约》	应付运费的2.5倍（40%以下）	不超过合同应付运费总额
《华沙公约》	无限额规定	无限额规定
《海牙规则》	无限额规定	无限额规定
《汉堡规则》	应付运费的2.5倍	不超过合同应付运费总额
《国际铁路货物运输公约》	应付运费的2倍	无限额规定
《国际公路货物运输合同公约》	迟延货物运费总额	无限额规定

有关迟延交货的赔偿是建立在运费基数之上的，且与运费基数成正比。多式联运的运费基数是货物在各区段的运费之和。

业务链接7-4

迟延交付案件

迪欧食品公司将6件月饼委托翔宇货运公司由韶关通过公路运到广州装船去高雄，合同约定8月10日前在高雄交货。收货人8月8日在高雄提货时发现少了2件月饼。调查发现，有2件月饼在广州装载集装箱时被遗漏。经过各方的努力，这2件月饼于8月20日运抵高雄。这2件月饼遂构成了迟延交付，收货人可以就由此造成的损失向多式联运经营人要求赔偿，多式联运经营人也可以根据相关法规，寻求赔偿责任限额保护。

3）赔偿责任限制权利的丧失

为了防止多式联运经营人利用赔偿责任限制的规定，对货物的安全掉以轻心，致使货物所有人遭受不必要的损失，从而影响国际贸易与国际运输业的发展，《联合国国际货物多式联运公约》明确规定，在下列情况下，多式联运经营人将丧失赔偿责任限制权利：

（1）如经证明，货物的灭失、损坏或迟延交付是由多式联运经营人有意造成的，或明知可能造成损失而轻率行为或不行为所引起的，则多式联运经营人无权享受有关赔偿责任限制的利益。

（2）如经证明，货物的灭失、损坏或迟延交付是由多式联运经营人的受雇人或代理人或为履行多式联运合同而使用其服务的其他人有意造成的，或明知可能造成损失而轻率行为或不行为所引起的，则该受雇人、代理人或其他人无权享受有关赔偿责任限制的利益。

在实际业务中，多式联运经营人在有赔偿责任限制的保护下，故意造成货物的灭失、损坏或迟延交付而失去责任限制权利，是不明智的。所谓轻率行为或不行为，是指多式联运经营人已经意识到这种做法有可能造成损失，但其仍然采取了不当的措施，或没有及时采取任何措施。

职业素养7-1

多式联运经营人应选择敬业的合作伙伴

背景与情境：鸿鹄外贸公司有一批棉花从中国安徽阜阳运往英国伦敦，全程运输由快捷航运公司负责，其中从上海到伦敦的海上运输由快捷航运公司的合作伙伴——A船舶公司负责。在上海港，由于A船舶公司调配不合理，运输时间耽误了一个星期。在驶往伦敦的途中，载货船舶发生碰撞受损，在附近港口入坞修理时，需要打开货舱舱盖，在修理船舶过程中几次下雨，船员却没有关闭货舱舱盖，也未遮盖防雨布，致使货物受损。此外，船舶比正常抵达目的港的时间推迟一个多月，由于棉花市场价格持续下降，又给鸿鹄外贸公司带来了巨大的贸易损失。造成损失并使损失进一步扩大的主要原因在于A船舶公司管理不健全及员工责任意识薄弱，为此，鸿鹄外贸公司向A船舶公司提出索赔，A船舶公司以提单条款注明的"由于驾驶和船舶管理上的疏忽造成的货物损失，船方免于负责"为由拒赔，鸿鹄外贸公司遂将快捷航运公司和A船舶公司起诉至法院。

问题：A船舶公司的拒赔理由是否充分？A船舶公司应承担哪些赔偿责任？A船舶公司能否享受赔偿责任限额的规定？托运人应吸取哪些教训？

研判提示：首先要确定造成上述货损的原因是"船舶管理不善"，还是"货物管理不善"；其次要确定多式联运经营人是否迟延交付货物；最后要确定船方是否履行了一个勤勉的承运人应尽的责任。这一事件表明，是否具有职业道德也是多式联运经营人选择合作伙伴时应考虑的条件之一。

7.3.4　发货人的赔偿责任

在多式联运过程中，如果损失是由发货人的过失或疏忽，或者是由发货人的受雇人或代理人在其受雇范围内行事时的过失或疏忽造成的，那么发货人对这种损失应负赔偿责任。发货人在将货物交给多式联运经营人时应保证：

（1）所申述的货物内容准确、完整。

（2）集装箱铅封牢固，适合多种方式运输。

（3）标志、标签准确、完整。

（4）如果货物是危险品，应说明其特性和需要采取的预防措施。

（5）自行负责由于装箱不当或积载不妥所引起的损失。

（6）对由于自己或其雇员、代理人的过失而对第三者造成的生命、财产损失负责。

（7）在货运单证上标有"货物检查权"的情况下，海关和多式联运经营人对集装箱内的货物有权进行检查，其损失和费用由发货人自行负责。

业务链接7-5

发货人应准确申报托运物品

某货轮在航行中发现有一个集装箱失火，从而给邻近的两个集装箱造成了损失。经调查，该集装箱的货物中有大量没有申报的易燃物品，起火原因是这些易燃物品发生了自燃，承运人遂向托运人提出赔偿请求。

7.3.5 索赔与诉讼

在国际上有关货物运输的公约中，一般都有货物的索赔与诉讼条款。例如，《海牙规则》和各国船公司对普通货运提单索赔与诉讼的规定为：收货人应在收到货物之日起3日内，将有关货物的灭失、损坏情况以书面形式通知被索赔人，如货物的状况在交货时已由双方证明，则不需要书面的索赔通知。收货人提出的诉讼时间为从货物应交付起1年内，否则，将在任何情况下免除承运人对货物所负的一切责任。由于集装箱运输的特殊性，因此有的集装箱提单规定在3天或7天内以书面形式通知承运人有关货损的情况。对于诉讼时效，有的集装箱提单规定为1年，有的规定为9个月。若属全损，有的集装箱提单仅规定为2个月。

《联合国国际货物多式联运公约》规定，如果货物受损人在收到货物2年期间内没有提起诉讼或交付仲裁，诉讼即失去时效。如果在货物交付之日后6个月内，或如果货物未能交付，在货物应付之日后6个月内，没有提出说明索赔性质和主要事项的书面索赔通知，则在此期限届满后，诉讼即失去时效。

要使一个索赔案成立，必须满足以下几个条件：

（1）提出索赔的人具有正当的索赔权。
（2）货物的灭失、损坏具有赔偿事实。
（3）被索赔人负有实际赔偿责任。
（4）货物的灭失、损坏是在多式联运经营人掌管期间。
（5）索赔与诉讼的提出在规定的有效期内。

同步案例7-2

浏阳彩虹烟花厂货物损失赔偿案例

背景与情境： 中国浏阳彩虹烟花厂有10个集装箱的烟花制品要出口美国，这批货物委托太平洋物流公司运输，运输合同采用的是经修正的网状责任制。货物从中国长沙报关出口，然后用火车运往中国广州转船，最后在美国纽约港交货。收货人在接收货物时发现：有2个集装箱的货物由于船员管理不当，造成直接经济损失约10万元人民币；有1个集装箱由于箱体有裂缝，造成货物损失约5万元人民币。箱体裂缝产生的原因、时间和地点无法确定。

问题： 这起案件应如何处理？货方能否获得赔偿？货方应找谁赔偿？

分析提示： 浏阳彩虹烟花厂货物损失案件的处理方法，应根据浏阳彩虹烟花厂与太平洋物流公司签订的运输合同来确定。如果收货人或浏阳彩虹烟花厂按规定及时提出索赔，则应根据调整相应区段运输方式的有关法律的规定，确定多式联运经营人的赔偿责任和责任限额。

━ 本章概要 ━▶

□ 内容提要与结构

▲ 内容提要

● 多式联运是指由两种或两种以上的交通工具相互衔接、转运而共同完成的运输过程。多式联运是货物运输的一种较高的组织形式，它集中了各种运输方式的优点，实现了连贯运输，达到了简化货运环节、加速货运周转、减少货损货差、降低运输成本、实现合理运输的目的。与传统的单一运输方式相比，多式联运具有无可比拟的优越性。多式联运经营人是与托运人或发货人订立多式联运合同，且对运输全程承担责任的自成一类的多式联运合同主体。

● 多式联运的业务程序主要有以下几个环节：接受托运申请，订立多式联运合同；发放、提取及运送集装箱；出口报关；货物装箱及接收货物；订舱及安排货物运送；办理保险；签发多式联运提单，组织完成货物的全程运输；运输过程中的海关业务；交付货物；处理货运事故。多式联运经营人通过承担货物全程运输的组织工作，使货方只要订立多式联运合同并在货方认为合适的地点将货物交给多式联运经营人，就可以完成货物的全程运输。

● 由于货物多式联运至少需要采用两种运输方式，而每一种运输方式所在区段所适用的法律对承运人的责任规定往往不同，因此多式联运的责任划分比较复杂。多式联运的责任制度主要有责任分担制、网状责任制、经修正的网状责任制、统一责任制和经修正的统一责任制。关于赔偿责任基础，不同国际货物运输公约的规定不一致，但大致可分为过失责任制和严格责任制两种，并以过失责任制为主。关于货物的赔偿限额、发货人的赔偿责任、赔偿责任限制权利的丧失、索赔与诉讼时效，不同国际货物运输公约也有不同的规定。

▲ 内容结构

本章内容结构如图7-1所示。

□ 主要概念和观念

▲ 主要概念

多式联运　多式联运经营人　区段承运人　责任分担制　网状责任制　经修正的网状责任制　统一责任制　经修正的统一责任制　责任期间　赔偿责任限制

▲ 主要观念

多式联运经营人的法律地位　多式联运的组织与管理　多式联运的责任划分

□ 重点实务和操作

▲ 重点实务

多式联运的业务程序　多式联运的组织方式　多式联运的责任制度　多式联运赔偿责任限制权利的丧失　多式联运的索赔与诉讼

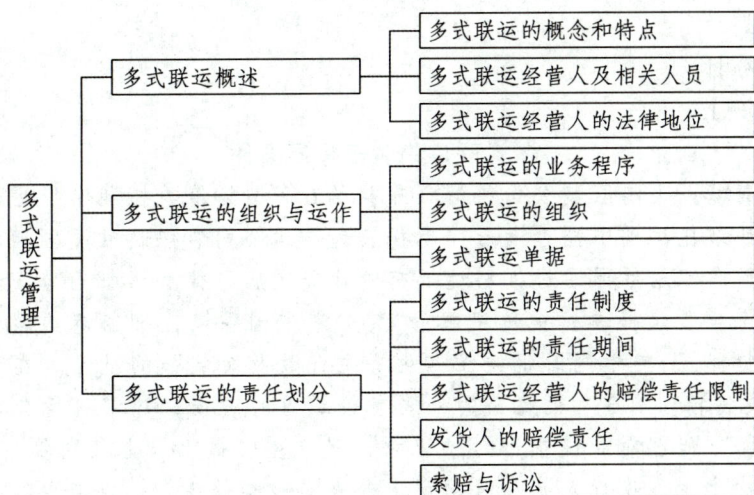

图7-1 本章内容结构

▲ 重点操作

多式联运的组织与业务运作　多式联运纠纷处理

━ 基本训练 ━➤

□ 理论题

▲ 简答题

1）多式联运的含义是什么？

2）多式联运有哪些特征和优越性？

3）简述多式联运经营人的法律地位。

▲ 讨论题

1）比较说明多式联运经营人的赔偿责任限制与海运承运人的区别。

2）比较说明多式联运的不同责任制度的特点。

3）论述多式联运经营人迟延交货的赔偿责任限制和处理方法。

□ 实务题

▲ 规则复习

1）简述多式联运的业务程序。

2）多式联运的组织业务主要包括哪些方面？

3）多式联运单据主要记载哪些内容？

▲ 业务解析

1）东方公司有500箱文具从中国宁波运往韩国首尔，收货人是韩国文化贸易公司。请下载一份多式联运提单表格，并根据需要设计相关信息，按要求完成提单的填写。

2）有一批食品共6件1 200千克，自中国苏州经上海运往加拿大温哥华。途中由于船员管理不善，造成货损。请问多式联运经营人能否受到赔偿责任限制的保护？如果可以，请根据不同国际货物运输公约的规定，确定相应的赔偿责任限额。

□ 案例题

▲ 案例分析

【相关案例】

多式联运集装箱货损案件

背景与情境： 飞鸽服装公司将装载布料的6个集装箱委托翔宇货运公司，由中国长沙通过铁路托运到中国香港后，委托宏远航运公司装船运往美国西雅图港，集装箱在西雅图港卸船后再通过铁路运抵交货地美国底特律。该批出口布料由翔宇货运公司出具全程货运提单，提单记载："装船港中国香港，卸船港美国西雅图，交货地美国底特律。"提单同时记载了"由货主计数及装载"的批注。在西雅图港卸船时，6个集装箱中有3个集装箱的外表有较严重的破损，翔宇货运公司在西雅图港的代理与船方代理对此破损进行了记录，双方在破损记录上共同签字。6个集装箱在运达底特律后，收货人开箱时发现，外表有破损的3个集装箱内的布料已经严重受损，另有1个集装箱尽管箱子外表良好，但箱内布料有不同程度受损。收货人根据提单上"由货主计数及装载"的批注，向货主提出赔偿请求，但货主拒赔，理由是布料在出运后，翔宇货运公司签发的是清洁提单，这证明货主交给承运人的货物是完好的，并且装箱单上也没有对布料在装箱时的状况进行任何批注。于是收货人向翔宇货运公司提出赔偿请求，理由是翔宇货运公司出具了全程货运提单，理应对全程运输承担责任，但同样遭到了翔宇货运公司的拒绝，理由是尽管出具了全程货运提单，但造成货损并不是自己的过失，而是宏远航运公司的行为。在无法得到赔偿的情况下，收货人委托律师将飞鸽服装公司、翔宇货运公司和宏远航运公司告上了法院。

资料来源　作者根据相关资料整理.

问题：

1）这些公司是否应承担赔偿责任？为什么？

2）集装箱外表良好但箱内布料不同程度受损的理赔，与有明显破损的3个集装箱内布料损失的理赔有没有区别？为什么？

3）运输合同采用网状责任制与统一责任制的理赔结果有什么不同？为什么？

【训练要求】

同第1章"基本训练"中本题型的"训练要求"。

▲ 职业素养训练

【相关案例】

全国首笔陆海新通道多式联运"一单制"数字提单信用证业务落地

背景与情境： 2024年4月8日，由重庆本土贸易企业自营采购的一批巴基斯坦铬矿，委托陆海新通道运营公司开展全程多式联运服务，在卡拉奇港完成装船，通过铁海联运经由钦州转关发往重庆，抵达果园港。

该笔业务是陆海新通道围绕大宗矿物创新提供"物流+金融"综合供应链服务方案的成功应用，为陆海新通道服务战略性矿产资源进入内陆地区、促进产业布局优化、助力重庆及毗邻地区经济发展打开了崭新局面。

分析提示7

在金融服务方面，陆海新通道公司会同重庆银行在全国范围内，首次应用"一单制"数字提单向通道企业提供"信用证＋进口押汇＋未来货权转存货"等"一揽子"综合金融服务，综合资金成本较原有模式下降40％。在此过程中，陆海新通道公司与重庆银行共同研发"陆海一单贷"专属产品，将铁海联运"一单制"数字提单作为押品，采用"'一单制'数字提单权利质押＋全程货物监管等"业务模式，支持通道企业通过"一单制"提单进行融资，为通道企业高质量发展保驾护航。

资料来源 交通新闻网. 全国首笔陆海新通道多式联运"一单制"数字提单信用证业务落地［EB/OL］.［2024-04-08］. https://www.mot.gov.cn/jiaotongyaowen/202404/t20240408_4115416.html.

问题：

1）陆海新通道公司在开展"一单制"数字提单信用证业务中涉及哪些服务创新？

2）多式联运企业人员在进行业务创新时应坚持哪些职业素养？

【训练要求】

同第1章"单元训练"中本题型的"训练要求"。

□ 实训题

【实训目的】

多式联运管理技能训练。

【情境设计】

将学生分成若干实训团队，各团队分别选择一家具有综合运输业务的物流公司、货代公司（或本校专业实训基地，或毕业生创业团队），从"'多式联运管理'技术应用"视角，参与企业该项目的运作，撰写《×××公司××货物多式联运组织方案》。

价值引导7

【组织形式】

1）以小组为单位组成运输管理团队。

2）各运输管理团队结合实训任务进行恰当的角色分工，确保组织合理和每位成员的积极参与。

【训练要求】

同第1章"基本训练"中本题型的"训练要求"。

【成果形式】

训练课业：《×××公司××货物多式联运组织方案》。

课业要求：

1）"实训课业"的结构与体例参照本教材"课业范例"中的范例-3。

2）将《×××公司××货物多式联运组织方案》。以"附件"形式附于《训练报告》之后。

3）在校园网平台上展示经过教师点评的班级优秀《训练报告》，并将其纳入本课程的教学资源库。

单元考核

考核评价要求：同第1章"单元考核"的"考核评价要求"。

第8章
货物运输保险与合同

● 学习目标
引例　船舶发生火灾 以星航运宣布
　　　共同海损
8.1　**货物运输保险**
8.2　**货物运输合同**
● 本章概要
● 基本训练
● 单元考核

学习目标

知识目标：

• 掌握货物运输保险的概念和保险术语；

• 熟悉货物运输保险的险种及进出口货物运输保险流程；

• 掌握货物运输合同的概念和特点；

• 熟悉货物运输合同的分类、订立、变更或解除。

能力目标：

• 能根据运输合同进行货物运输保险的投保；

• 能办理货物运输合同的订立、变更或解除业务；

• 会办理货物运输保险索赔业务。

素质目标：

• 培养团队合作、诚信从业的物流运输职业理想和职业操守；

• 培养良好的思想政治素质与职业道德；

• 树立遵纪守法、遵守货物运输保险、合同相关法律法规的正确态度。

引例 船舶发生火灾 以星航运宣布共同海损

背景与情境： 据海事理赔顾问 WK Webster 的消息，2022 年 8 月 8 日，以星航运运营的一艘集装箱船在驶离科伦坡时货舱发生火灾，大约 300 个集装箱可能受到火灾、高温、烟雾以及消防的影响。该船为"ZIM CHARLESTON"轮（IMO 9461506），载重吨 102 518 吨，载箱量 8 586 标准集装箱，建于 2011 年。

事故发生后，以星航运即宣布共同海损，并与海损理算师联系，以确定所提供的海损担保条款。所有货方在交付货物之前都需要提供共同海损担保。

资料来源 海事服务网．突发！以星航运一艘集装箱船起火 约300个集装箱受损 [EB/OL]．[2022-08-18] https://www.cnss.com.cn/html/newshelp/20220818/347188.html.

在货物运输过程中，存在各种风险，如何进行风险的规避以及怎样规避风险使船货双方遭受的损失最小，在物流货物运输实践中最常用的方法是通过货物运输保险来实现。从引例可见，以星航运在"ZIM CHARLESTON"轮发生火灾事故后，通过共同海损的方式来处理。

保险是为了避免当事人因自然灾害、意外事故等带来的风险和费用。一旦货物遭到损失，货主为了能从经济上得到补偿，一般都要投保货物运输险。所以，货物运输离不开保险。在货物运输的过程中，会涉及不同的当事人、交货时间及地点的规定、运输费用的结算、争议或纠纷的解决途径、货物损失的索赔等一系列问题。而在货物运输前，当事人一般都会针对上述问题进行协商，并形成一个书面文件。该文件经过当事人的签字、确认，最终成为具有法律效力的文书，从而为运输任务的顺利完成奠定了良好的基础。

学习微平台

同步链接 8-1

8.1 货物运输保险

货物运输保险是以运输途中的货物作为保险标的，保险人对由自然灾害和意外事故造成的货物损失负赔偿责任的保险。投保人在货物装运之前，向保险人按一定金额投保一定的险别，投保人按保险金额、投保险别及保险费率，向保险人支付保险费并取得保险单证。保险人承保以后，投保货物一旦在运输途中遭受约定范围内的损失，保险人应负责对投保险别责任范围内的损失，按保险金额及损失程度给予保险单证持有人经济上的补偿。

不同的国家和保险公司有不同的保险规定和条款，我国货物运输中最常用的保险条款是中国保险条款。

8.1.1 保险术语

每个行业都有专业术语，保险业也不例外。在签订保险合同时，只有明白这些专业术语的含义，才能使保险合同准确表达当事人的意愿，维护当事人的合法权益。表8-1 列出的是一些最基本的保险术语。

表8-1　　　　　　　　　　　　　　　　　保险术语

序号	术语	含　义
(1)	保险	保险是指投保人根据合同约定，向保险人支付保险费，保险人对于合同约定的可能发生的事故，因其发生所造成的财产损失承担赔偿保险金责任
(2)	保险人	保险人是指与投保人订立保险合同，并承担赔偿或者给付保险金责任的人
(3)	投保人	投保人是指与保险人订立保险合同，并按照保险合同负有支付保险费义务的人。投保人在投保时必须具有行为能力。在多数保险合同中，投保人与被保险人是同一个人，但在有些保险合同中，投保人和被保险人是分离的
(4)	被保险人	被保险人是指受保险合同保障，并且在保险事故发生后，享有保险金请求权的人
(5)	保险合同	保险合同是指投保人与保险人约定保险权利和义务关系的协议
(6)	保险利益	保险利益又称可保利益，是指投保人对保险标的具有的法律上承认的利益
(7)	保险标的	保险标的是指作为保险对象的财产及其有关利益或者人的寿命和身体，是保险利益的载体
(8)	可保风险	可保风险是指符合保险人承保条件的特定风险
(9)	受益人	受益人是指在保险合同中由投保人指定的享有保险金请求权的人
(10)	保险费	保险费简称保费，是指投保人交付给保险人的费用
(11)	保险金	保险金是指保险事故发生后，保险人对被保险人或受益人给付或赔偿的金额
(12)	保险单	保险单简称保单，是保险人给投保人的凭证。保险单上载有参加保险的种类和时间、保险金、保险费、保险期限等保险合同的主要内容，保险单是一种具有法律效力的文件
(13)	保险责任	保险责任是指保险人承担的赔偿经济损失或者给付保险金的项目
(14)	除外责任	除外责任是指保险人不予理赔的项目
(15)	保险期间	保险期间也称保障期，是指保险合同约定的对保险事故负保险责任的时间，不同的险种有不同的保险期间
(16)	主险	主险是指可以单独投保的保险险别
(17)	附加险	附加险是指不能单独投保，只能附加于主险投保的保险险别。主险因失效、解约或满期等原因效力终止或中止时，附加险的效力也随之终止或中止

教学互动 8-1

互动问题：

1) 海上货物运输过程中，引入共同海损的动机是什么？
2) 海上货物运输投保实务中，保费的计算为什么要以 CIF 价为基础？

要求：同"教学互动 1-1"的"要求"。

8.1.2　海上货物运输保险

海上货物运输保险要明确承保责任的范围和保险的险别，这是保险人和被保险人履行权利和义务的依据。在办理海上货物运输保险时，当事人应根据货物的性质、包装情况、运输方式以及自然气候等因素进行全面考虑，合理选择保险险别。

1) 海上货物运输中的风险、损失与费用

海上货物运输保险涉及海上货物运输风险、海上货物运输损失和保险人承担的费用三个方面的问题。

（1）海上货物运输风险。海上货物运输风险可分为海上风险和外来风险两大类。海上货物运输风险的分类见表 8-2。

表 8-2　　　　　　　　　　海上货物运输风险的分类

海上货物运输风险	海上风险	含义	海上风险又称海难，一般是指货物或船舶在海上运输的过程中发生的或随附海上运输所发生的风险。海上风险并不是指一切在海上发生的风险，也不仅局限在航行过程中，那些与海上航行有关的发生在陆上或海陆、海河或与驳船相连接之处的风险，也属于海上风险
		分类	自然灾害：由不以人的意志为转移的自然界的力量所引起的灾害，如恶劣气候、雷电、海啸、地震、浪击落海、洪水、火山爆发，以及其他人力不可抗拒的灾害，这些灾害在保险业务中都有特定的含义
			意外事故：由于偶然的、难以预料的原因造成的事故，如船舶搁浅、触礁、沉没、碰撞、爆炸、失火、失踪或其他具有明显海洋特征的重大意外事故
	外来风险	含义	外来风险是指由海上风险以外的其他原因引起的风险
		分类	一般外来风险：由一般外来原因造成的风险，如偷窃、渗漏、短量、碰损、钩损、锈损、雨淋、受热、受潮等
			特殊外来风险：由于战争、种族冲突等原因，或一国的军事、政策法令、行政措施等发生变化造成的风险，如战争、罢工、交货不到、被拒绝进口或没收等

（2）海上货物运输损失。**海上货物运输损失**简称海损，是指被保险货物在海上运输的过程中，由于海上风险所造成的损失。海上货物运输损失可分为全部损失和部分损失两大类。海上货物运输损失的分类见表 8-3。

表8-3 海上货物运输损失的分类

海上货物运输损失	全部损失	含义	全部损失简称全损，是指运输途中整批货物或不可分割的一批货物的所有损失
		分类	实际全损：被保险货物全部灭失，或完全变质，或不可能归还被保险人。例如，载货船舶失踪，经过一定时间（如2个月）后仍没有获知其消息，视为实际全损。被保险货物遭受实际全损后，被保险人可按其投保金额获得保险公司对全部损失的赔偿
			推定全损：被保险货物在运输途中受损后，实际全损已经不可避免，或者为避免发生实际全损需要支付的费用与继续将货物运抵目的地的费用之和超过保险价值，也就是恢复、修复受损货物，并将其运送到原定目的地时的费用，将超过该货物的价值。发生推定全损时，被保险人可以要求保险人按部分损失赔偿，也可以要求按全部损失赔偿，这时应向保险人发出委付通知
	部分损失	含义	部分损失是指不属于实际全损和推定全损的损失，即没有达到全部损失程度的损失
		分类	共同海损：载货船舶在海运途中遇到危及船、货的共同危险，船方为了维护船舶和货物的共同安全或使航程得以继续完成，有意并且合理做出的某些特殊牺牲或支出的特殊费用。共同海损应该由同一航程的各受益方按各自的价值比例分摊，这种分摊称为共同海损分摊
			单独海损：货物受损后未达到全损程度，并且是单独一方的利益受损，因此只能由该利益所有者单独负担的一种部分损失

业务链接8-1

"伊通"轮触礁造成货物损失案

"伊通"轮因大雾在舟山附近海域触礁，造成NO.1货舱的100吨棉花部分受到海水浸泡，品质受到严重影响。为了船方、货方的共同利益，防止损失扩大，船长申请救助，花费拖轮费10万元人民币。本案中的棉花损失属于单独海损，拖轮费属于共同海损。

（3）**保险人承担的费用。保险人承担的费用**是指保险标的发生保险事故后，为减少货物的实际损失而支出的合理费用。保险人承担的费用包括施救费用和救助费用两种。保险人承担的费用的分类见表8-4。

表8-4 保险人承担的费用的分类

分　类	含　义
施救费用	施救费用是指被保险货物在遭遇保险责任范围内的灾害事故时，被保险人或其代理人、雇员、保险单证受让人等为避免、减少损失，采取各种抢救或防护措施时所支付的合理费用
救助费用	救助费用是指被保险货物在遇到上述灾害事故时，由保险人和被保险人以外的第三者采取救助行为而向其支付的费用

2）海上货物运输保险险别

保险险别是指保险人对风险和损失的承保责任范围。在保险业务中，各种险别的承保责任是通过各种不同的保险条款来规定的。我国海上货物运输保险险别按照能否单独投保，可分为基本险和附加险两类。基本险可以单独投保，而附加险不能单独投保，只有在投保基本险的基础上才能加保附加险。附加险是对基本险的补充和扩大，承保的是由于外来原因所造成的损失。

（1）基本险。**基本险**又称主险，是指不需要附加在其他险别之下，可以单独承保的险别。海上货物运输保险的基本险见表8-5。

表8-5　　　　　　　　　　　　　　　**海上货物运输保险的基本险**

| 基本险 | 平安险 | 平安险的英文意思是"单独海损不负责赔偿"，"平安险"一词是我国保险业的习惯叫法，沿用已久。平安险承保责任范围最小，适用于大宗、低值、粗糙的无包装货物（如废钢铁、木材、矿砂等）的投保。
平安险的承保责任范围如下：
①被保险货物在运输过程中，由于恶劣气候、雷电、海啸、地震、洪水等自然灾害所造成的整批货物的实际全损或推定全损。当被保险人要求赔付推定全损时，需要将受损货物及其权利委付给保险公司。被保险货物用驳船运往或运离海轮时，每一驳船所装货物可视为一整批。
②由于运输工具发生搁浅、触礁、沉没、互撞、失火、爆炸等意外事故而造成的货物全部损失或部分损失。
③在运输工具已经发生搁浅、触礁、沉没、焚毁等意外事故的情况下，货物在此前后又在海上遭受恶劣气候、雷电、海啸等自然灾害所造成的部分损失。
④被保险人对承保责任范围内的货物采取防止或减少货损的措施而支付的合理费用，但以不超过该批被救货物的保险金额为限。
⑤在装卸或转船时，由于一件或数件甚至整批货物落海造成的全部损失或部分损失。
⑥运输工具遭遇海难后，在避难港由于卸货而引起的损失，以及在中途港或避难港由于卸货、存仓、运送货物而产生的特殊费用。
⑦共同海损的牺牲、分摊和救助费用。
⑧若运输合同订有"船舶互撞责任条款"，则根据该条款规定应由货方偿还船方的损失。
上述责任范围表明，在投保平安险的情况下，保险人对由自然灾害所造成的部分损失不负赔偿责任，而对因意外事故所造成的部分损失负赔偿责任 |
| | 水渍险 | 水渍险也是我国保险业沿用已久的名称，其英文意思是"单独海损负责赔偿"。水渍险通常适用于不易损坏，或易生锈但不影响使用的货物的投保。
水渍险的承保责任范围如下：
①平安险所承保的全部责任。
②被保险货物在运输过程中，由于恶劣气候、雷电、海啸、地震、洪水等自然灾害所造成的部分损失 |

续表

基本险	一切险	一切险的承保责任范围除了包括平安险和水渍险的各项承保责任外，还对被保险货物在运输过程中，由于偷窃、雨淋、短量、渗漏、碰损、受潮、受热、钩损、锈损等外来原因所造成的全部损失或部分损失负赔偿责任。 投保本险别后，根据投保的需要，还可以加保特殊附加险，如战争险、交货不到险等。由于一切险的承保责任范围是三种基本险中最广泛的一种，因此一切险适用于价值较高、可能遭受损失因素较多的货物的投保。一切险的承保责任范围不包括由于运输迟延、货物本身特性所造成的损失，物价下跌的损失，以及战争和罢工所造成的损失等

同步思考 8-1

背景资料：杰克公司与德辅公司于 10 月 20 日签订了购买 3 200 吨化工原料的合同，德辅公司租用的"约克郡"轮于 11 月 2 日驶离装运港，杰克公司为这批货物投保了水渍险。11 月 15 日，"约克郡"轮途经巴拿马运河时起火，造成部分化工原料烧毁。船长命令救火，在救火的过程中又造成部分化工原料湿毁。火灾使得该船到达目的地的时间延迟。此时，化工原料价格下跌，杰克公司在出售剩余的化工原料时，不得不大幅度降价，这给杰克公司造成了很大的损失。

问题：运输途中烧毁的化工原料的损失属于什么损失，应由谁承担？运输途中湿毁的化工原料的损失属于什么损失，应由谁承担？请根据上述事例和保险知识回答问题。

理解要点：运输途中烧毁的化工原料的损失属于单独海损，属于水渍险承保责任范围，因此这一损失应由保险公司承担。由于船舶和货物遭到了共同危险，船长为了共同安全，有意又合理地造成了化工原料的湿毁，这些湿毁的化工原料的损失属于共同海损，应由各受益人分别承担。

从基本险的三种险别的承保责任范围来看，平安险的承保责任范围最小，它对因自然灾害所造成的全部损失，以及因意外事故所造成的全部损失或部分损失负责赔偿。水渍险的承保责任范围比平安险的承保责任范围大，它对因自然灾害和意外事故所造成的全部损失或部分损失负责赔偿。一切险的承保责任范围最大，它除了包括平安险、水渍险的承保责任范围之外，还对被保险货物在运输过程中由于一般外来风险所造成的全部损失或部分损失负责赔偿。

按照国际保险业的惯例，基本险采用的是"仓至仓条款"，即保险期间自被保险货物按保险单载明的起运地（发货人的仓库或储存处所）开始运输时生效，包括正常运输过程中的海上、陆上、内河和驳船运输在内，到该项货物运达保险单载明的目的地（收货人的最后仓库或被保险人用作分配、分派或非正常运输的其他储存处所）为止。若未抵达上述仓库或储存处所，则以被保险货物在最后目的地卸离海轮满 60 日为止。

同步案例8-1

起运地仓库运往装运港途中的风险与责任应由谁承担？

背景与情境： 邵康外贸公司向阿斯利康公司出售蘑菇罐头，货物从中国苏州运往印度尼西亚雅加达，货方办理了保险手续。这批货物自起运地仓库运往装运港上海的途中，由于中新物流公司汽车驾驶员操作不当，汽车翻到河里，从而使货物遭受损失。

问题： 该货物损失的风险与责任应由谁承担？保险公司是否应给予赔偿？

分析提示： 该货物自起运地仓库运往装运港途中的风险与责任除货方应承担外，中新物流公司也应承担，过失方应负赔偿责任。由于货方办理了货物运输保险手续，因此货方对货物具有可保利益，保险合同在货物起运后生效，保险公司应该给予赔偿。

（2）附加险。附加险包括一般附加险和特殊附加险两类。我国海上货物运输保险的附加险见表8-6。

表8-6   **我国海上货物运输保险的附加险**

		一般附加险承保的是由于一般外来风险所造成的全部损失或部分损失。一般附加险不能作为一个单独的项目投保，只能在投保平安险或水渍险的基础上，根据货物的特性和需要加保一种或若干种一般附加险。 一般附加险主要包括以下险别： ①偷窃、提货不着险：对被保险货物被偷走或窃走，以及被保险货物运抵目的地以后整件未交的损失负责赔偿。 ②淡水雨淋险：对被保险货物在运输过程中，由于遭受淡水、雨水或雪融水浸淋而造成的损失负责赔偿。 ③短量险：对被保险货物发生数量减少和实际重量短缺的损失负责赔偿。货物发生短量时，保险人必须查清外包装是否发现异常现象，如破口、破袋、裂缝等。如果被保险货物属于散装货物，则往往将装船和卸船重量之间的差额作为计算短量的依据。 ④混杂、玷污险：对被保险货物在运输过程中混进了杂质，或和其他物质接触而被玷污所造成的损失负责赔偿。 ⑤渗漏险：对被保险的流质、半流质、油类货物在运输过程中因为容器损坏而引起的渗漏损失负责赔偿。 ⑥碰损、破碎险：对被保险的金属、木质等货物因震动、颠簸、碰撞、挤压而造成货物本身的损失，或易碎性货物在运输途中由于装卸粗鲁、运输工具的颠震而造成货物本身的损失负责赔偿。 ⑦串味险：对被保险货物因受其他货物气味的影响而造成的损失负责赔偿。 ⑧受热、受潮险：对被保险货物因受热、受潮而造成的损失负责赔偿。 ⑨钩损险：对被保险货物在装卸过程中，由于使用手钩、吊钩等工具所造成的损失负责赔偿。 ⑩包装破裂险：对被保险货物由于包装破裂造成的短少、玷污等损失负责赔偿。 ⑪锈损险：对被保险货物在运输过程中因为生锈而造成的损失负责赔偿
附加险	一般附加险	

续表

附加险	特殊 附加险	特殊附加险属于附加险类，但不属于一切险的范围。特殊附加险承保由于军事、政治、国家政策法令、行政措施等特殊外来原因所造成的风险与损失。特殊附加险必须依附于基本险项下投保，不能单独投保。 特殊附加险主要包括以下险别： ①战争险：战争险的承保责任范围包括直接由于战争、类似战争行为、敌对行为、武装行为或海盗行为所造成的损失，由上述原因引起的捕获、拘留、扣留、扣押所造成的损失，各种常规武器（水雷、鱼雷、炸弹等）所造成的损失，由上述责任范围所引起的共同海损牺牲、分摊和救助费用。对于使用原子弹或热核武器所造成的损失不负责赔偿。 战争险的责任起讫与平安险、水渍险及一切险的责任起讫不同，它不采用"仓至仓条款"。战争险的责任起讫以"水上危险"或"运输工具上的危险"为限。海上货物运输战争险的责任起讫，自货物装上保险单载明的起运港的海轮或驳船时开始，到卸离保险单载明的目的港的海轮或驳船时为止。如果货物不卸离海轮或驳船，则保险责任从货物到达目的港当日午夜起算满15天之后自行终止。如果中途转船，则不论货物在当地卸载与否，保险责任自海轮到达该港可卸货地点的当日午夜起算满15天为止，待再装上续运海轮时恢复有效。 ②罢工险：罢工险的承保责任范围包括被保险货物由于罢工者、被迫停工工人或参加暴动的人员的行动所造成的损失，任何人的恶意行为所造成的直接损失，因上述行动或行为所引起的共同海损牺牲、分摊和救助费用。罢工期间由于劳动力短缺或不能使用劳动力所造成的被保险货物的损失，因罢工引起的动力或燃料缺乏使冷藏机停止工作所造成的冷藏货物的损失，无劳动力搬运货物的损失，使货物堆积在码头遭受雨淋的损失，不属于罢工险的承保责任范围。 罢工险的责任起讫采用"仓至仓条款"。按照国际保险业的惯例，已投保战争险后另加保罢工险，不增收保险费；如仅要求加保罢工险，则应按照战争险的费率收费。 ③黄曲霉素险：对被保险货物因所含黄曲霉素超过进口国的限制标准被拒绝进口、没收或强制改变用途而遭受的损失负责赔偿。 ④交货不到险：自被保险货物装上船舶时开始，在6个月内不能运到原定目的地交货，不论何种原因，保险人均按全部损失负责赔偿。 ⑤舱面险：对装载于舱面的被保险货物被抛弃或被海浪冲击落水所造成的损失负责赔偿。 ⑥进口关税险：当被保险货物遭受承保责任范围以内的损失后，仍需要在目的地港按完好货物价值通关时，保险人对货损部分的进口关税负责赔偿。 ⑦拒收险：对被保险货物在进口港被进口国政府或有关当局拒绝进口或没收而造成的损失，按货物的保险价值负责赔偿

业务链接8-2

一艘货轮在波斯湾遭到水雷袭击案

　　某出口商同国外的一个买方达成了一项交易，合同规定的价格条件为FOB，买方投保一切险。当时正值海湾战争期间，装有出口货物的轮船在波斯湾上航行时，被一个水雷误中击沉。由于在投保时没有加保战争险，因此风险损失应由买方自己负责，保险公司不予赔偿。

3）海上货物运输保险的除外责任

除外责任是指保险不予负责的损失或费用，一般属于非意外的、非偶然性的或必须特约承保的风险。为了明确保险人承保的责任范围，海上货物运输保险的除外责任包括下列五项：

（1）因被保险人的故意行为或过失所造成的损失。

（2）因发货人的责任而引起的损失。

（3）在保险责任开始前，被保险货物已存在品质不良或数量短差情况，因此造成的损失。

（4）因被保险货物的自然损耗、本质缺陷、特性、市价跌落、运输延迟所引起的损失和费用。

（5）战争险和罢工险条款规定的责任范围及除外责任。

8.1.3　陆上货物运输保险

1）陆上货物运输保险的两个基本险别

（1）陆运险：对被保险货物在运输途中遭受暴风、雷电、地震、洪水等自然灾害，或由于陆上运输工具遭受碰撞、倾覆、出轨，或在驳运过程中因驳运工具遭受搁浅、触礁、沉没，或由于遭受隧道坍塌、崖崩、火灾、爆炸等意外事故所造成的全部损失或部分损失负责赔偿。

（2）陆运一切险：除了包括上述陆运险的责任外，还对被保险货物在运输途中由于外来原因造成的短量、偷窃、渗漏、碰损、破碎、钩损、锈损、受潮、受热、发霉、串味、玷污等全部损失或部分损失负责赔偿。

投保人在投保上述任何一种基本险别时，与保险人协商后，还可以加保附加险。

2）陆上货物运输保险的责任起讫

陆上货物运输保险的责任起讫采用"仓至仓条款"。如果被保险货物未进仓，则以到达最后卸载的车站满60天为止。比如加保了战争险，其责任起讫自被保险货物装上保险单所载起运地的火车时开始，到该项货物运达保险单所载目的地卸离火车时为止。如果被保险货物不卸离火车，则自火车到达目的地的当日午夜起算满48小时为止。如果被保险货物在中途转车，则不论被保险货物在当地卸载与否，都自火车到达中途站的当日午夜起算满10天为止。如果被保险货物在10天内重新装车续运，则保险责任继续有效。

3）陆上货物运输保险的除外责任

陆上货物运输保险的除外责任与海上货物运输保险的除外责任相同。

8.1.4 航空货物运输保险

1）航空货物运输保险的两个基本险别

（1）航空运输险：对被保险货物在运输途中遭受雷击、火灾、爆炸，或由于飞机遭受碰撞、倾覆、坠落或失踪等意外事故所造成的全部损失或部分损失负责赔偿。

（2）航空运输一切险：除了包括上述航空运输险的责任外，还对被保险货物在运输途中由于外来原因所造成的全部损失或部分损失负责赔偿。

2）航空货物运输保险的责任起讫

航空货物运输保险的责任起讫也采用"仓至仓条款"。如果被保险货物未进仓，则以在最后卸载地卸离飞机后满30天为止。如果加保了战争险，则其责任起讫自被保险货物装上保险单所载起运地的飞机时开始，到该项货物运达保险单所载目的地卸离飞机时为止。如果被保险货物不卸离飞机，则自飞机到达目的地的当日午夜起算满15天为止。如果被保险货物在中途转运，则自飞机到达转运地的当日午夜起算满15天为止。当被保险货物装上续运的飞机时，保险责任继续有效。

3）航空货物运输保险的除外责任

航空货物运输保险的除外责任与海上货物运输保险的除外责任相同。

8.1.5 进出口货物运输保险程序

1）确定保险金额

保险金额是指保险人承担赔偿或者给付保险金责任的最高限额，也是保险人计算保险费的基础。保险金额是根据保险价值确定的，保险价值一般包括货价、运费、保险费以及预期利润。

（1）确定保险价值。货物的保险价值是指保险责任开始时，货物在起运地的发票价格或者非贸易商品在起运地的实际价格以及运费和保险费的总和。保险金额由保险人与投保人约定。保险金额不得超过保险价值；如果保险金额超过保险价值，则超过的部分无效。

（2）计算保险金额。在国际货物买卖中，凡按 CIF 或 CIP 价格达成的合同，一般均按规定确定保险金额，并且保险金额通常还需要在发票金额的基础上增加一定的百分比，即所谓的"保险加成率"。这是由国际贸易的特定需要决定的，如果合同对此未做出规定，则根据《2010 年国际贸易术语解释通则》和《跟单信用证统一惯例》的规定，卖方有义务按 CIF 或 CIP 价格的总值另加 10% 作为保险金额。如果买方要求按较高金额投保，保险公司也同意承保，卖方也可以接受，那么因此而增加的保险费原则上应由买方承担。

保险金额的计算公式如下：

$$保险金额=CIF 或 CIP 价格×（1+保险加成率） \tag{8.1}$$

由于保险金额一般是以 CIF 或 CIP 价格为基础加成确定的，因此在仅有货价与运费（即已确定 CFR 或 CPT 价格）的情况下，CIF 或 CIP 价格可按下列公式计算：

$$CIF或CIP价格 = \frac{CFR或CPT价格}{1 - 保险费率 \times (1 + 保险加成率)} \quad (8.2)$$

为了简化计算程序，中国人民保险公司制定了一份保险费率表，将 CFR 或 CPT 价格直接乘以表内所列常项，便可算出 CIF 或 CIP 价格。

2）约定保险险别

按 FOB 价格成交时，运输途中的风险由买方承担，保险费也由买方负担。按 CIF 或 CIP 价格成交时，一般约定保险费由卖方负担，因为货价中包括保险费。买卖双方约定的险别通常为平安险、水渍险、一切险三种基本险别中的一种，有时也可根据货物特性和实际情况加保一种或若干种附加险。在 CIF 或 CIP 价格中，一般不包括加保战争险等特殊附加险的费用，因此如果买方要求加保战争险等特殊附加险，其费用应由买方负担。

3）办理投保和交付保险费

出口企业在向当地的保险公司办理投保手续时，应根据买卖合同或信用证规定，在备妥货物并确定装运日期和运输工具后，按规定格式逐笔填制保险单，列明被保险人名称、被保险货物名称、包装及数量、标志、保险金额、航程或路线、运输工具名称、投保险别、赔款地点、投保日期等内容，最后送交保险公司投保并交付保险费。投保人交付保险费是保险合同生效的前提条件，保险费率是计算保险费的依据。目前，我国出口货物运输保险的费率按照商品、目的地、运输工具和险别的不同，可分为一般货物费率和指明货物加费费率两大类，前者适用于所有货物，后者仅适用于特别指明的货物。

保险费的计算公式如下：

保险费=保险金额×保险费率　　　　　　　　　(8.3)

如果是按 CIF 或 CIP 价格加成投保，则上述公式可改为：

保险费=CIF或CIP价格×（1+保险加成率）×保险费率　　　(8.4)

4）取得保险单据

保险单据是保险人与投保人之间订立保险合同的证明文件，它反映了保险人与投保人之间的权利和义务关系，也是保险人的承保证明。当发生保险责任范围内的损失时，保险单据又是保险索赔和理赔的主要依据。

（1）保险单据的种类。保险单据包括以下三种：

① 保险单。保险单俗称大保单，是使用最广泛的一种保险单据。保险单用于承保一个指定航程内某一批货物的运输保险。保险单具有法律效力，对双方当事人均有约束力。

② 联合保险凭证。联合保险凭证又称承保证明，也称联合发票，是一种将发票和保险单相结合的形式简单的保险单据。保险公司将承保的险别、保险金额以及保险编号等加注在投保人的发票上，并加盖印戳，其他项目均以发票上列明的内容为准。联合保险凭证仅适用于我国香港、澳门地区的少数客户。

③ 预约保单。预约保单又称开口保单。预约保单中应载明被保险货物的范围、险别、保险费率、保险金额、赔款处理等条款。凡属于预约保单保险范围内的进出口

货物，一经起运，即自动按预约保单所列条件承保。

（2）保险单的填报内容。保险单的填报内容包括以下方面：

① 被保险人名称：要按照保险利益的实际有关人填写。

② 标记：应该和提单上记载的标记符号一致，特别要和印刷在货物外包装上的实际标记符号一致，以免在发生索赔案时，导致检验、核赔、确定责任的混乱。

③ 包装及数量：要将包装的性质，如箱、包、件、捆以及数量等都写清楚。

④ 被保险货物名称：要具体填写，一般不要笼统地写纺织品、百货、杂货等。

⑤ 保险金额：通常按照发票 CIF 价格加成 10%～20% 计算。如果发票为 FOB 价格带保险或 CFR 价格，则应将相应的运费等加上去，再另行加成。需要指出的是，保险合同是补偿性合同，被保险人不能从保险赔偿中获得超过实际损失的赔付，因此溢额投保（如过高的加成、明显偏离市场价格的投保金额等）也不能得到全部赔付。

⑥ 运输工具名称：海运需要注明船名，转运也需要注明运输工具名称，多式联运需要注明联运方式。

⑦ 航程或路线：如果到目的地的路线有两条，则要写上"自××经××至××"。

⑧ 投保险别：必须注明，若有特别要求也要在这一栏内填写。

⑨ 赔款地点：除特别声明外，一般在保险目的地支付赔款。

⑩ 投保日期：一般在开航前或运输工具开行前。

（3）其他注意事项。其他注意事项包括以下方面：

① 投保申报情况必须属实。

② 投保险别、币制和其他条件必须与信用证上所列保险条件的要求相一致。

③ 投保险别、条件要与买卖合同上所列的保险条件相符合。

④ 若投保后发现投保项目有错漏，应及时向保险公司申请修改，如船名错误、保险金额增减等。

5）保险索赔

在保险索赔工作中，被保险人应做好下列工作：

（1）向理赔代理人通知损失。被保险人获悉或发现被保险货物已遭到损失时，应立即通知保险公司或保险单上载明的保险公司在当地的理赔代理人，并申请检验。

（2）向承运人等有关方面提出索赔。被保险货物运抵目的地后，被保险人或其代理人在提货时若发现货物有明显的受损痕迹、整件短少或散装货物已经残损，应立即向理货部门索取货物残损证明。如果货损涉及第三者的责任，则首先应向有关责任方提出索赔或声明保留索赔权。在保留向第三者索赔权的条件下，被保险人可向保险公司索赔。被保险人在获得保险补偿的同时，必须将受损货物的有关权益转让给保险公司，以便保险公司取代被保险人的地位或以被保险人的名义向第三责任方进行追偿。保险人的这种权利，称为代位追偿权。

（3）采取合理的施救、处理措施。被保险货物受损后，被保险人应迅速对受损货物采取合理的施救、处理措施，以防止损失扩大。因抢救、阻止、减少货物损失而支付的合理费用，保险公司应负责赔偿。被保险人能够施救而不履行施救义务，保险人对于扩大的损失甚至全部损失有权拒赔。被保险人在收到保险公司发出的有关采取防止或者减少损失的合理措施的特别通知后，应按照保险公司的通知要求处理。

（4）备妥索赔单证。被保险货物的损失经过检验，并办妥向承运人等第三责任方的追偿手续后，被保险人应立即向保险公司或其代理人提出赔偿要求。提出索赔时，被保险人除了应提供检验报告外，通常还需要提供其他单证，包括保险单或保险凭证正本、运输单据及发票、装箱单或重量单、向承运人等第三责任方请求赔偿的函电及其他必要的单证或文件、货损及货差证明、海事报告摘录、索赔清单等。根据国际保险业惯例，保险索赔或诉讼的时效自货物在最后卸货地卸离运输工具时起算，最多不超过2年。

业务链接8-3

"太平"轮保险理赔案

"太平"轮在海上遭受台风袭击，货舱进水，造成装载的部分货物被海水浸湿。货物到港后，被保险人没有及时通知保险公司，也没有申请检验。保险公司以没有及时通知保险人为由，拒绝赔偿。

6）保险单据的背书

保险单据按信用证的要求需要转让时，应由被保险人在保险单据上背书。一般来说，保险单据的背书应与提单的背书保持一致，即经过背书的保险单据的转让范围应等于或大于提单的转让范围。如果提单做成记名背书，则保险单据可做成同样内容的记名背书，也可做成空白背书；如果提单做成空白背书，则保险单据也应该做成空白背书。在FOB价格下成交，由买方投保，如果买方需要转让提单，则保险单据也需要转让，两者的转让如上所说必须保持一致。被保险货物出险后，保险单据持有人可凭保险单据向保险公司索赔并取得合理的补偿。

深度剖析8-1

保险单记录的装载工具错误是否影响货运保险理赔

2021年6月12日，某托运部委托梁某自2021年6月12日至6月16日将货物从山东临沂运送到广西南宁，运费1.2万元，运输工具车号为鲁Q6××L。梁某具备A2驾驶证和经营性道路货物运输从业资格。发车前，某托运部通过网上物流管理平台电子投保了某保险公司承保的"国内水路、陆路货物运输保险"。电子保险单载明：货物标记N/M，包装及数量详见清单，货物项目百货，总保险金额壹佰万元整，装载工具鲁Q3××B，起运时间2021年6月12日，起运地临沂，目的地南宁。并特别约定："保证承运车辆及驾驶员必须具备合格的驾驶证、行驶证及营运许可，否则本保险无效，保险人不承担赔偿责任。"

后梁某实际驾驶鲁Q6××L车装载货物出发，2021年6月14日18时30分许，车辆行驶至广西柳州某国道处时发生火灾，车上装载的货物被烧毁。经当地消防救援大队调查，认定起火原因为货车右后车轮上方货物自燃引燃周边百货蔓延成灾。事故发生后，某托运部通知了某保险公司，某保险公司派员现场查勘并清点了货损，后答复认为车险车辆号与承保车辆不符，不予赔付。经查电子投保信息，某托运部才发现在投保时选错了装载车辆信息。同一时段，鲁 Q3××B 车尚在安徽到山东泰安途中，同时也投保了货物运输保险。与某保险公司协商理赔未果后，某托运部起诉要求某保险公司赔偿货损 73 万余元及利息。诉讼过程中，经委托专业机构评估，货物损失价值为 61 万余元。

资料来源　石仁举，胡慧霞. 保险单记录的装载工具错误是否影响货运保险理赔——临沂中院判决某托运部诉某保险公司财产损失保险合同纠纷案［EB/OL］.［2023-11-16］. https://weibo.com/3879366490/NsPCa17d4.

问题： 本例中保险公司是否应承担赔偿责任？

解析与讨论： 本案争议焦点在于货物运输保险中装载工具与投保信息不符，发生事故后，保险公司是否可以拒赔。根据资料，案例中保险合同成立。虽然某托运部投保时在平台录入及案涉保险单载明的装载工具与实际装载工具不符，但案涉保险单记载的起运时间、起运地、目的地均与案涉货物运输信息一致，不影响保险标的物的特定化。火灾事故认定书也未认定装载工具不符对火灾事故的发生有严重影响，且驾驶员梁某具备合格的驾驶证及营运许可，装载工具不同并不影响保险公司承保的意思表示和保险费的计取，因此案涉保险合同合法有效。案例中保险公司所承保的标的物是货物，不是装载车辆。并且保险条款也没有约定装载工具与承保车辆不符时不予赔付，装载工具不是区分保险标的物的唯一确定因素，因此保险公司应承担赔偿责任。

8.2　货物运输合同

随着运输需求的不断增加，运输行业不断更新运输技术，采用新型运输工具，增加运输设施，最终产生了方式更多、运距更远、速度更快、安全性更高的运输效果，运输过程也变得更加错综复杂。多样化的运输及其所产生的多样化的运输效果，使得货物运输合同的形式也日趋多样化。

8.2.1　货物运输合同的概念和特点

1）货物运输合同的概念

货物运输合同是指承运人按照托运人的要求，将承运的货物运送到指定地点交付给收货人，托运人或收货人按规定给付运费的合同。

货物运输合同的主体是托运人和承运人。托运人是将货物委托给承运人运输的人，包括自然人、法人或其他组织。托运人可以是货物的所有人，也可以不是。承运人是运送货物的人，多为法人，也可以是自然人或其他组织。货物运输合同也涉及收货人，收货人是接收货物的人。收货人与托运人可以是同一人，但多为第三人。当收货人为第三人时，货物运输合同就是第三人利益的合同。

货物运输合同中的货物包括各种动产，不限于商品。不动产和无形财产不属于货物运输合同中的货物。

2）货物运输合同的特点

（1）货物运输主体复杂。承运人可以是具有独立法人资质的运输公司、物流公司、货运代理公司，可以是不具有独立法人资质但领取营业执照的企业分公司或其他组织，也可以是领取营业执照的个体工商户。

（2）货物运输合同是双务、有偿合同。货物运输合同双方互负义务，并且该义务具有对应性，这体现了货物运输合同的双务性。托运人需要为其得到的运输服务支付报酬，这体现了货物运输合同的有偿性。

（3）货物运输合同除了涉及承运人和托运人以外，通常还涉及收货人。货物运输合同是托运人和承运人协商、订立的结果，托运人和承运人是合同双方的当事人。当托运人和收货人不一致时，收货人就成为货物运输合同的第三人。收货人一般不是合同的订立者，但同样是合同利益的关系人，享有合同规定的权利并承担相应的义务。

（4）货物运输合同中包含大量格式条款，具有标准合同的性质。货物运输合同的形式和条款基本上都是由承运人依法律、行业惯例、经营需要单方预先制定的，然后由国家对这些条款加以审核。这样既可以保护运输企业的利益，又可以保护托运人的利益，体现了国家对货物运输合同的监管和控制。

8.2.2　货物运输合同的分类与表现形式

1）货物运输合同的分类

货物运输合同根据不同的标准，可以分为不同的种类。

（1）根据货物的种类与要求划分。货物运输合同根据货物的种类与要求的不同，可分为普通货物运输合同、特种货物运输合同、危险货物运输合同等。

（2）根据运输是否跨越国界划分。货物运输合同根据运输是否跨越国界，可分为国内运输合同和国际运输合同。运输对象的起运点、所经线路和终点均在一国境内的，为国内运输合同。运输对象跨越一国或者多国边界的，为国际运输合同，或称涉外运输合同。

（3）根据运输方式划分。货物运输合同根据运输方式的不同，可分为公路运输合同、铁路运输合同、内河运输合同、海上运输合同、航空运输合同、管道运输合同等。

（4）根据运输组织方式划分。货物运输合同根据运输组织方式的不同，可分为单一运输合同和多式联运合同。单一运输合同是一个托运人与一个承运人之间签订的运输服务合同，双方权利和义务的划分清晰明确。多式联运方式包括水水联运、水陆联运、公铁联运、水铁联运等多种形式，涉及的承运人和权利义务关系人众多，因此多式联运合同的订立需要考虑各运输环节之间权利和义务的划分等诸多问题。

2）货物运输合同的表现形式

（1）海运提单。海运提单是承运人在接管货物或把货物装船之后签发给托运人，证明双方已订立运输合同，并保证在目的港按照提单载明的条件交付货物的一种书面凭证。

（2）航空货运单。航空货运单是在国内和国际航班上使用的货物运输凭证。航空货运单是一份不可转让的单据，也是航空运输的货物收据，表明承运人已经接收航空货运单上所列的货物，并有责任把货物按照指定的条件送达目的地机场。

（3）铁路货运单。与航空货运单类似，铁路货运单也是一份不可转让的单据，它表明承运人已经接收铁路货运单上所列的货物，并有责任把货物按照指定的条件送达目的地车站。

（4）公路货物托运单。托运人向公路运输企业托运货物时，需要填写公路货物托运单（或称运单）。

深度思考8-1

疑点：货物运输合同与运单的区别不大。

释疑提示：货物运输合同是指承运人按照托运人的要求，将承运的货物运送到指定地点交付给收货人，托运人或收货人按规定给付运费的合同。货物运单是托运人向承运人托运货物时，承运人接受货物承运后，签发给托运人的货物承运凭证。因此，货物运单是货物运输合同的表现形式。在货物运输实践中，一般承托运双方存在多次、长期的货物运输关系时，倾向于签订货物运输合同，而临时性、单批次的货物运输关系则用货物运单。

8.2.3 货物运输合同的订立与履行

货物运输合同的订立过程比较复杂，并且有一定的难度。不同的运输方式，不同种类的货物，不同的运输组织形式，都会对合同的订立产生影响。此外，在订立货物运输合同时，还要考虑货物是否为禁运品或不允许进出口的商品，承运人是否具有承运资格等。例如，文物运输需要符合国家的相关规定；危险品的承运人应取得相关资质。

大宗货物的运输具有长期性、连续性和多批次等特点，因此大宗货物的运输可按月、季度、半年、年度或更长期限签订合同。双方当事人签字后，货物运输合同即告成立，但并不一定要立刻交付货物。托运人履行合同时是分批次交付货物，每批次货物均应填交货运单，货运单是货物运输合同的组成部分。最后一个批次的货物办理完交接手续后，才认为全部货物运输行为完成，合同履行完毕。

一批次货物或零担货物的运输，一般适用格式合同。托运人直接填写货运单或包裹托运单，承运人当场交验货物，加盖承运人公章及填写日期后，合同即告成立。

对于集装箱货物的运输，托运人提交的货运单即为运输合同，加盖承运人公章及填写日期后，合同即告成立。交付货物时，一般只检查集装箱的铅封是否完整、完好，承运人对箱内货物的短少及质量的差异不负责任。

8.2.4 货物运输合同当事人的义务

1）托运人的义务

（1）如实申报的义务。托运人办理货物运输手续时，应当清楚地表明收货人（也可以是凭某种指示的收货人），表明货物的名称、性质、重量、数量、收货地点等必要情况。因托运人申报不实或遗漏重要情况，造成承运人损失的，托运人应当承担赔偿责任。

（2）对于需要办理审批、检验手续的货物负有提交批准文件的义务。各国对某些物品的运输会有一些限制规定，确需运输时要到有关部门办理审批、检验等手续，并取得批准文件。各类批准文件的要求分散在不同的法律法规中，托运人应当熟悉相关的法律法规，办理完相关的手续之后，将批准文件提交承运人。托运人负有保证批准文件的真实性和合法性的责任，承运人没有检查批准文件真实性的义务。因托运人提交的批准文件不全或不符合规定，造成承运人损失的，托运人应负赔偿责任，承运人也可以解除合同。

（3）按照运输包装要求或约定方式包装货物的义务。托运人应当按照约定的方式包装货物，对包装方式没有约定或者约定不明确的，托运人和承运人应当就该种货物的包装方式进行充分协商，各自提出合理建议和要求，达成一致后再订立货物运输合同，交付货物时按双方达成的要求检验包装。在特殊情况下，托运人也可以委托承运人负责货物的包装，并在货物运输合同中约定包装的式样及数量。

（4）对危险物品妥善包装、制作危险物品标志和标签、提交有关危险物品的书面材料的义务。危险物品与普通货物不同，稍有不慎就有可能对货物、运输工具等财产或者人身安全造成极大的威胁。托运人托运易燃、易爆、有毒、有腐蚀性、有放射性等危险物品时，应当按照国家有关危险物品运输的规定对危险物品进行妥善包装，制作危险物品标志和标签，并将有关危险物品的书面材料提交承运人。妥善包装是指危险物品的包装材料、包装方式和封口、保护和衬垫材料、包装材料的强度和相容性、预留空间、装卸部位等方面均应符合规定。危险物品的标志和标签也应按照国家统一规定的图案、尺寸大小制作。标志和标签粘贴在外包装的位置要明显、突出，不能被遮挡。提供的书面材料应包括危险物品的名称、化学性质、装卸保管要求、防范措施等内容。托运人没有履行上述义务中的任意一项，承运人都可以拒绝承运。对于已经交付的危险物品，承运人应及时采取安全措施，由此发生的处理费用及造成的停运损失由托运人承担。

业务链接8-4

托运人有对危险货物制作醒目标志的义务

某轮装运了100吨电石，因标志不清楚，装卸工在装货时把水洒在了上面，从而引发了火灾。承运人要求托运人赔偿因此产生的损失。

（5）赔偿因变更、中止运输而造成的承运人损失的义务。在承运人将货物交付收货人之前，托运人可以要求承运人中止运输、返还货物、变更到达地或者将货物交给其他收货人，但应当赔偿承运人因此受到的损失。托运人因经济活动的变化使得履行完运输合同已无必要时，可以依法请求解除或变更运输合同，承运人一般无权拒绝。因此产生的费用由托运人承担，原运输费用按违约条款中的约定处理。对于已交付收货人货物但未结清运费的情况，视同已履行完毕运输合同，托运人不得再提出变更合同并以此来拒付运输费用。国家的法律、法规中还有一些规定托运人无权变更、中止运输合同的限制性条款。例如，铁路运输合同规定，不允许"变更同一批货物中的一部分"。

职业素养 8-1

未落实实名收寄、开箱验视，一寄递企业收到"反恐罚单"

背景与情境：2021年8月，广州市公安局天河区分局在加强社会治安防控体系建设中，成功破获一宗贩卖毒品案。警方在案件侦办过程中，发现广州市一寄递企业位于天河区的末端网点未落实实名收寄、开箱验视制度，导致违规收寄毒品运至外地。警方依法将相关证据材料移送市邮政管理局。市邮政管理局依据《中华人民共和国反恐怖主义法》相关规定，对该企业处10万元罚款。

据统计，自2021年以来，广州警方依法移送5宗案件证据材料至市邮政管理局，累计对违法寄递企业处罚28.5万元，对违反寄递安全管理制度的企业、网点形成有力震慑。

警方呼吁广大市民、寄递企业和从业人员，请严格遵守《中华人民共和国反恐怖主义法》《中华人民共和国邮政法》《中华人民共和国治安管理处罚法》《快递暂行条例》等法律法规的相关规定，自觉配合落实实名收寄、开箱验视、过机安检等安全制度，积极举报非法寄运违禁品的行为，切实防范禁寄物品流入寄递渠道，共同维护安全稳定的社会秩序、高效有序的生产秩序。

资料来源　张丹羊，叶作林. 未落实实名收寄、开箱验视，一寄递企业收到"反恐罚单"[N]. 广州日报，2022-12-09.

问题：客户寄递时为什么要进行实名登记及开箱验视？

研判提示：《中华人民共和国反恐怖主义法》第二十条规定："铁路、公路、水上、航空的货运和邮政、快递等物流运营单位应当实行安全查验制度，对客户身份进行查验，依照规定对运输、寄递物品进行安全检查或者开封验视。对禁止运输、寄递，存在重大安全隐患，或者客户拒绝安全查验的物品，不得运输、寄递。"

2）收货人的义务

（1）及时提货的义务。收货人在接到承运人发出的到货通知或货物已运到指定地点时，应当及时提货。对于超出宽限期提货的，收货人负有支付保管费的义务。

（2）及时验货的义务。收货人应及时按约定的期限检验货物。合同对验货时间没有约定或约定不清的，承运人和收货人可以达成补充协议或按交易习惯确定。在验货过程中，收货人若发现货物的数量不符或者货物损毁，则应在约定的期限内向承运人提出异议，否则视为承运人已经按照运输单证的记载交付货物。

（3）支付运费和保管费的义务。如果货物运输合同中约定由收货人支付运费，则收货人应承担支付运费的义务；若发生保管费及其他费用，收货人也应承担支付义务。在通常情况下，收货人不能因为与发货人存在如质量差、规格不符合要求等纠纷而拒付运费；否则，承运人对货物享有留置权。

3）承运人的义务

承运人除了应在约定时间将货物安全运输到约定地点外，还应履行如下义务：

（1）及时通知收货人提取货物的义务。承运人将货物运送到目的地之后，应当及时通知收货人前来提货，或将货物运送到约定地点办理验货交付手续。

（2）对运输过程中货物的毁损、灭失负责赔偿的义务。承运人负有安全运送货物到约定地点的义务。从托运人将货物交付给承运人时起，至承运人将货物交付给收货人时止，货物实际上是在承运人的监控和保管之下的，承运人负有采取适当措施对货物进行保管的义务，并对在运输过程中发生的货物的毁损、灭失承担赔偿责任。如果货物的毁损、灭失不是承运人自身原因造成的，承运人还负有举证责任。

承运人对运输过程中货物的毁损、灭失承担的赔偿责任是"无过错责任"，即不论承运人在运输、保管过程中有无过错，只要货物是在承运人保管期间发生的毁损、灭失，承运人均应承担赔偿责任。但不是任何情况下货物的毁损、灭失均由承运人承担赔偿责任，只要能够证明货物的毁损、灭失是由于不可抗力，或者是由于货物本身的性质、合理损耗，或者是由于托运人、收货人的过错造成的，承运人就不必承担赔偿责任。

承运人对毁损、灭失货物的赔偿额、赔偿范围和赔偿方法，应按双方当事人在签订货物运输合同时的约定办理；没有约定或约定不明确的，可签订补充协议或根据交易习惯确定。

同步案例 8-2

香料遭受严重污染案

背景与情境：华汉货代公司接受货主委托，安排一批香料从中国义乌运往沙特阿拉伯。华汉货代公司在提取了船公司提供的集装箱并装箱后，将整箱货交给船公司。同时，货主自行办理了货物运输保险。收货人在目的港拆箱提货时发现，集装箱内异味浓重，经查明，该集装箱前一航次所载货物为精萘，导致香料受精萘污染，失去了原有的商业价值。

问题：收货人可以向谁索赔？最终应由谁对香料受污染事故承担赔偿责任？

分析提示：根据保险合同，在保险人承保期间和责任范围内，保险人应承担赔付责任。根据运输合同，货代公司应对货物安全负责。承运人应提供"适载"的集装箱，由于集装箱存在问题，因此承运人应承担赔偿责任。货代公司由于没有尽到检查义务，也应承担一定的责任。

8.2.5　货物运输合同的变更或解除

货物运输合同成立后，托运人只要告知承运人，就有权单方变更或解除合同。这种变更或解除可以不经过承运人的同意，承运人也无权过问变更或解除的原因，只要托运人提出变更或解除合同，承运人均应予以实现。但是，如果托运人单方变更或解除合同给承运人造成了损失，那么托运人或者提货凭证持有人应当赔偿承运人因此受到的损失，并且应承担因变更或解除合同而产生的各种费用。

合同订立后，对当事人双方均有约束力，当事人应严格按照合同约定履行自己应承担的义务，即使变更或解除合同，也只有在不可抗力或双方协商一致的情况下才可以进行。

业务链接8-5

托运人应承担单方变更或解除合同给承运人造成的损失

"汇通"轮在从巴西驶往英国的途中，接到了托运人要求改变航线的通知，船方遂驶往利比亚。在利比亚卸货时，由于工人罢工，造成船期延误，这些损失应由托运人负责赔偿。

8.2.6　货物运输合同纠纷的类型及解决方法

1）货物运输合同纠纷的类型

货物运输合同纠纷是因一方或双方没有履行合同条款中规定的义务，给另一方的利益造成损失而引起的。货物运输合同纠纷的类型包括货物灭失纠纷、货损货差纠纷、迟延交付纠纷、运输单证纠纷、运输费用纠纷、设备损坏纠纷等。

2）货物运输合同纠纷的解决方法

货物运输合同纠纷的解决方法包括三个步骤：一是双方协商；二是行政仲裁；三是法院判决。仲裁有机构仲裁和临时仲裁两种形式。双方当事人都有权向法院提起诉讼并由法院判决，不服判决的可向上级法院提起上诉。

3）索赔时效

海事赔偿请求时效为1年；追偿请求时效为90天；航次租船赔偿请求时效为2年；公路运输赔偿请求时效为6个月；铁路运输赔偿请求时效为9个月。

职业素养8-2

德意外贸公司倒签提单案

背景与情境：德意外贸公司与瑞士斯坦尼公司签订了农产品运输合同，货物共计700吨，价值11万英镑，装运期为12月至次年1月。因原定船舶发生故障，遂改由南美外轮公司另一艘外轮装货，导致货物在次年2月11日才装完。德意外贸公司请求南美外轮公司将提单的日期改为1月31日。货物到港后，斯坦尼公司对装货日期提出异议，遂要求德意外贸公司提供装船证明，德意外贸公司坚持提单正常无须提供证明。斯坦尼公司聘请律师上船，检查船长的航行日志，证明了提单日期是伪造的。斯坦尼公司凭律师拍摄的证明向当地法院起诉，法院审理后发出通知扣留船舶。

资料来源　作者根据相关资料整理.

问题：德意外贸公司是否应承担赔偿责任？德意外贸公司和南美外轮公司的行为符合职业道德的要求吗？

研判提示：承运人将提单日期提前，构成倒签提单行为。倒签提单是一种违法行为，一旦被识破，产生的后果是严重的。德意外贸公司和南美外轮公司合谋欺骗瑞士斯坦尼公司，不仅违反了法律法规，扰乱了航运秩序，而且严重违反了职业道德。

学习微平台

延伸阅读8-2

━ 本章概要 ━ ▶▶

□ 内容提要与结构

▲ 内容提要

● 在货物运输的过程中，货主为了保障货物在遭到自然灾害、意外事故或其他外来原因造成损失后能从经济上得到补偿，一般都要投保货物运输险。不同国家和不同的保险公司有不同的保险规定和条款。货物运输保险合同中应明确承保责任范围和保险险别等事项，这是保险人和被保险人维护权利和履行义务的依据。

● 货物运输合同是指承运人按照托运人的要求，将承运的货物运送到指定地点交付给收货人，托运人或收货人按规定给付运费的合同。货物运输合同有海运提单、航空货运单、铁路货运单、公路货物托运单等几种表现形式。货物运输合同中明确规定了合同当事人的权利和义务、合同的变更或解除、合同纠纷的类型及解决方法、索赔时效等相关事项。

▲ 内容结构

本章内容结构如图8-1所示。

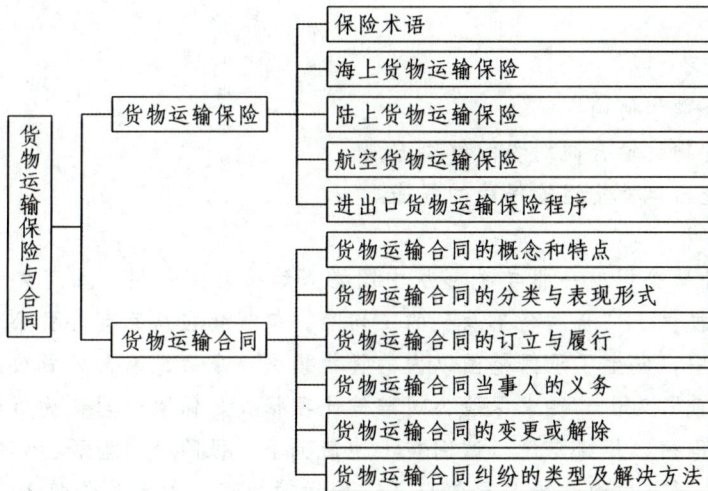

图8-1　本章内容结构

□ 主要概念和观念

▲ 主要概念

货物运输保险　海上货物运输损失　保险人承担的费用　保险险别　基本险　货物运输合同

▲ 主要观念

货物运输保险　货物运输合同

□ 重点实务和操作

▲ 重点实务

进出口货物运输保险程序　货物运输合同的订立与履行　货物运输合同纠纷的解决方法

▲ 重点操作

货物运输合同的订立　货物运输合同纠纷的处理

一基本训练

□ 理论题

▲ 简答题

1）我国海上货物运输保险的基本险有哪几种？

2）简述货物运输合同的特点。

3）平安险的承保责任范围包括哪些方面？

4）货物运输合同有哪几种表现形式？

5）简述货物运输合同当事人的义务。

▲ 讨论题

1）共同海损与单独海损有哪些区别？

2）货物运输合同的变更或解除责任如何划分？

3）处理货物运输纠纷主要有哪些法律依据？

□ 实务题

▲ 规则复习

1）保险金额如何确定？

2）简述货物运输合同纠纷的解决方法。

3）简述进出口货物运输保险的程序。

▲ 业务解析

1）嘉荷外贸公司有一批羊毛衫从中国嘉兴运往韩国仁川，嘉荷外贸公司在装船前向保险公司投保了"仓至仓条款"的一切险，但货物在从嘉荷外贸公司仓库运往嘉兴港码头的途中，发生了承保范围以内的货物损失。事后，嘉荷外贸公司以保险单含有"仓至仓条款"为由，要求保险公司赔偿此项损失。保险公司认为货物未装船，损失不在承保范围内，拒绝赔偿。试问在上述情况下，保险公司能否拒赔？为什么？

2）嘉莉公司与黄海运输公司签订了一份运输协议，约定将价值30万元的货物从山东省青岛市运到安徽省休宁县，期限为5天。黄海运输公司在运输货物的第5天早晨，遇到大雾天气，高速公路被封。货车司机王平为按时将货物送达，在未请示公司的情况下，私自决定走小路赶往休宁县。在运输途中，因道路不平导致翻车，造成货物损失，王平也在事故中受伤。此案中货物的损失应由谁赔偿？王平的医药费应由谁负责？黄海运输公司是否可以借此事辞退王平？

□ 案例题

▲ 案例分析

【相关案例】

"基德"轮火灾理赔案

背景与情境："基德"轮从天津新港驶往新加坡，在航行途中船舶第3货舱起火。

为了船、货的共同安全，船长下令向舱内灌水灭火，经过努力大火被扑灭。第3货舱装有甲货主的棉花和乙货主的机械零件2票货物，甲货主向A保险公司保了平安险，乙货主向B保险公司保了一切险。经事后检查，该批货物的损失情况如下：

（1）500件棉花有严重水渍损失，无其他受损迹象。

（2）100件棉花着火但已被扑灭，有严重水渍损失。

（3）200件棉花已被烧毁。

（4）150箱机械零件有严重水渍损失。

资料来源　作者根据相关资料整理。

问题：

1）上述四种情况，各属于什么性质的损失？为什么？

2）船公司是否应承担赔偿责任？为什么？

3）两个保险公司分别应承担哪些赔偿责任？为什么？

【训练要求】

同第1章"基本训练"中本题型的"训练要求"。

▲ 职业素养训练

【相关案例】

分析提示8

福建省涉台海事纠纷解决中心挂牌

背景与情境： 2023年11月9日，福建省涉台海事纠纷解决中心在海丝中央法务区厦门片区挂牌成立。该中心由厦门海事局联合厦门海事法院、厦门市司法局、厦门仲裁委、船员协会、丝路海运联盟等11家单位及行业协会共同成立。

厦门海事局相关负责人介绍，中心成立后，将发挥行政、审判、仲裁、行业、调解组织、保险及相关专家队伍的作用，重点针对船员权益、水上交通事故、沉船或碍航物打捞、各类海商合同履行、海上客运人身损害赔偿、港口建设及作业、涉台新业态等方面的纠纷，为台胞台企提供海事法律咨询、解纷调处等"一站式"法律服务。该中心将探索创新涉台海事法律服务，推动建立涉台海事多元纠纷解决机制，为两岸经贸、人员密切交流提供法治保障。

目前，福建省现有落户台资航运企业及涉台船员外派机构27家，每年有超1万人次的大陆船员外派至台资航运企业工作；省内现有两岸直航公司35家、参与运营船舶58艘，直航货运年均约800航次，货运量超500万吨，涉台海上事故调查10余起。此前，福建省已拥有全国首个涉台海事审判法庭，3年来共受理各类涉台海事案件约700件。

资料来源　中国交通新闻网.福建省涉台海事纠纷解决中心挂牌［EB/OL］．［2023-11-17］．https：//www.mot.gov.cn/jiaotongyaowen/202311/t20231117_3947047.html

问题：

1）福建省涉台海事纠纷解决中心挂牌体现哪些服务精神？

2）福建省涉台海事纠纷解决中心在运行中需要坚持哪些责任意识？

【训练要求】

同第1章"基本训练"中本题型的"训练要求"。

价值引导8

□ 实训题

【实训目的】

货物运输保险与合同技能训练。

【情境设计】

将学生分成若干实训团队，各团队分别选择一家具有综合运输业务的物流公司、货代公司（或本校专业实训基地，或毕业生创业团队），从"'货物运输保险与合同'技术应用"视角，参与企业该项目的运作，撰写《×××公司××货物运输保险方案》或《×××公司××货物运输合同》。

【组织形式】

1）以小组为单位组成运输保险与合同管理团队。

2）各运输保险与合同管理团队结合实训任务进行恰当的角色分工，确保组织合理和每位成员的积极参与。

【训练要求】

同第1章"基本训练"中本题型的"训练要求"。

【成果形式】

训练课业：《×××公司××货物运输保险方案》或《×××公司××货物运输合同》。

课业要求：

1）"实训课业"的结构与体例参照本教材"课业范例"中的范例-3。

2）将《×××公司××货物运输保险方案》或《×××公司××货物运输合同》。以"附件"形式附于《训练报告》之后。

3）在校园网平台上展示经过教师点评的班级优秀《训练报告》，并将其纳入本课程的教学资源库。

━ 单元考核 ━➤

考核评价要求：同第1章"单元考核"的"考核评价要求"。

课业范例

范例-1

□ 案例题
▲ 案例分析
【相关案例】

沙溪镇特大中毒事故

背景与情境：江西省贵溪农药厂从上海某化工厂购入了 2.4 吨一甲胺，由一辆移动式槽罐车从上海运往贵溪。汽车途经江西上饶沙溪镇时，天近傍晚，因押运员是本地人，要把从上海买的物品带给其母亲，便与司机相约进镇休息，等到天亮再走。汽车在昏暗中驶入沙溪镇新生街，路边道上一根碗口粗的树干擦到了汽车槽罐的进气阀门，随着"嘭"的一声巨响，挥发性极强的液态一甲胺从阀门管裂处喷出，一股白色烟雾腾空而起，浓烟随着三级东北风迅速弥漫散开。居住在新生街西面的居民被烟雾包围，空气中弥漫着浓烈的氨味。这种气体会使吸入的人猛烈咳嗽、中毒昏迷，甚至窒息死亡。

该起事故造成 191 个家庭受害，35 人死亡，650 多人重伤；镇里的耕牛、生猪等家畜也大量死亡；田里的稻子、大豆及路边的树木变得焦黄；老鼠、蛇也未能幸免。

问题：

（1）一甲胺属于哪类货物？

（2）案例中押运员和司机有哪些违反规定和操作要求的做法？

（3）我们从案例中吸取到的经验教训是什么？

（4）试分析案例中的危险货物运输组织工作存在的不足，并提出改进建议。

【训练要求】

同第 1 章"基本训练"中本题型的"训练要求"。

"沙溪镇特大中毒事故"案例分析提纲

（项目团队组长：　　　　　项目团队成员：　　　　　　）

1）关于"知识点"分析

（1）团队成员分别分析研究危险货物运输管理。

（2）团队讨论各成员收集的危险货物运输管理方法，由组长汇总。

（3）团队讨论：本案例涉及哪些知识点。

（4）团队队长汇总讨论危险货物运输管理的阶段性成果。

2）关于"调查资料的来源与方法"分析

（1）团队成员应用危险货物运输管理知识，分别分析危险货物运输管理的方法。

（2）团队讨论各成员分析的调查资料的来源与方法，由组长汇总。

3）关于"运输经理解决方案"设计

（1）团队成员模拟本案例中的运输经理，应用本案例涉及的危险货物，研究设计"运输经理解决方案"。

（2）团队讨论各成员设计的"运输经理解决方案"，由组长汇总。

4）撰写、讨论与交流《分析报告》

（1）团队队长组织组员，综合以上阶段性成果，形成《分析报告》。

（2）在班级讨论、交流各团队的《分析报告》。

（3）团队修改《分析报告》，提交教师点评。

"沙溪镇特大中毒事故"案例分析报告

案例分析人：_____ （_____级_____专业_____班）

指导教师：_____ （_____学院_____系）

1）案例综述

本案例是危险货物运输没有按照有关规程进行操作而导致的严重安全事故。

2）问题分析

（1）一甲胺属于危险货物中的第Ⅱ类易燃压缩气体，是一级危险品。一甲胺易燃、易爆，同时伴有强烈刺激性氨样臭味，通常装在耐低压的容器内运输。

（2）押运员和司机违反规定和操作要求的做法主要有：

① 押运员和司机不得带运其他货物。

② 危险货物运输的线路应绕开人口聚集区。

③ 对道路状况不熟悉时，应提前进行查看；通行条件不良时，应谨慎驾驶。

（3）吸取到的经验教训有：

危险货物在运输、装卸和储存过程中，容易造成人身伤亡、财产损失和环境污染，因此一定要严格按照相关操作规定和要求进行运输作业，否则后果难以估计。

（4）本案例是一起典型的由于押运员和司机的责任心不强而导致的危险货物运输事故，本案例中的危险货物运输组织工作存在以下几个方面的不足：

① 押运员和司机责任心不强，安全意识差。

② 押运员和司机没有遵照危险货物运输线路应绕开人口聚集区、不得在人口聚集区停车、对道路状况不熟悉时应提前进行查看、通行条件不良时应谨慎驾驶等相关操作程序。

3）结论

危险货物运输至少应在以下几个方面做出改进：

（1）加强对押运员和司机的安全教育，尤其是责任意识的教育。

（2） 加强对押运员和司机职业素养的培训及教育。

（3）编制危险货物运输应急预案，确保事故造成的损失最低。

⚊ 范例-2 ⮞

▲ 职业素养

【相关案例】

司机假证骗货

背景与情境：徐某是从事货物运输的个体户，某年8月上旬，徐某有一批货要运至浙江，他在江西找到潘某和李某为他开这趟车。其间，三人预谋利用假证、假车牌及徐某的半挂车至浙江省杭州市骗取货物卖钱。

三人将原先的货物运至目的地后，在杭州一个货运市场等待合适的货源。8月12日上午，嘉兴某信息部委托杭州某公司寻找一辆运送彩钢卷的货车。徐某等人获此信息后，由潘某持假驾驶证、假行驶证等假证至该公司签订彩钢卷运输合同，约定将彩钢卷从浙江嘉兴运至安徽池州、铜陵两地。当天17时许，三人驾车至嘉兴，在更换假车牌后先后至桐乡某公司、嘉兴某公司提货，共骗取11个彩钢卷（共计41.086吨，价值282 148元），然后又换上徐某的真实车牌驶往江西上饶，由李某与俞某（另案处理）联系销赃事宜。至案发，销赃得款100 000元。案发后，徐某、潘某和李某先后被抓获，等待他们的将是法律的制裁。

资料来源　作者根据新闻资料整理.

问题：

1）本案例中存在哪些职业素养问题？

2）试对上述问题做出你的研判。

3）谈谈你对杜绝运输骗货的建议。

【训练要求】

同第1章"基本训练"中本题型的"训练要求"。

"司机假证骗货"研判提纲

1）关于"职业素养问题"

（1）团队成员分别研究本案例中司机假证骗货的职业素养问题。

（2）团队讨论各成员收集来的司机骗货的手段、方式。

（3）团队讨论司机骗货的动机、带来的危害。

（4）团队队长汇总讨论（3）的分析内容，形成阶段性成果。

2）关于"职业素养研判"

（1）团队成员针对本案例中相关人员的骗货行为，逐一进行"职业素养研判"。

（2）团队讨论各成员分析的"职业素养研判"，对物流运输中的骗货行为进行批判。

（3）团队队长汇总讨论（2）的分析内容，形成阶段性成果。

3）关于"做职业素养研判所依据的相关规范"

（1）团队成员分别通过网络及图书馆查找资料，研究"做职业素养研判所依据的相关规范"。

（2）团队讨论物流运输中应该有的职业操守。

（3）团队队长汇总讨论（2）的研判内容，形成阶段性成果。

4）关于"对本案例进行评价"

（1）团队成员分别对本案例进行评价。

（2）团队讨论各成员的"评价"。

（3）团队队长汇总讨论（2）的分析内容，形成阶段性成果。

5）撰写、讨论与交流《职业素养研判报告》

（1）团队队长组织团队队员，综合以上阶段性成果，形成《职业素养研判报告》。

（2）在班级讨论、交流各团队的《职业素养研判报告》。

（3）团队修改《职业素养研判报告》，提交教师点评。

"司机假证骗货"职业素养研判报告

案例分析人：＿＿＿＿＿＿（＿＿＿＿＿＿级＿＿＿＿专业＿＿＿＿＿班）

指导教师：＿＿＿＿＿＿＿（＿＿＿＿＿学院＿＿＿＿＿系）

1）案例综述

案例中，物流运输从业人员为获取更高收益，在第一单货物运至目的地后，利用假证和假车牌签订货运合同，然后将所签订运输合同中的货物卖掉。这种行为是典型的货运诚信缺失行为，严重扰乱了货运市场秩序，案例中的当事人也因为骗货而受到了法律的严惩。

2）问题分析

（1）本案例中存在的职业道德问题包括：

本案例是典型的、有预谋的骗货欺诈行为，因此存在职业道德、职业良心、职业作风、职业守则等问题。

（2）案例中的骗货欺诈行为严重破坏了运输行业的诚信体系，承运人应提高职业道德修养，杜绝和司机沆瀣一气的行为。

（3）骗货事件在物流运输中时有发生，要杜绝该类事件是一项长期的、艰巨的工作，需要多部门、多方面共同协作才能做好。

3）研判总结

为使物流运输更加高效，在进行物流运输的过程中，应做好以下几个方面的工作：

（1）加强行业诚信管理，建立司机及承运人诚信档案库。

（2）严查假牌照。

（3）提高处罚力度，对于盗车、骗货的行为要从严惩处。

（4）托运人在托运货物时，应优先选择诚信度高、有资产保障的承运人。

→ 范例-3 →

▲ 实训题

【实训目的】

水路货物运输管理技能训练。

【情境设计】

将学生分成若干实训团队，各团队分别选择一家具备国际海运货代业务资质的物流公司、货代公司（或本校专业实训基地，或毕业生创业团队），从"'水路货物运输管理'技能应用"视角，参与企业该项目的运作，进行"校企合作"的"实践学习"，并尝试"优势互补"，撰写《"'水路货物运输管理'技能应用"训练报告》。

【组织形式】

1）以小组为单位组成水路货物运输管理团队。

2）各水路货物运输管理团队结合实训任务进行恰当的角色分工，确保组织合理和每位成员的积极参与。

【训练要求】

同第1章"基本训练"中本题型的"训练要求"。

【成果形式】

训练课业：《"'水路货物运输管理'技能应用"训练报告》。

课业要求：

同第1章"基本训练"中本题型的"课业要求"。

"'水路货物运输管理'技能应用"训练报告

训练团队队长：＿＿＿＿＿＿＿（＿＿＿＿级＿＿＿＿专业＿＿＿＿班）

训练团队成员：＿＿＿＿＿＿＿（＿＿＿＿级＿＿＿＿专业＿＿＿＿班）

　　　　　　　＿＿＿＿＿＿＿（＿＿＿＿级＿＿＿＿专业＿＿＿＿班）

　　　　　　　＿＿＿＿＿＿＿（＿＿＿＿级＿＿＿＿专业＿＿＿＿班）

　　　　　　　＿＿＿＿＿＿＿（＿＿＿＿级＿＿＿＿专业＿＿＿＿班）

指导教师：＿＿＿＿＿＿＿＿＿（＿＿＿＿＿学院＿＿＿＿系）

根据训练项目的要求，我们运输团队前往杭州市××物流公司，全程参与了该公司一批货物的"'水路货物运输管理'技能应用"，并在本次"实践学习"中阶段性尝试了校企"优势互补"。现将关于本次训练的情况报告如下：

1）背景资料

（1）实训团队名称

我们团队全称"××公司'水路货物运输管理'技能应用训练团队"，又名"××穿山甲团队"。

（2）××公司背景

××公司成立于××××年××月，位于××市××区，是一家具备国际物流运输组织能力的综合性物流公司。该公司致力于为客户提供高效、优质、快捷的物流运输服务，实现供应链的敏捷性和竞争张力。

××公司现有员工100人，高级业务经理10人，资深业务骨干60人。

2）实训过程

（1）专业能力训练

团队在全程参与××公司一批货物的"'水路货物运输管理'运作"的过程中，

系统体验了"'水路货物运输管理'技能"的阶段性应用。

（2）训练项目分工

根据本次水路货物运输组织情况，团队中甲、乙、丙、丁、戊5位同学分别参与该物流公司的项目部、运输调度部、货代、报关报检部、信息部的项目运作，其中学生甲是项目组组长，学生乙负责货物从发货人处至码头的运输安排，学生丙和学生丁主要负责租船订舱、海上运输费用计算、报关报检等工作，学生戊负责本次水路货物运输过程中相关单证的填制及缮制，学生甲对本次水路货物运输组织工作进行总结。

（3）具体训练过程

本次实训是为义乌××纺织品进出口有限公司的一批外贸服装安排出口运输。我们面临的不仅是水路货物运输组织的程序、单证的填制、运费的计算等"技术−技能"的训练，而且需要了解航运信息、运价谈判、海关对相关商品的监管要求等问题，借以实现本次水路货物运输的合理化。本实训的首要任务是根据发货人的信用证确定是否接受该批货物的水路运输请求。

① 接受托运

通过对发货人提供的信用证内容的解读，我们得出如下主要信息：出口货物为36 000件男式运动服，货物所在地为浙江义乌，装货港为中国任何港口，卸货港为安特卫普港，收货人为比利时安特卫普的MELIS公司，最迟装运日期为2023年12月31日，要求清洁提单，被通知人为收货人，运费预付。根据上述信息，项目组通过对托运货物、运输要求、运输时间等方面问题进行综合考虑，认为完全可以接受该批货物的运输请求。因此，学生甲和学生戊协同××公司员工作为代表与发货人签订了运输合同。

② 制订运输组织方案

根据货物情况确定选择租船运输还是班轮运输，如果走班轮运输，则水路货物出口运输组织方案至少应包括货物从发货人处至码头的运输组织、海上货物运输组织、运费计算、报关报检等内容。

在前期和发货人沟通以及对信用证内容进行阅读的基础上，本批次货物应选择班列运输，根据货物信用证上的运输要求，采用拼箱方式，在信用证要求的时间范围内（2023年12月31日之前）装船出运，并取得了清洁提单供发货人顺利结汇，决定选择上海港为装运港。据此，在货物运输组织上，"××穿山甲团队"协同××公司员工制订了初步运作方案，即：根据海关总署决定在义乌率先开展"先查验后装运"的监管模式改革试点，先将该批货物在义乌进行报关，然后进入"集拼仓"，在"集拼仓"完成拼箱后，集装箱在义乌海关完成查验，然后将集装箱运至上海港进行装船。

确定运输方案后，为了能够顺利完成本次货物的出口运输组织任务，我们针对货物出口运输组织的各个环节进行了内部推演，从而使运输方案更加优化。

③进行货物运输组织

在货物运输组织上，我们协同××公司员工进行的"技术−技能"运作如下：

第一，确定货物从发货人处至码头的运输由本公司负责，以掌控运输过程，提高公司效益。

第二，在接受发货人的托运后，学生丙和学生丁开始在网上查找符合本次货物运输组织的船期表，并在众多符合的船期表中选出马士基航运、中远海运集运、地中海航运等船公司进行询价，同时根据本次运输货物的性质及出口地，要求发货人提供报关报检所需的材料。

第三，利用2023年航运不景气的大环境，经过询价对比，确定中远海运集运为海上货物运输的承运人，船期为2023年12月22日，同时签订相应的托运书，进行相关运费的计算。根据发货人提供的材料，货物在上海港海关监管点进行报关报检。

第四，通知发货人对船期的安排，要求发货人及时备货，同学乙负责将货物从发货人处收运后进行报关，该批货物通关后进入"集拼仓"，并与"集拼仓"内同一目的地港口货物进行拼箱，将拼箱后的集装箱运至义乌海关进行查验，义乌海关查验放行后将装载货物的集装箱运至中远海运集运在上海港的指定码头。

第五，2023年12月22日，取得已装船清洁提单，同学戊负责告知发货人船期，提醒其可以购买相应的保险，同时请发货人及时来公司赎单。

第六，发货人赎单，本次水路货物出口运输组织运作完成。后续公司将及时跟进船舶动态，并将到港信息及时通知发货人，如果运输过程中出现货损货差，则进入理赔环节。

（4）撰写《校企合作实践学习总结》

"××穿山甲团队"综合"专能"训练过程中校企双方的"交流互动"情况，通过撰写《校企合作实践学习总结》，"阶段性"体验了"'物流运输管理'技能"中"水路货物运输管理"的"互学互鉴"，进一步提升"'水路货物运输管理'技能"。

（5）撰写《训练报告》

"××穿山甲团队"综合以上成果，撰写《"'水路货物运输管理'技能应用"训练报告》。

（7）收尾

"××穿山甲团队"在班级讨论、交流和修订各团队的《训练报告》。

3）附件

（1）L/C by Negotiation（附件1）

（2）货物运输合同（附件2）

（3）货物出口运输组织方案（附件3）

（4）海运出口托运单（散货）（附件4）

（5）海运出口提单（散货）（附件5）

（6）校企合作实践学习总结（附件6）

➤附件 1

L/C by Negotiation

Message Text

27： Sequence of Total

1/1

40A： Form of Documentary Credit

IRREVOCABLE

20： Documentary Credit Number

LC2019873300604

31C： Date of Issue

20231120

31D： Date and Place of Expiry

20231231 IN THE COUNTRY OF BENEFICIARY

50： Applicant

MELIS CO.，126 ROME STREET，ANTWERP，BELGIUM

59： Beneficiary Name & Address

ZHEJIANG YIWU TEXTILES IMP.AND EXP.CORP.

ZHEJIANG YIWU BINHONG ROAD 89

32B： Currency Code，Amount

CURRENCY USD60 000.00

39A： Percentage Credit Amount Tolerance

10/10

41D： Available With...By...

WITH ANY BANK

BY NEGOTIATION

42C： Drafts at...

DRAFTS AT 90 DAYS AFTER SIGHT

FOR FULL INVOICE VALUE

42D： Drawee Name & Address

INDUSTRIAL AND COMMERCIAL BANK OF CHINA

432 BINHONG ROAD，ZHEJIANG YIWU，CHINA

43P： Partial Shipments

ALLOWED

44T： Transshipment

NOT ALLOWED

44A： On Board Disp/Taking Charge at/f

ANY CHINESE PORT

44B： For Transportation to...

　　ANTWERP，BELGIUM

44C： Latest Date of Shipment

　　20231231

45A： Description of Goods and/or Services

　　36 000 PCS OF MEN'S SPORT SUITS，USD20.00 PER DOZEN

　　10 DOZEN IN A CARTON

46A： Documents Required

　　FULL SET OF CLEAN SHIPPED ON BOARD OCEAN BILLS OF LADING MADE OUT TO ORDER MARKED FREIGHT PREPAID，NOTIFY APPLICANT，INDICATING L/C NO.

71B： Charges

　　ALL BANKING CHARGES OUTSIDE THE ISSUING BANK ARE FOR ACCOUNT OF BENEFICIARY.

48： Period for Presentation

　　DOCUMENTS MUST BE PRESENTED WITHIN 21 DAYS AFTER DATE OF ISSUANCE OF THE TRANSPORT DOCUMENT BUT WITHIN THE VALIDITY OF THE CREDIT.

49： Confirmation Instructions

　　WITHOUT

➤附件2

货物运输合同

甲方：××纺织品进出口有限公司（托运人）　　乙方：××物流公司（承运人）

法定代表人：××　　　　　　　　　　　　　法定代表人：××

法定地址：浙江省义乌市××路××号　　　　　法定地址：浙江省杭州市××路××号

邮编：32××××　　　　　　　　　　　　　　邮编：31××××

经办人：×××　　　　　　　　　　　　　　　经办人：×××

联系电话：0579-×××××××　　　　　　　　联系电话：0571-×××××××

传真：0579-×××××××　　　　　　　　　　传真：0571-×××××××

银行账户：622×××××××××××××××××　　银行账户：622×××××××××××××××××

　　甲乙双方经过友好协商，就办理甲方货物多式联运事宜达成如下事项：

　　1.甲方应保证如实提供货物名称、种类、包装、件数、重量、尺码等货物状况，由于甲方虚报给乙方或者第三方造成损失的，甲方应承担损失。

　　2.甲方应按双方商定的费率在交付货物__30__天之内将运费和相关费用付至乙方账户。甲方若未按约定支付费用，乙方有权滞留提单或者留置货物，进而依法处理货物以补偿损失。

　　3.托运货物为特种货物或者危险货物时，甲方有义务向乙方做出详细说明。甲方未做出说明或者说明不清的，由此造成乙方的损失由甲方承担。

4.乙方应按约定将甲方委托的货物承运到指定地点，并应甲方的要求，签发多式联运提单。

5.乙方自接货开始到交货为止，负责全程运输，对全程运输中由于乙方或者其代理人或者区段承运人的故意或者过失行为而给甲方造成的损失负赔偿责任。

6.乙方对下列原因造成的货物灭失和损坏不负赔偿责任：

（1）货物由甲方或者其代理人装箱、计数或者封箱的，或者装于甲方的自备箱中。

（2）货物的自然特性和固有缺陷。

（3）海关、承运人行使检查权引起的货物损耗。

➤附件3

货物出口运输组织方案

完整的货物出口运输组织方案至少应包括货物从发货人处至码头的运输组织、海上货物运输组织等内容。因此，本次货物出口运输组织方案如下：

一、货物从发货人处至码头的运输组织

货物从发货人处运往码头，可以采取外包运输和自己运输两种方案。考虑到本次运输的货物为纺织品，属于普通货物，并且货物体积达到9立方米，同时公司开通有义乌至上海的班线，因此决定由公司自营车辆负责从义乌港至上海港码头的运输。货物从发货人处至码头的运输组织方案如下：

第一，根据本次货物的情况（3吨，9立方米），本次货物出口运输将采取拼箱方式进行。

第二，将发货人准备好的货物报关后，进入公司在义乌的"集拼仓"，与其他发往安特卫普港的货物进行拼箱。

第三，在"集拼仓"拼箱后，向义乌海关申请查验通关，将通关后的集装箱运往上海港。

第四，根据船期将通关后的集装箱运至中远海集装箱码头，等待装船。

二、海上货物运输组织

海上货物运输组织比较复杂，涉及环节也比较多。

1.托运订舱

考虑到服装属于普通货物，一般情况下海关都会放行，依据海关总署在义乌率先开展"先查验后装运"监管模式改革试点。"××穿山甲团队"决定将该批货物在义乌港进行报关，考虑到拼箱货物及船期的灵活性，选择在上海港装运。因此在接受发货人的委托后，项目组一方面要求发货人及时备货，另一方面开始订舱工作。

通过网上查找、电话咨询以及航务周刊查询，查出符合本次货物出口运输组织的船期表，并在众多符合的船期表中选出马士基航运、中远海运集运、地中海航运等船公司进行询价；经过询价比对，选择中远海运集运作为海上货物运输的承运人，并确定船期为2023年12月22日，同时签订相应的托运书，进行相关运费的计算。中远海运集运亚欧快航五线船期表如下：

中远海运集运亚欧快航五线船期表

VESSEL NAME	VESSEL CODE	VOYAGE	CNSHA08		CNNGB05		NLRTM04		
			ETB	ETD	ETB	ETD	ETA	ETB	ETD
			SUN	TUE	TUE	THU	WED	WED	FRI
			20：00	08：00	22：00	06：00	17：00	19：00	22：00
EVER GIVEN	SB9	018W/E	15/12	17/12	17/12	19/12	14/1	14/1	21/1
EVER GREET	NLM	014W/E	22/12	24/12	24/12	26/12	21/1	21/1	28/1

2.报关报检

根据发货人提供的材料，对该批货物向义乌海关进行报关报检，并将报关后的该批货物进入公司在义乌港的"集拼仓"，等候与其他货物进行拼箱。

3.货物交接

在义乌港公司"集拼仓"里对运往安特卫普港的其他货物和本批货物完成拼箱，并对拼箱后的集装箱进行整箱报检，将报检通关后的集装箱运至中远海运集运在上海港的指定码头，同时与船公司代表办理交接手续。

4.换取已装船提单

货物运价为100美元，附加费为25美元，9折单位运费为115美元（0.9×100+25）。

所以，本批服装的运费为1 035美元（115×9）。

根据所取得的大副收据，在船公司代表处支付上述费用后，换取已装船清洁提单；同时告知发货人，货物已经装船，可以购买相应的保险。

5.费用结算

从发货人处收取本次货物出口运输组织的相关费用，并将提单等相关单证交与发货人，供其结汇。

➤附件4

海运出口托运单（散货）

托运人（Shipper）
ZHEJIANG YIWU TEXTILES IMP.AND EXP.CORP.

编号（No.）
NO.GK987543

船名（S/S）
EVER GREET

目的港（For）
ANTWERP

标记及号码 Marks & Nos	数量 Quantity	货名 Description of Goods	重量千克 Weight Kilos	
			净重 Net	毛重 Gross
MLS/ANTWERP/Nos：1～300	300	MEN'S SPORT SUITS	3 000	3 000
			运费支付方式 Method of Freight Payment	
			预付	

共计件数（大写） Total Number of Packages in Writing	叁佰箱		
运费计算 Freight Calculation	1 035美元	尺码 Measurement	9立方米
备注 Remarks	无		

被通知人 Notify Party	MELIS CO.	可否转船 Whether Transshipment Allowed	否	可否分批 Whether Partial Shipments Allowed	可以
收货人 Consignee	MELIS CO.	装期 Period of Shipment	20231222	有效期 Period of Validity	21天
		金额 Amount of Money		提单张数 The Number of B/L	3
配货要求 Requirement	无	银行编号 Bank No.	××××	信用证号 L/C No.	LC2019873300 604

➤附件5

海运出口提单（散货）

1）SHIPPER ZHEJIANG YIWU TEXTILES IMP.AND EXP.CORP.		B/L NO.COSU9875434534		
2）CONSIGNEE ORDER OF SHIPPER		中远海运集装箱运输有限公司 COSCO SHIPPING LINES CO., LTD.		
3）NOTIFY PARTY MELIS CO.				
4）PRE-CARRIAGE BY	5）PLACE OF RECEIPT	ORIGINAL COMBINED TRANSPORT BILL OF LADING		
6）VESSEL & VOYAGE NO. EVER GREET 014W/E	7）PORT OF LOADING SHANGHAI			
8）PORT OF DISCHARGE ANTWERP	9）PLACE OF DELIVERY	10）Final Destination for the Merchant's Reference ANTWERP		
11）MARKS & NOS MLS/ANTERWEIP/NOS： 1～300	12）Nos.& Kinds Of Packages 300 CARTONS	13）DESCRIPTION OF GOODS MEN'S SPORT SUITS	14）GROSS WEIGHT（KG） 3 000	15）MEASUREMENTS（m³） 9
16）TOTAL NUMBER OF CONTAINERS OR PACKAGES（IN WORDS） THREE HUNDRED				
17）FREIGHT & CHARGES	REVENUE TONS 3	RATE	PREPAID USD1 035	COLLECT
PREPAID AT	PAYABLE AT	18）PLACE & DATE OF ISSUE ZHEJIANG YIWU，22/12/2019		
TOTAL PREPAID USD1 035	19）NUMBER OF ORIGINAL B（S）/L THREE	22）SIGNED FOR THE CARRIER 中远海运集装箱运输有限公司 COSCO SHIPPING LINES CO., LTD. ×××		
20）DATE 22/12/2023	21）LOADING ON BOARD THE VESSEL BY EVER GREET			

➤**附件6**

<h3 style="text-align:center">校企合作实践学习总结</h3>

继本课程"'公路货物运输管理'技能应用"的"阶段性体验"之后，"××穿山甲团队"通过全程参与××公司的"水路货物运输管理运作"，经历了向"物流运输管理技能"建构"总目标"进发的又一次"阶段性体验"。

（1）多重收获

①提升水平

根据《校企合作计划》和课程安排，我们团队全程参与了该批货物的水路货物出口运输组织的运作，并顺利完成了该批业务的出口运输组织。虽然在课堂上和仿真系统模拟上对货物运输组织的环节和流程都有相应习得，但是与企业的实际运输操作毕竟有所不同。通过本次水路货物出口运输的实践学习，我们既提高了自己的专业运作水平，也对货物出口运输组织的程序、单证的填制、运费的计算等"技术–技能"有了更深的体会，同时也加深了对物流运输管理的认知，为今后职业发展选择提供了参考。

②关注影响

通过本次"校企合作实践学习"，我们深刻体察到环境因素变化对运输业务带来的影响。拼箱货物一般选择在大港进行集拼作业，而且报关报检复杂，因为2023年义乌率先开展"先查验后装运"监管模式改革试点，于是决定选择在义乌进行报关以及集拼箱；另外，从义乌走海运出口的货物，在义乌报关然后走宁波港装船是最常规的操作，但在实际业务运作中需要考虑宁波港船期，以及港口通行情况、政策优惠等诸多因素，因此，实际操作中从上海港装船的情况也非常多见。

③迈向"自律"

在"校企合作实践学习"中，我们的"与人合作"、"与人交流"、"信息处理"、"解决问题"等"职业核心能力"得到明显提升。与此同时，我们还践行了"职业理想""职业态度""职业作风""职业守则"等职业道德规范，从而迈出了由"他律"向"自律"提升的关键一步。

（2）取长补短

在本次"校企合作实践学习"中，我方团队获得了"实打实"的"阶段性体验"。由于我们对"水路货物运输管理"的相关"技能"有较系统的把握，因此在"水路货物运输管理"的"技能延伸及其应用"上略胜一筹。

××公司团队成员因学历不同，其表现也各有特点：中专毕业的成员技能操作之熟练，令人印象深刻；本科毕业的成员学科理论功底坚实，思维方式严谨周密，组织管理和协调能力俱佳；应用本科毕业的成员在新科技应用和统筹规划上表现突出。总体上看，他们工作经验丰富，彼此配合更加默契。

双方团队成员通过交流互鉴，做到了优势互补。

（3）问题与不足

在本次"实践学习"之前，"××穿山甲团队"成员曾利用学校的运输管理仿真实训系统，就"水路货物运输组织方案"及相关单证、运输环节、流程等进行过练习和沙盘推演，但是在实习公司的运作中还是出现了一些纰漏，诸如存在缮制单证返工、流程组织和环节衔接沟通不畅等问题。

此外，根据我校物流管理专业的培养方案和教学计划，第一学年基本上都是进行公共课和专业基础课的学习。"物流运输管理"课程排在第一学年第二学期进行学习。因此当课程结束时，我们对物流运输组织中所涉及的报关、货代业务操作等专业技能尚未学习。这也是我方团队此次"实践学习"中的短板。

（4）"体验"与"交流"融为一体

"水路货物运输管理运作"的过程，是"学力结构"类型不同、各有侧重的校企团队成员通力合作的过程。

"××穿山甲团队"成员"物流运输管理技能"建构中"水路货物运输管理运作"的相关"学力要素"，是在"融'阶段性体验'和'交流互鉴'于一体"的本次"校企合作实践学习"中生成的。

主要参考文献

[1] 傅莉萍. 运输管理 [M]. 2版. 北京：清华大学出版社，2023.

[2] 苑春林. 航空运输管理 [M]. 北京：中国经济出版社，2018.

[3] 夏洪山，韦薇. 现代航空运输管理 [M]. 2版. 北京：科学出版社，2022.

[4] 冯檬莹，曾文杰，许茂增. 危险货物物流管理 [M]. 北京：人民交通出版社，2018.

[5] 彭秀兰. 道路运输管理实务 [M]. 北京：机械工业出版社，2023.

[6] 王进. 运输管理实务 [M]. 4版. 北京：电子工业出版社，2023.

[7] 方照琪，胡建森. 集装箱运输管理与国际多式联运 [M]. 2版. 北京：电子工业出版社，2020.

[8] 唐港. 运输作业实务 [M]. 北京：经济管理出版社，2022.

[9] 李贺. 国际货物运输与保险 [M]. 4版. 上海：上海财经大学出版社，2021.

[10] 武德春，武骁. 国际多式联运实务 [M]. 2版. 北京：机械工业，2021.

[11] 蒋伟. 运输管理实务 [M]. 2版. 苏州：苏州大学出版社，2023.

[12] 毛鹤. 铁路普通货物运输 [M]. 2版. 北京：人民交通出版社，2021.

[13] 潘晓梅. 油气长距离管道输送 [M]. 北京：石油工业出版社，2017.

[14] 姬中英. 物流运输实务 [M]. 2版. 北京：中国人民大学出版社，2020.

[15] 李佑珍. 运输管理实务 [M]. 2版. 北京：高等教育出版社，2020.

[16] 彭星煜，梁光川，朱进. 油气管道运行与管理 [M]. 北京：石油工业出版社，2019.

[17] 严季，范晓秋. 危险货物道路运输安全管理手册：运输管理篇 [M]. 北京：人民交通出版社，2020.

[18] 杨海芳. 国际货物运输与保险 [M]. 4版. 北京：清华大学出版社，2023.

[19] 王效俐. 物流运输与配送管理 [M]. 2版. 北京：清华大学出版社，2023.

[20] 孟维军，赵俊一，侯燕枫. 铁路货运组织 [M]. 北京：中国铁道出版社，2021.

[21] 曲思源. 铁路货运组织与物流管理 [M]. 杭州：浙江大学出版社，2022.

[22] 郑全成. 运输与包装 [M]. 3版. 北京：北京交通大学出版社，2020.

[23] 余滢. 铁路货运组织 [M]. 北京：高等教育出版社，2021.

[24] 肖瑞萍. 国际航空货物运输 [M]. 北京：科学出版社，2022.

[25] 张辉. 航空货物运输实务 [M]. 北京：中国民航出版社，2018.

［26］蔡昱，王雪，赵阳阳，等．铁路货运组织［M］．2版．成都：西南交通大学出版社，2020．

［27］栗丽．国际货物运输与保险［M］．7版．北京：中国人民大学出版社，2023．

［28］国家市场监督管理总局，国家标准化管理委员会．中华人民共和国国家标准物流术语　非书资料：GB／T 18354—2021［S］．北京：中国标准出版社，2021．